dtv

Lange Zeit galt Tagträumen als »Spinnerei« und »Realitätsflucht«, und vor allem seit dem Freudschen Verdikt wurde seine therapeutische Wirkung weithin unterschätzt. Dabei verbringen wir ein Drittel unseres Wachzustands in anderen Welten. Und das tut uns auch gut, wie die Psychotherapeutin F. Diane Barth in diesem Buch über Wesen, Deutung und Umgang mit Tagträumen überzeugend darlegt. Unsere Wachphantasien sorgen für Entspannung und Ausgeglichenheit, fördern unser Selbstbewußtsein und Selbstvertrauen, helfen beim Lösen von Problemen ebenso wie beim Erreichen von persönlichen Zielen und liefern uns einen Schlüssel zu unseren kreativen Energien. Tagträume sind Geschichten, die wir uns über uns selbst erzählen, durch ihren Symbolgehalt besitzen sie einen hohen Aussagewert über unser Leben. Anhand zahlreicher Fallbeispiele und praktischer Anleitungen etwa zum Führen eines Tagtraum-Tagebuchs oder zum bewußten Phantasieren zeigt F. Diane Barth, wie wir unsere Tagträume lesen und positiv nutzen können.

F. Diane Barth ist seit über zwanzig Jahren Psychoanalytikerin und Psychotherapeutin in eigener Praxis in New York. Zum Thema »Tagträume« hat sie bereits verschiedene Aufsätze geschrieben, Vorträge gehalten und Seminare durchgeführt. Sie lebt mit ihrer Familie in New York City.

F. Diane Barth

Tagträumen

Der Schlüssel zur kreativen Energie

Aus dem Englischen von
Angelika Hildebrandt

Deutscher Taschenbuch Verlag

Für meine Eltern, Joy und George Barth,
in Liebe und Dankbarkeit

Deutsche Erstausgabe
Januar 1999
Deutscher Taschenbuch Verlag GmbH & Co. KG,
München

Titel der amerikanischen Originalausgabe:
Daydreaming. Unlock the creative power of your mind
Viking Penguin, a division of Penguin/Putnam Inc.,
New York 1997
ISBN 0-670-86403-X

Umschlagkonzept: Balk & Brumshagen
Satz: hanseatenSatz-bremen, Bremen
Gesetz aus Sabon 9,5/11,25'
Druck und Bindung: C. H. Beck'sche Buchdruckerei,
Nördlingen
Gedruckt auf säurefreiem, chlorfrei gebleichtem Papier
Printed in Germany · ISBN 3-423-35148-9

Inhalt

Dank

Dieses Buch ist selbst eine Art Tagtraum – ein Traum, der Wirklichkeit wurde. Viele Menschen haben dazu beigetragen, und obgleich ich das ganze Ausmaß meiner Dankbarkeit gar nicht zum Ausdruck bringen kann, will ich doch die Gelegenheit nutzen, um einigen von ihnen zu danken.

Erstens habe ich das unerhörte Glück, daß Judith Riven meine Literaturagentin ist: Sie ist inzwischen nicht nur meine Freundin, Mentorin und Ratgeberin, sondern noch viel mehr, und ich kann ihr nicht genug danken. Mein Dank gilt auch Guy Kettelhack, der dieses Buch herausgegeben und unterstützt und mir viel mehr beigebracht hat, als ich mir hätte vorstellen können; er hat mir eine neue Welt erschlossen. Von ganzem Herzen danken möchte ich Mindy Werner, meiner Lektorin bei Viking, die mir unschätzbar wertvolle Hinweise gab, die dafür sorgte, daß dieses Buch zustande kam und die meinen Traum Wirklichkeit werden ließ.

Mein Dank geht an Roth Wilkovsky, der mir uneingeschränkt mit seinem Rat zur Seite stand und die Verbindung zu Judith Riven herstellte, sowie an Perry Quick und meine Brüder Rick und David, die die ersten Entwürfe des Buchs lasen und kritisch begleiteten. Mein Bruder David gab mir viele unentbehrliche Ratschläge, von ihm stammt der ursprüngliche Arbeitstitel dieses Buches.

Viele wunderbare Freunde und Verwandte haben zugehört, wenn ich ihnen meine Tagträume erzählte, und haben mich an ihren Tagträumen teilhaben lassen. Ich danke allen, die während meiner Arbeit an diesem Buch für mich da waren, die sich über meine Fortschritte freuten, die mit mir fühlten und mich ermutigten, wenn mir die Arbeit über den Kopf zu wachsen schien und ich das Gefühl hatte, ich würde es niemals schaffen. Meinen Eltern danke ich in Liebe dafür, daß sie immer an mich geglaubt und mich ermutigt haben, meine Träume, welcher Art sie auch sein mochten, zu verwirklichen.

Ich danke auch meinen Klienten, die mich an ihren Tagträumen, an ihren Bemühungen, ihre Probleme zu lösen und ihre Träume zu leben, teilhaben ließen und mich so auf die Idee brachten, dieses Buch zu schreiben. Ohne ihre Aufrichtigkeit und ihre harte Arbeit wäre dieses Buch nie entstanden. Gleichermaßen danken möchte ich den Therapeuten in meinen Lehrveranstaltungen und Supervisionen. Von ihnen lerne ich viel mehr, als ich ihnen beibringen kann. Ich danke auch meinen eigenen Lehrern und Supervisoren, insbesondere Ingrid Freidenbergs und Martin Wagner, die mir beide auf ihre ganz eigene Weise beibrachten, meinen Tagträumen und denen meiner Klienten zuzuhören und sie zu erforschen.

Schließlich danke ich meinem Sohn Simon und meinem Mann Joel, die durch ihre Liebe so viele von meinen Träumen haben Wirklichkeit werden lassen.

Einleitung

Solange ich denken kann, bin ich immer eine Träumerin gewesen: Ich schreibe das Ende von Büchern um, verändere in meiner Phantasie die Filme, die ich gesehen habe, und denke mir Geschichten aus, so oft es nur geht. Als ich noch klein war, unternahm meine Familie viele Autoausflüge – ins Gebirge und an die Strände von North Carolina, wo wir wohnten, und nach New York City zu meinen Großeltern. Da mir im Auto fast immer übel wurde, konnte ich nicht spielen oder lesen. Und so kuschelte ich mich – vor allem auf den Zwölf-Stunden-Touren nach New York – in den Rücksitz und vergnügte mich in meiner Phantasiewelt.

Als ich dann meine Ausbildung als Psychotherapeutin aufnahm, stellte ich fest, daß die Phantasiewelt, die mir so vertraut war, keineswegs nur simplen Unterhaltungswert hatte. Ich begann, meine Tagträume als wertvolle und wichtige Mittel zur Selbsterkenntnis zu sehen. Ich erkannte, daß meine Tagträume ein unerschöpflicher Fluß an Informationen über mich selbst waren – meine Überzeugungen, Träume und Ängste – und daß sie mir Aufschluß darüber gaben, wie meine Entscheidungen, mein Selbstverständnis und meine Einschätzung anderer Menschen zustande kommen. Zunächst glaubte ich, meine Welt der Tagträume sei gänzlich individuell. Was ich darin las, schien zu charakteristisch für mich selbst, als daß es auch für meine Klienten hätte Geltung haben können. Diese Vermutung schien mir auch dadurch bestätigt, daß weder Psychoanalytiker noch Therapeuten sich für Tagträume interessierten. Es gab eine Flut von psychoanalytischer Literatur über die sogenannten »unbewußten« Phantasien (wie ich inzwischen weiß, die Tagträume, von denen man nicht weiß, daß man sie hat) und zu Schlafträumen, an die man sich im Wachzustand erinnert, aber nur ganz wenige Therapeuten sprachen oder schrieben über die ganz persönlichen, bewußten Gedanken und Bilder von Tagträumen. (Interessanterweise erschien der meines Wissens erste wissenschaftliche Artikel, der sich mit dem mangelnden Interesse der Therapeuten an Tagträumen befaßte, im Sommer 1996 – als ich an diesem Buch schrieb – im *Journal of the American Psychoanalytic Association.*)

Meine Klienten taten ihre eigenen Tagträume zumeist als Spielereien oder Zeitvergeudung ab. Wenn sie überhaupt darüber nachdachten oder darüber sprachen, nahmen sie sie wörtlich – als etwas, das erst dann wirklich Bedeutung gewinnen kann, wenn man es in die Tat umsetzt. Eine Frau sah sich beispielsweise in einem Tagtraum als Primaballerina; doch sie empfand diesen Traum als peinlich, da sie ihn für das Relikt eines alten, kindischen Wunschtraums hielt. Sie kam nicht auf die Idee, in ihrem Tagtraum eine andere Bedeutung zu sehen, denn er erschien ihr einfach albern und unrealistisch – eine Ablenkung, die ihr nicht weiterhalf und die nichts mit dem »wirklichen Leben« zu tun hatte.

Nun entdeckte ich jedoch im Lauf der Zeit immer mehr erstaunliche und wertvolle Informationen in den Tagträumen, die meine Klienten nur beiläufig erwähnten. Die scheinbar nebensächlichen Gedanken, die ihnen bei der Vorbereitung des Essens für ihre Kinder, auf der Fahrt zum Supermarkt, am Schreibtisch oder während einer Konferenz durch den Kopf gingen, enthielten wichtige Einzelheiten über sie selbst – aus denen sie vieles über ihre Persönlichkeit, ihre Ängste und ihre Wünsche erfahren konnten. Ich begann zunächst versuchsweise, etwas tiefer zu bohren, Fragen zu jenen flüchtigen Gedanken und Bildern zu stellen, die im Leben meiner Klienten immer wieder auftauchten. Zu meiner großen Freude reagierten sie oft begeistert, und ihre Antworten waren immer faszinierend. Menschen, die zuvor ihre Tagträume schnell beiseite geschoben hatten, waren nun dankbar für die Gelegenheit, ausführlich über sie zu sprechen. Bald wurde die Analyse von Tagträumen zu einem wichtigen Untersuchungsinstrument in meiner Praxis.

Inzwischen habe ich meine Erkenntnisse und Vermutungen über Tagträume in zahlreichen Workshops dargestellt und ständig weitere interessante Aufschlüsse gewonnen. Therapeuten und Klienten haben erkannt, daß Tagträume ebenso wertvoll und aufschlußreich wie Nachtträume sind. Sie sind ein ebensolcher »Königsweg zum Unbewußten« (um es mit der berühmten Formulierung Sigmund Freuds zu sagen) wie die nächtlichen Träume, an die wir uns erinnern. Zudem sind sie leichter zugänglich, weil wir sie bewußt und wach erleben.

In *Tagträumen* habe ich wissenschaftliche Untersuchungen sowie eigene Erkenntnisse über Tagträume verarbeitet, die ich mit meinen Klienten und im Gespräch mit anderen Therapeuten gewonnen habe. Das Buch soll Ihnen Hinweise darauf geben, wie Sie selbst solche faszinierenden Informationen über Ihr eigenes Leben entdecken können.

Nach der Lektüre dieses Buches werden Sie Ihre Tagträume in einem völlig anderen Licht sehen. Sie werden zunächst einmal feststellen, daß jeder Tagtraum etwas ganz Persönliches ist – eine verdichtete, häufig symbolisch verschlüsselte Schöpfung Ihrer ganz eigenen Phantasie. Die Gründe für Ihre Tagträume sind vielfältig: In vielen Tagträumen setzen Sie sich mit kürzer- oder längerfristigen Zielen auseinander. Sie lenken sich aber auch von unangenehmen Gefühlen ab und fühlen sich nach einem Tagtraum wieder wohler, oder Sie versuchen, im Tagtraum schwierige Situationen zu meistern.

Ihre Tagträume sind Skripts, die Sie selbst verfassen. Sie können nicht nur herausfinden, wie Sie durch Ihre Tagträume Ihr psychisches und emotionales Wohlbefinden steigern können, sondern Sie können auch lernen, Ihre Tagträume zu interpretieren, um ihren symbolischen und ihren für Sie persönlich wichtigen Gehalt zu erkennen – um mehr über sich selbst herauszufinden. Wenn Sie anfangen, Ihre Tagträume zu verstehen – warum Sie einen ganz bestimmten Tagtraum hatten und warum er Ihnen auffiel –, gewinnen Sie wichtige neue Erkenntnisse darüber, wie Sie Ihre eigene Erfahrung konstruieren. Je besser Sie sich selbst kennen, desto mehr Möglichkeiten stehen Ihnen offen. Es wird Ihnen leichter fallen, kleine und große Entscheidungen zu revidieren und auf diese Weise Ihrem Leben die Richtung zu geben, in die Sie wirklich gehen wollen.

Bereiten Sie sich auf eine Odyssee voller Überraschungen vor – sie wird manchmal faszinierend, manchmal verwirrend, immer aber aufschlußreich sein. Sie teilen sich jeden Tag mehr über Ihr Selbst mit, als Sie ahnen. Dieses Buch soll Ihnen helfen, diese Botschaften zu ergründen und sie für ein erfüllteres, freieres Leben zu nutzen.

Erster Teil

Verschachtelungen: Was ist ein Tagtraum?

Bei Tagträumen ist es nicht anders als bei Nachtträumen: Jeder von uns erlebt sie anders. Vielleicht haben Sie selbst Spaß an Tagträumen, während Ihre beste Freundin von Tagträumen eher beunruhigt oder abgelenkt wird. Vielleicht ist Ihnen aber auch nicht ganz klar, was wir mit »Tagträumen« meinen. Oder Sie fragen sich, ob Sie überhaupt welche haben.

Überraschend ist das nicht. Tagträume sind etwas Flüchtiges. Sie lassen sich nicht einfach festnageln oder benennen. Nach Dr. Jerome Singer, einem Psychologen an der Yale University und Pionier in der Erforschung mentaler Bilder, liegt eine der Schwierigkeiten darin, daß Tagträume nicht eindeutig definiert sind. Er selbst beschreibt Tagträume als individuelle Träumereien, innere Monologe oder Phantasievorstellungen (was für mich einfach andere Bezeichnungen für Tagträume sind).

Tagträume können höchst wandelbar sein und sich im Laufe eines Lebens – oder auch nur eines Tages – dramatisch verändern. Vielleicht träumen Sie morgens von Ihrem Wunschpartner und beim Abendessen davon, eine unabhängige Frau zu sein, die gar keinen Mann nötig hat. Inhalt und Bedeutung von Tagträumen können sich ständig und kaleidoskopartig von einem Augenblick zum nächsten verändern. Sie können aber auch – und das macht das Ganze noch verwirrender – jahrelang unverändert bleiben, als könne ihnen die Zeit nichts anhaben. Ein Tagtraum kann ein kurzer, durchaus praktischer Gedanke sein: »Heute abend muß ich auf dem Heimweg Milch kaufen«, aber auch eine lange und komplexe Phantasievorstellung ohne offensichtlichen Bezug zu unserem Alltag. Er kann einmal, zweimal, mehrmals auftauchen und dann verschwinden; er kann sich aber auch immer wieder – und manchmal geradezu zwanghaft – wiederholen.

Sie fragen sich vielleicht, welche Art von Tagtraum aussagekräftiger ist und bei einer Analyse die größeren Einsichten verspricht. Das läßt sich nicht ohne weiteres beantworten, denn die Bedeutung von Tagträumen ist nicht immer offensichtlich. Eine lange, detaillierte oder immer wiederkehrende Phantasievorstellung ist nicht unbedingt bedeutsamer als die kurze innere Erinnerung daran, daß man die Wäsche aus der Reinigung holen sollte. Wie wählen Sie also aus, mit welchen Tagträumen Sie sich näher befassen wollen? Entscheidend ist zunächst einmal, welcher Tagtraum Ihnen *interessant* erscheint. Jeder Tagtraum ist ein Versuch Ihrer Psyche, Ihre Aufmerksamkeit von einer Aufgabe oder Tätigkeit in der äußeren Welt auf etwas in Ihrem Inneren zu lenken. Insofern enthält jeder Tagtraum Informationen, die Ihnen von Nutzen sein können. Ein Tagtraum mag Ihnen als reine Zeitvergeudung oder Ablenkung erscheinen, doch selbst wenn er noch so simpel und offensichtlich erscheint, ist er in Wirklichkeit eine kunstvolle Verschachtelung: Jede Schachtel enthält eine weitere Schachtel, und jede steckt voller Symbole, deren Bedeutung, wenn sie erst einmal entschlüsselt ist, wertvolle Erkenntnisse über Ihre innere Welt offenbaren kann. Aber keine Sorge: Sie müssen nun nicht *alle* Ihre Tagträume analysieren (sonst hätten Sie ja gar keine Zeit mehr für andere Dinge). Einige wenige, die Ihre Neugier wecken, genügen – auch wenn sie nur zufällig ausgewählt sind –, um Sie in jene innere Welt zu führen.

Wie unsere Schlafträume sind auch unsere Tagträume von unserem Handeln abgespalten. Anders gesagt, Sie können aus einem Tagtraum heraus nicht unmittelbar reagieren, selbst wenn er Ihr zukünftiges Handeln beeinflußt. Auch Pläne, die Sie verwirklichen wollen, sind Tagträume – Gedanken und Vorstellungen von Handlungen, die Sie ausführen *wollen*, nichts, das Sie im Hier und Jetzt tun.

Ihre Tagträume können Sie unverhofft überraschen und ohne Vorwarnung auftauchen, während Sie einfach gar nichts tun oder über etwas anderes nachdenken. Sie können sich aber auch ganz gezielt Zeit für Ihre Tagträume nehmen und dann in Ihren Vorstellungen schwelgen. Obwohl Tagträume oft die Form visueller Vorstellungen annehmen, können sie sich auch in Worten, in Musik oder anderen Lautformen oder aber durch andere Sinne – durch den Tastsinn, den Geschmackssinn oder den Geruchssinn – ausdrücken. So kann der Geschmack einer Wassermelone an einem heißen Sommertag spontan die Kindheitserinnerung an ein Picknick im Garten heraufbeschwören. Solche Empfindungen sind nicht immer voll entwickelte Tagträume, sondern oft Hinweise auf innere Monologe, die man bis dahin selbst noch nicht in Worte gefaßt hat. Die Zeile eines Liedes, die einem immer wieder durch den Kopf geht, kann auf einen Tagtraum hindeuten – auf einen Wunsch, der in diesem Lied zum Ausdruck kommt, auf die Erinnerung an die Nacht, in der Sie und Ihr Freund beschlossen, daß dies »Ihr« Lied sein sollte, oder auf Ihren eigenen Wunschtraum, Sängerin zu werden.

Wenn Sie über einen Tagtraum nachdenken, können Sie manchmal genau sagen, wodurch er ausgelöst wurde – vielleicht hat Sie der Duft des Brotes aus einer Bäckerei auf direktem Wege in die Küche Ihrer Großmutter zurückversetzt. Bei anderen Tagträumen ist Ihnen schleierhaft, woher sie kommen könnten. Einige Tagträume scheinen direkt aus der Stratosphäre zu kommen und keinerlei Bezug zu irgendeiner vertrauten Erfahrung zu haben. Aber auch diese »Stratosphären«-Tagträume entstehen aus Ihnen selbst: Sie sind symbolische Botschaften Ihrer eigenen Psyche.

Wie nun gelingt es Ihnen, solche Botschaften zu untersuchen und zu verstehen und sie schließlich auch zu nutzen? Sie sollten sich zunächst einmal die Zeit nehmen, auf Ihre Tagträume zu achten – sie einzufangen, wenn sie vorbeifliegen, sie zu betrachten und auf die Gefühle und Gedanken einzugehen, die sie mit sich bringen.

Dabei kann es Ihnen helfen, die hier beschriebenen Übungen in einem Notizbuch festzuhalten, das allein Ihren Tagträumen vorbehalten ist. Notieren Sie ruhig immer wieder die Tagträume, die Ihnen besonders interessant oder rätselhaft erscheinen, beschreiben Sie den Zusammenhang (wo und wann Sie die Träume hatten), und halten Sie auch die drei oder vier Gedanken fest, die unmittelbar auf Ihren inneren Monolog folgten. Manchmal ist es ganz nützlich, wenn wir auf solche Notizen zurückgreifen können – als Gedächtnisstütze, als Anregung zu weiteren Assoziationen oder auch nur, um uns zu vergegenwärtigen, daß sich unsere Einschätzung von Menschen, Ereignissen oder Situationen verändert. Ein solches Vorgehen hilft uns, offener zu bleiben, zu erkennen, daß sich Gefühle verändern, daß das Selbst, das wir einmal waren, anders ist als unser heutiges Selbst. Wenn wir die Einzelheiten verschiedener Tagträume und die darauffolgenden Gedanken genau betrachten, merken wir bald, daß auch Geschichten dabei sind, die wir uns immer wieder erzählen.

Übung

Halten Sie Ihre Tagträume fest

Schreiben Sie in Ihrem Notizbuch die nächsten drei Tagträume auf, die Sie bemerken, auch wenn es dabei um nichts besonders Wichtiges geht. Ihre Notizen brauchen auch keine größere Abhandlung zu sein – ein paar wenige Worte oder Sätze genügen. Halten Sie einfach kurz Ihre Gedanken fest.

Hier ein paar Beispiele:

1. Ich kann kaum mehr erwarten, daß es Sommer wird. Ein kühler Wind weht in den grünen Bergen, weit weg vom Schmutz und der Hitze der Stadt. Ich liege unter einem Baum und lese ein Buch, die Kinder sind im Sommercamp; alles ist still und friedlich.

2. Mir fiel ein, daß ich den Hund zum Tierarzt bringen sollte. Ist das ein Tagtraum? Er haßt es, zum Tierarzt zu gehen. Mir graut schon davor, ihn ins Auto zu zerren. Ob ich ihn vorher baden sollte? Das ist genauso schlimm. Vielleicht sollte ich ihn

gleich beim Tierarzt baden lassen – dann hätte ich zwei Fliegen mit einer Klappe geschlagen.
3. Kurz bevor ich beim Einschlafen das Licht löschte, stellte ich mir vor, ich hätte im Lotto gewonnen. Endlich war ich alle Sorgen los. Ich konnte meine Schulden bezahlen, mir alles kaufen, was ich wollte, für mein Alter vorsorgen ...

Das genügt für den Anfang. Später werden wir darstellen, welche Bedeutung Zeit und Ort von Tagträumen haben und welche anderen Möglichkeiten es gibt, sie zu deuten. Den entscheidenden ersten Schritt haben Sie jedoch schon getan: Sie haben Ihre Tagträume in Worte gefaßt.

Form und Funktion von Tagträumen

Selbst wenn Sie oft merken, daß Sie einen Tagtraum haben, wissen Sie wahrscheinlich nicht, wieviel Zeit Sie tatsächlich mit Tagträumen verbringen. Nach Dr. Eric Klinger, einem weiteren Pionier auf dem Gebiet der Untersuchung von Tagträumen, können solche individuellen Träumereien dreißig bis vierzig Prozent unserer Wachzeit einnehmen, wobei jeder Tagtraum in der Regel zwischen fünf und vierzehn Sekunden dauert. Das mag durchaus überraschen – doch es zeigt auch, wie automatisch wir gelernt haben, diese häufigen Begleiter einfach abzutun, zu ignorieren und zu vergessen. Zugleich wird daran aber auch deutlich, daß Tagträume einen Sinn haben müssen: Warum sonst sollten sie so häufig sein?

Tatsächlich haben unsere Tagträume durchaus einen Zweck – eigentlich sogar viele Zwecke. Sie helfen uns, mit schmerzlichen Erfahrungen fertigzuwerden. Sie erinnern uns an schönere Zeiten, geben uns Hoffnung, zeigen uns Auswege aus schwierigen Situationen, trösten und beruhigen uns, wenn wir verletzt, zornig oder ängstlich sind. In unseren Tagträumen schreiten wir zur Tat, wenn es in Wirklichkeit gar keine Handlungsalternativen gibt. Wir rächen uns in Gedanken, wo es in Wirklichkeit unklug wäre oder völlig außer Frage stünde, daß wir uns rächen (indem wir beispielsweise unserer Chefin sagen, was wir wirklich von ihr halten). Wir lösen Unlösbares und verwandeln Schlimmes in Gutes. Auch wenn unsere Vorstellungen noch so bizarr erscheinen (wir sehen uns vielleicht als einen Superhelden, der sich durch die Lüfte schwingt, als Kleopatra, Napoleon oder Alice im Wunderland), können sie doch unser Selbstwertgefühl stärken oder uns aus einem Stimmungstief holen. Sie können uns Trost und Ruhe geben, uns aus einer unerträglichen Situation entfliehen lassen und unsere Kreativität fördern.

In seinen ersten Untersuchungen zu Tagträumen entdeckte Dr. Singer, daß Kinder, die gern tagträumen, oft zufriedener und kooperativer sind und eine längere Aufmerksamkeitsspanne haben als andere Kinder. Dr. Klinger und seine Kollegen von der University of Minnesota stellten fest, daß alle unsere Tagträume (auch die schlechten) wichtige Funktionen haben können: Sie helfen uns, Probleme zu lösen, dienen der Entspannung und der Stärkung des Selbstwertgefühls. Der Psychologe Dr. Stephen Gold von der Northern Illinois University fand heraus, daß man Depressionen mildern kann, indem man sich auf seine angenehmen Tagträume konzentriert und sie genießt. Die Untersuchungen von Dr. Gold und seinen Kollegen haben auch ergeben, daß wir in unseren Tagträumen zukünftige Ereignisse vorwegnehmen und planen, daß sie uns aufmerksamer und neugieriger machen – mit anderen Worten: Sie verhindern, daß wir uns langweilen.

Natürlich sind nicht alle Tagträume besonders erfreulich. Manche verwandeln gute Gefühle in schlechte. Sie nehmen uns unsere Hoffnung, deprimieren uns, beeinträchtigen unser Selbstwertgefühl. Sie tun weh – manchmal sogar so sehr, daß sie sich auf unser »richtiges« Leben auswirken. Welche wohltuende Funktion können solche düsteren Träume haben? In schlimmen oder negativen Tagträumen versuchen wir oft, mit schmerzlichen Erfahrungen oder unserer Angst davor ins reine zu kommen. Wir »erproben« in unseren Tagträumen nicht nur unsere positiven Wünsche und Hoffnungen, sondern auch Worst-case-

Szenarien, indem wir versuchen, uns gegen sie abzuhärten und sie ertragen zu lernen. »Schlimme« Tagträume können ein Versuch der Psyche sein, traumatische Erfahrungen zu verarbeiten und mit unerträglichen und unaussprechlichen Gefühlen umzugehen, um mit einem (tatsächlichen oder nur in der Vorstellung existierenden) schlimmen Ereignis fertigzuwerden, indem wir es zulassen und es überstehen.

Als mein Sohn fünf Jahre alt war, gerieten er, mein Mann und ich einmal im Westen von Massachusetts in einen heftigen Wirbelsturm. Wir alle fürchteten uns sehr. Regen und Hagel prasselten auf den Wagen und zwangen uns anzuhalten. Durch die Luft geschleuderte Trümmer trafen von allen Seiten auf das Auto, zerschlugen die Scheiben, zerbeulten und zerkratzten die Türen, die Motorhaube, den Kofferraum und die Seiten des Wagens. Der Sturm drohte, den Wagen durch die Luft zu schleudern. Die wenigen Augenblicke, die diese Situation andauerte, erschienen uns wie eine Ewigkeit.

Der Schaden und die Zerstörung, die dieser Wirbelsturm anrichtete, blieben uns für immer im Gedächtnis. Wir hatten unglaubliches Glück, außer den Schäden am Auto war uns nichts passiert. Doch noch wochenlang danach verfolgte uns das Erlebnis in unseren Tagträumen. Ein klapperndes Fenster oder ein Windstoß genügte, und schon fragte mein Sohn: »Wie entstehen Wirbelstürme? Was war mit dem Wagen? Hätte der Wind uns durch die Luft schleudern können? Hätten wir sterben können?« – alles Hinweise auf seine Tagträume. Meine eigenen Tagträume überfielen mich oft unverhofft, wenn ich zufällig an den Wagen dachte oder wenn eine Wolke plötzlich die Sonne bedeckte. Ich sah dann vor mir, wie schlagartig Regen, Hagel, Sturm und Trümmer über uns hereingebrochen waren, sah die zerstörten Häuser und Autos, die herabgerissenen Stromleitungen, die umgeworfenen Fahrzeuge und ausgerissenen Bäume und erlebte den Schrecken immer wieder neu. Mein Mann hatte ähnliche, ebenso blitzartig auftauchende Erinnerungen – eine durchaus übliche Reaktion auf solche traumatischen Erfahrungen.

Warum ist das so? War unsere Reaktion nichts als Selbstquälerei? Warum sollten wir uns immer wieder an ein so schreckliches Erlebnis erinnern wollen? Tatsächlich waren unsere Tagträume ein unbewußter Versuch, unser Entsetzen zu verarbeiten, es bewältigbar zu machen und schließlich zu überwinden. Sie waren ein notwendiger Schritt auf dem Weg, dieses schlimme Ereignis zu überwinden.

Manchmal sind traumatische Erfahrungen, die wir in Tagträumen noch einmal durchleben, so stark und beängstigend, daß sie »hängenbleiben« und nach der Erfüllung ihres Zwecks im Prozeß der Selbstheilung nicht mehr verschwinden. Weiter unten werden wir uns fragen, wie man mit solchen »hartnäckigen« Tagträumen umgeht, wie man sie bewältigt und hinter sich läßt. Vorläufig genügt das Wissen, daß auch schlimme Tagträume einen Sinn haben. Sie sind – weit davon entfernt, uns einfach nur zu erschrecken – ein Teil unseres fortlaufenden Bemühens, unsere Ängste zu verarbeiten.

Ganz besonders wichtig ist es, daß Tagträume – und insofern gleichen sie den Nachtträumen – als zuweilen recht verwirrende symbolische Vorstellungen wahrgenommen werden. Erinnern Sie sich an die Frau, die träumte, sie sei eine Primaballerina? Zunächst meinte sie, ihr Traum sei einfach eine Erinnerung an einen frühen Kindheitswunsch. Falsch war das nicht. Doch als sie weiter über die Gefühle nachdachte, die der Tagtraum in ihr wachgerufen hatte, wurde ihr klar, daß sie sich nach etwas sehnte – vielleicht nicht gerade danach, Primaballerina zu sein, aber doch danach, deren Anmut, Ausdruck und Leichtigkeit zu besitzen. Sie empfand ihren Job als eintönige Plackerei, und über die Bühne schwebend Pirouetten zu drehen war ein Symbol für die Freiheit, nach der sie sich sehnte. Als sie nun anfing, ihren Freiheitsdrang zu akzeptieren und sich damit auseinanderzusetzen, wurde ihr auch klar, daß sie ihn auf vielerlei andere Weise verwirklichen konnte.

Die Bedeutung von Symbolen ist nicht immer offensichtlich, und doch gebrauchen wir sie ständig, nicht nur in unseren Tagträumen. In diesem Buch werden Sie lernen, die verschlüsselten Botschaften Ihrer Tagträume zu deuten. Natürlich genügt es nicht, einfach eine Liste von »häufigen Tagträumen und ihren

Bedeutungen« zu erstellen. Denn unabhängig davon, wie unsere Tagträume entstehen – ob sie aus Erinnerungen erwachsen, aus Geschichten, die uns unsere Eltern erzählt haben, aus Büchern, Filmen, Liedern oder ganz persönlichen Phantasievorstellungen – sie enthalten unsere *eigenen* Symbole und Geschichten und haben immer für uns selbst eine ganz besondere Bedeutung. Ein blaues Auto beispielsweise kann in Ihrem Tagtraum und in dem Ihres Nachbarn eine völlig unterschiedliche Bedeutung haben.

Niemand kann Sie dazu zwingen, einen Tagtraum zu haben, oder Ihnen dessen Inhalt vorgeben. Und niemand kann Ihre Tagträume deuten, ohne Sie wirklich gut zu kennen. Letztendlich können Sie selbst am besten entscheiden, was die Symbole und Geschichten Ihrer Tagträume bedeuten.

Ihre ganz eigene Traumwelt: Wie man einem Tagtraum seine Bedeutung entlockt

Wie »entlocken« wir unseren Tagträumen ihre symbolische Bedeutung, um etwas über uns selbst zu erfahren? Ein Beispiel:

Michael, ein vielgereister und erfolgreicher Geschäftsmann Mitte Fünfzig, stellte sich während einer Party bei Freunden vor, er sei in Paris. Als junger Mann war er oft in Europa gewesen. Seit damals träumte er davon, irgendwann einmal in seiner Lieblingsstadt Paris zu wohnen. Familie und Geschäft hinderten ihn jedoch daran, häufiger solche Reisen zu unternehmen, die ihm in seiner Jugend so viel Vergnügen bereitet hatten. Inzwischen war es zwar unwahrscheinlich, daß er nach Paris ziehen würde, doch genau das stellte er sich immer wieder vor.

Michael kam zu mir, weil er das Gefühl hatte, daß irgend etwas in seinem Leben fehlte.

»Ich kann eigentlich gar nicht klagen«, sagte er bei unserem ersten Kennenlernen. »Ich führe eine gute Ehe. Meine Kinder sind normale Teenager – nicht perfekt, natürlich, aber nette

Kids.« Die Entwicklung seines Geschäfts hatte seine kühnsten Erwartungen übertroffen. Und obwohl ihm das Schicksal so günstig gesonnen war, fehlte etwas. Michael zog es in Gedanken immer wieder zurück nach Paris.

Bei der Party war er in Gedanken weiter abgeschweift als jemals in letzter Zeit. Das ärgerte ihn und war ihm peinlich. Während seine Freunde sich über eine Kunstausstellung unterhielten, die sie offenbar alle gesehen hatten (während er sie weder gesehen noch auch nur davon gehört hatte), stellte er sich vor, er sitze in einem netten kleinen Bistro am linken Seine-Ufer. Er schmeckte das *blanquette de veau* und den frischen Weißwein auf seiner Zunge. Er fühlte den warmen, feuchten Wind in seinem Gesicht und hörte um sich herum ein rasches Durcheinander französischer Stimmen. Plötzlich stieß ihn der Freund, der »in Wirklichkeit« neben ihm saß, mit dem Ellbogen an: »Was meinst du dazu, Michael?« Michael war immer noch sechstausend Kilometer weit weg. Er hatte keine Ahnung, wovon seine Freunde zu Hause in den USA gerade sprachen. Über die Gespräche am linken Seine-Ufer hätte er mehr sagen können ...

Zunächst kam es Michael nicht in den Sinn, daß sein immer wiederkehrender Tagtraum irgendeine überraschende Bedeutung haben könnte: Er vermißte die Stadt eben. Ich hatte allerdings den Eindruck, daß an seiner Phantasievorstellung doch noch etwas anderes sein könnte, das ihn daran hinderte, voll und ganz im Hier und Jetzt zu leben. Ich stellte die Vermutung an, daß irgend etwas Wichtiges ihn innerlich beschäftigte, und meinte, der Tagtraum könne vielleicht wertvolle Informationen liefern. Ich bat Michael, mir seinen Tagtraum möglichst genau zu erzählen.

»Ich weiß nicht, wie genau ich da sein kann«, begann er. »Eigentlich ist es ganz einfach. Ich wohne in einem vier- oder fünfstöckigen Gebäude am linken Seine-Ufer. In den zwanziger Jahren, als Hemingway in Paris war, muß es phantastisch gewesen sein, dort zu leben. Ich wäre zu gern in Paris gewesen, als all die amerikanischen Künstler und Schriftsteller dort waren. Jedes Wort hätte ich Gertrude Stein von den Lippen abgelesen. Es muß damals einfach traumhaft gewesen sein. Nur bin ich in meinem Tagtraum aus irgendeinem Grund nicht in den Zwanzigern, sondern in unserer Zeit. Meine Wohnung ist dunkel, klein und ziemlich karg. Ohne jeden Luxus. Ich habe nicht viel Geld. Aber die Fenster öffnen sich zur Straße hin, und ich stelle mir vor, wie ich morgens aufwache, mir eine Tasse *café au lait* mache und sie am Fenster stehend genieße.«

»Was sehen Sie, wenn Sie aus dem Fenster blicken?«

»Leute, die auf dem Weg zu ihrer Arbeit sind, mit dem festen, entschlossenen, zielgerichteten Schritt, der typisch ist für die Pariser – nicht wie die New Yorker, die fünf Zentimeter über dem Boden dahinrennen.«

An diesem Punkt stellte ich Michael eine entscheidende Frage: »Wie fühlen Sie sich in Ihrem Tagtraum?«

»Glücklich. Verwurzelt. Mit mir selbst in Einklang.« Michael zögerte einen Augenblick und dachte nach. »Wenn ich mich nur in meinem wirklichen Leben auch so fühlen würde.« Er zögerte wieder. »Mir ist da eben etwas Komisches eingefallen – na ja, eigentlich nicht komisch, vielleicht sollte ich lieber merkwürdig sagen. Das hat eigentlich gar nichts mit dem zu tun, worüber ich gerade rede.«

Ich bat ihn, es mir trotzdem zu sagen, da solche zusammenhanglosen Gedanken oft durchaus bedeutsam sind.

»Ich habe meiner sechzehnjährigen Tochter Suzanne letztes Wochenende die Meinung gesagt. Sie ist einfach einmal zu oft zu spät nach Hause gekommen. Eigentlich ist sie ja ein nettes Mädchen, aber sie hängt immer mit irgendwelchen Typen herum, die mir nicht besonders sympathisch sind, und ich befürchte, daß die einen schlechten Einfluß auf sie haben.« Er schwieg eine Weile. »Die Jugend von heute. Kennen Sie das ewige Klagelied der Eltern: ›Was ist nur mit der heutigen Jugend los?‹ Ich habe mir gerade überlegt, wie ich als Neunzehnjähriger war: Ich war zutiefst von mir überzeugt und sicher, daß mir die ganze Welt offensteht. Aber ich war auch ein guter Sohn. Ich arbeitete unglaublich hart. Meine Familie hatte nicht viel Geld, und ich habe es geschafft, ein Stipendium für Yale zu bekommen. Ein Geschichtslehrer in der High School hat mir sehr geholfen – es war wunderbar, wie sehr er an mich glaubte. Ihm verdanke ich viel. Aber ich habe auch mein Teil dazu beigetragen. Mein ganzes Leben lang habe ich hart gearbeitet, und was getan werden mußte, habe ich auch getan.« Michael hielt inne. »Tut mir leid«, sagte er. »Jetzt bin ich vom Thema abgekommen.«

»Nicht, daß ich wüßte«, antwortete ich. »Lassen Sie sich einfach von Ihren Gedanken leiten.«

Wie den meisten Menschen fiel es auch Michael schwer, seinen zufälligen Einfällen Raum zu geben. Er war so sehr daran gewöhnt, zielgerichtet zu denken, daß er diese scheinbar zusammenhanglosen, unlogischen Gedankengänge, die von Therapeuten als »Assoziationen« bezeichnet werden, gleich wieder von sich wies. Doch diese scheinbar zusammenhanglosen Gedanken enthielten entscheidende Hinweise auf die verborgene Bedeutung seiner Tagträume.

Michael verschloß sich seinen Überlegungen zwar nicht ganz, doch er fühlte sich immer noch ein wenig unwohl, als er sie weiterverfolgen sollte. »Ich weiß nicht, warum das wichtig sein sollte«, sagte er. »Außerdem ist es auch irgendwie peinlich.«

Ich versicherte Michael, daß es ganz normal war, wenn einem manche Assoziationen im Zusammenhang mit einem Tagtraum peinlich waren. Wenn diese verborgenen Aspekte unseres Selbst uns angenehm wären, müßten wir sie ja nicht verborgen halten. Ich bat ihn, in Worte zu fassen, *warum* seine Gedanken ihm peinlich waren, und zwar ohne daß er über das eigentlich Peinliche sprach. »Vielleicht, weil ich mich gern als bescheidenen Menschen sehe, nicht als eingebildeten. Und diese Phantasien lassen mich ganz anders aussehen – da wirke ich arrogant und egoistisch – und diese Vorstellung gefällt mir einfach nicht.«

Als Michael seine widerstrebenden Empfindungen erst einmal in Worte gefaßt hatte, stellte er fest, daß es ihm nun leichter fiel, über das zu sprechen, was ihm peinlich war.

»Ich weiß einfach nicht, wo der übermütige, vielversprechende junge Mann geblieben ist. Natürlich kann ich auf vieles stolz sein. Mein Geschäft läuft hervorragend, auch wenn ich dafür Tag und Nacht arbeiten mußte. Ich habe ganz unten angefangen und es bis nach oben geschafft. Und diese Reise nach Paris – ich hatte halt gerade Yale abgeschlossen und wollte mich damit belohnen, daß ich endlich einmal das tat, wonach mir gerade war. Die Reise war damals recht preiswert. Es war einfach *unglaublich* – aber viel zu kurz. Gegen Ende des Sommers war ich wieder zurück in den Staaten und setzte, wieder mit einem Stipendium, mein Studium an der Uni fort. Ich hatte wirklich vieles, auf das ich stolz sein konnte – und ich habe meine Chancen genutzt ...

Verstehen Sie mich nicht falsch. Ich bin mit meinem Leben eigentlich recht zufrieden. Ich habe ein eigenes Geschäft und eine große Familie. Daß Suzie im Grunde ein liebes Mädchen ist, habe ich Ihnen ja schon gesagt. Aber die Jungs, mit denen sie in letzter Zeit herumhängt ...« Michael hielt einen Augenblick inne, er errötete ein wenig. »Eigentlich wollte ich gerade sagen, daß diese Jungen völlig von sich überzeugt sind, wirklich unausstehlich und frech und respektlos. Aber nach meinen Äußerungen eben ist es natürlich überdeutlich, daß ich sie beneide. Sie geben mir das Gefühl, daß für mich schon alles vorbei ist. Sie sind so arrogant. Sie sprühen vor Tatendrang, haben noch viel vor ...«

Michael schwieg wieder. Ich bat ihn, mir zu sagen, woran er dachte.

»Na ja«, begann er, »es ist einfach schwer zu akzeptieren, daß offenbar schon so vieles im Leben vorbei ist. Suzie und ihre Freunde haben alles noch vor sich ... Vielleicht ist es das, wovor ich immer flüchte – nach Paris. In die Zeit – die einzige übrigens, an die ich mich so erinnere –, in der ich mich frei, selbstsicher, gebildet und stark gefühlt habe. Kann es etwas Schöneres geben, als ein aufgeweckter junger Mann in Paris zu sein?«

Nun erwies es sich, daß das Paris aus Michaels Tagträumen ein bedeutsames und komplexes Symbol seiner selbst war. Es stand für jugendlich optimistische Erwartungen, eine verheißungsvolle Zukunft, spannende Erlebnisse und zugleich für einige der Empfindungen von Trauer und Mutlosigkeit, die er gerade zugegeben hatte. Michael verlor sich aber auch in seinem Tagtraum, um Gefühlen aus dem Weg zu gehen, die er sich nicht eingestehen wollte, wie etwa seinen Neid auf die Freunde seiner Tochter. Michael hätte sich aus verschiedenen Gründen schlecht gefühlt, wenn er seine Konkurrenzgefühle den jungen Männern gegenüber an sich herangelassen hätte. Da er das nicht tat, hatte er das Gefühl, daß ihm etwas »fehlte«.

Was ihm fehlte, war einerseits seine verlorene Jugend und andererseits eine eindeutige und befriedigende Vorstellung davon, wer er inzwischen war. Mit seinem Tagtraum, in dem er in Paris lebte, versuchte er unbewußt, jenen jugendlichen Anteil seiner selbst noch einmal einzufangen und sich zugleich darüber hinwegzutrösten, daß er inzwischen nicht mehr der junge Mann von damals war. Ich fragte Michael, ob er so ähnlich empfunden hatte, als er sich aus dem Gespräch auf der Party »ausgeklinkt« hatte.

Er nickte. »Zu dem Zeitpunkt fiel mir das nicht auf, aber im Rückblick merke ich, daß ich plötzlich das Gefühl hatte, nicht dazuzugehören und den anderen unterlegen zu sein. Eigentlich sind das ja alles meine Freunde, und ich weiß, daß sie mich mögen und achten. Aber sie sprachen gerade über eine Kunstausstellung im Museum of Modern Art, von der ich noch nie gehört hatte. Vielleicht kam ich mir irgendwie dumm vor. Deshalb flüchtete ich mich nach Paris, um mir selbst zu beweisen, daß ich kein ignoranter Trottel bin. Ich habe dort gelernt, und ich spreche Französisch. Dort war ich auch ›jemand‹ ...«

Michael konnte nichts daran ändern, daß er fünfzig und seine Tochter kein Kind mehr war. Aus diesen Realitäten entstanden aber auch seine Traurigkeit und seine Depression (für die das Gefühl, daß ihm etwas »fehlte«, ebenfalls ein Schlüssel war). Nachdem er nun diese Gefühle hatte benennen können, fiel es ihm auch leichter, mit ihnen umzugehen und sich freier zu fühlen, um seinem Leben eine neue Richtung zu geben. Er überlegte, daß er sich neue, realistische Ziele stecken wollte, die ihm wieder Hoffnung und Lebensfreude geben würden.

Michaels assoziative Reise bei der Analyse seines Tagtraums mag ein wenig weitschweifig erscheinen – aber genau darauf kommt es an. Erst auf der Reise in sein Inneres, bei der Michael die symbolische Bedeutung, die Paris für ihn hatte, immer enger einkreiste, begriff er die Komplexität dieses Symbols. Es stand für Hoffnung und Verlust, für Erfolg und Mißerfolg gleichermaßen. Es ließ ihn besser verstehen, warum er das Gefühl hatte, daß ihm etwas »fehlte«, worüber er geklagt hatte, als er zum ersten Mal in meine Praxis kam. Die Analyse des Tagtraums erforderte einige Mühe, doch sie gab ihm auch die Freiheit, in seinem Leben voranzugehen. Und wir alle können lernen, diesen Schritt zu machen.

Raum schaffen: Die ersten Schritte bei der Analyse von Tagträumen

Sie können, wenn Sie Ihre Tagträume analysieren wollen, genauso vorgehen wie Michael. Inzwischen werden Sie sicher schon auf Ihre Tagträume achten und sie festhalten, wenn sie Ihnen durch den Kopf gehen. Versuchen Sie nun immer wieder einmal, einen solchen Traum in Worte zu fassen. Noch besser wäre es, ihn in Ihrem Tagtraum-Tagebuch zu notieren. Halten Sie möglichst viele Einzelheiten fest. Weiter unten werden wir auf diese »Elemente des Tagtraums« zurückkommen. Vorläufig jedoch genügt es, wenn Sie sie aufschreiben.

Achten Sie auf den Kontext – das heißt, auf Zeit und Ort Ihres Tagtraums. Wie sind Sie gelaunt, welche Gedanken gehen Ihnen durch den Kopf, was sind gerade die wichtigen Themen in Ihrem Leben? Halten Sie auch alle scheinbar nebensächlichen Gedanken, Bilder oder Überlegungen fest, selbst wenn sie Ihnen zufällig oder ohne Zusammenhang mit dem Thema Ihres Tagtraums erscheinen mögen. Sie könnten die Schlüssel sein, durch die sich Ihnen die Bedeutung Ihres Tagtraums erschließt.

Michael konnte seinen Assoziationen folgen und sie nutzen, weil er nach und nach lernte, sie nicht abzublocken. Unsere eigenen Tagträume bleiben stumm, wenn wir uns selbst daran hindern, auf sie einzugehen – auf ihre scheinbar unwichtigen, albernen, banalen Details, auf die sonderbaren, verwirrenden oder peinlichen Gefühle und sexuellen Reaktionen, die sie in uns auslösen, auf scheinbar verrückte oder abwegige Gedanken. Michael wußte zunächst nicht, warum ihm einfiel, daß er seiner Tochter Suzanne »die Meinung gesagt« hatte. Der Grund für seine Assoziation erschloß sich ihm erst später, als er sich seinen Gedanken, Erinnerungen und Gefühlen überließ, die zuerst im Zusammenhang mit seinem Tagtraum selbst und dann durch seine Gefühle im Hinblick auf seine Tochter und deren Freunde und deren jugendliche Großspurigkeit ausgelöst wurden.

Vielleicht geht es Ihnen wie Michael, und manche Ihrer Gedanken und Gefühle sind Ihnen peinlich. Aber dann werden Sie auch merken, daß Sie Ihre Gedanken besser ordnen können, wenn Sie Ihr Unbehagen, Ihre Angst oder Ihre Verlegenheit einfach zulassen. Entscheidend ist, daß Sie allem, was Ihnen in den Sinn kommt, genügend Raum geben.

Auch hier werden Sie wieder feststellen, daß es nicht darum geht, ein Symbol ganz simpel, sozusagen nach einer Gebrauchsanweisung zu entschlüsseln. Es gibt hier keine Eins-zu-eins-Entsprechungen. Die Symbole unserer Tagträume sind wie die Symbole unserer Nachtträume Verdichtungen unserer Hoffnungen und Ängste, unserer Vorlieben und Abneigungen, unserer Wünsche und Bedürfnisse. Sie enthalten oft »positive« und »negative« Elemente zugleich.

Vielleicht denken Sie nun: »Na ja, aber Michael hatte eine Therapeutin, die ihm half.« Natürlich kann ein Therapeut helfen, die mit einem Tagtraum verbundenen Assoziationen herauszulocken. Aber das können Sie auch selbst lernen. Sie brauchen natürlich Zeit und Übung – zugegebenermaßen eine Art von Übung, an die die meisten von uns nicht gewöhnt sind. Die meisten von uns sind nämlich allzu bequem: Wenn wir einen flüchtigen Tagtraum haben, notieren wir ihn höchst selten und überlassen uns noch seltener den Assoziationen, die er in uns auslösen könnte. Im folgenden sollen Sie lernen, Ihren Tagträumen das zu entlocken, was Sie aus ihnen erfahren können.

Natürlich kann es nicht darum gehen, jeden einzelnen Tagtraum zu analysieren. Doch wenn Sie sich für einen bestimmten Tagtraum interessieren – weil er Sie beunruhigt, Ihre Neugier weckt oder Ihnen einfach nicht mehr aus dem Kopf geht –, dann sollten Sie sich einige grundlegende Fragen stellen. Diese Fragen werden Ihnen helfen, Ihre Gedanken und Assoziationen und damit auch Ihre Selbsterkenntnis weiterzuentwickeln.

Übung

Lockern Sie die Muskeln Ihrer Phantasie

Wählen Sie einen beliebigen Tagtraum aus. Das kann einer sein, der Ihnen spontan einfällt, oder aber einer, den Sie immer wieder haben. Sie können auch einen aus der vorherigen Übung nehmen. Nun stellen Sie sich die folgenden Fragen:

1. Wo waren Sie, und womit waren Sie beschäftigt, als Sie den Tagtraum hatten? Woran dachten Sie unmittelbar vor dem Tagtraum?

Betty beispielsweise beschloß, einen kurzen, flüchtigen Tagtraum zu analysieren, in dem sie daran dachte, daß sie noch Milch kaufen mußte. Der Tagtraum interessierte sie aus zweierlei Gründen: Erstens war ihr nicht klar, warum sie diesen Tagtraum während einer Sitzung hatte, aus der sie ohnehin nicht herauskonnte, und sie verstand auch nicht, warum sie dann abends vergaß, tatsächlich am Supermarkt anzuhalten und Milch zu holen.

Als Betty an den Augenblick zurückdachte, in dem ihr der Gedanke an die Milch durch den Kopf gegangen war, fiel ihr nur ein, daß sie sich in der Sitzung gelangweilt hatte. Aber dann erinnerte sie sich wieder, daß sie angefangen hatte, über das vor ihr liegende lange Wochenende nachzudenken, an dem sie Freunde in den Bergen besuchen wollte.

2. Wie fühlen Sie (oder die Hauptperson in Ihrem Tagtraum) sich *in* diesem Traum?

Wenn Sie in einem Tagtraum auf problematische Gefühle stoßen, sollten Sie sich fragen, ob Sie diese Gefühle auch schon hatten, als der Tagtraum begann. Sie könnten Ihnen die Bedeutung Ihres Tagtraums unmittelbar erschließen.

Anders als Michael, der sich in seinem Tagtraum über Paris selbstsicher und übermütig, aber kurz vor seinem Tagtraum unsicher fühlte, verband Betty mit ihrem kurzen Tagtraum über den Milchkauf keine offensichtlichen Gefühle. Was ihren Wochenendausflug anging, sah das ganz anders aus: Sie freute sich jetzt schon auf die Berge. Und sie hatte Schuldgefühle, wenn sie daran dachte, daß ihre Katze Mathilda drei Tage lang allein bleiben mußte.

3. Was fällt Ihnen im Zusammenhang mit Ihren Gefühlen ein?

Betty sagte, sie habe sich die langweilige Sitzung verkürzt, indem sie von ihrem Wochenendausflug träumte. Leider erinnerte sie diese Phantasie auch daran, daß sie Mathilda allein zu Hause lassen würde. Das ungute Gefühl, das sie deswegen hatte, verdarb ihr die Vorfreude auf das Wochenende. Eigentlich wollte sie ihre Schuldgefühle besänftigen, indem sie der Katze etwas besonders Gutes tun und ihr Milch kaufen wollte. Aber nun fiel ihr auf, daß sie die Milch vielleicht vergessen haben könnte, weil sie sich selbst noch etwas anderes sagen wollte, nämlich: »So leicht kannst du es dir nicht machen.«

Wie alles bei der Analyse von Tagträumen erscheinen auch solche Fragen täuschend einfach, während die Antworten gar nicht so leicht sind. Lassen Sie sich Zeit, um über sie nachzudenken. Meinen Sie nicht, alles auf Anhieb herausfinden zu müssen. Wie bei Betty kann es auch bei Ihnen vorkommen, daß Sie die Antworten auf Ihre Fragen erst mit Hilfe anderer Tagträume finden, die mit dem ersten verwoben sind. Jeder Tagtraum wird Ihnen neue Informationen geben. Stellen Sie sich einfach weitere Fragen, und schaffen Sie so die Möglichkeit, daß die Antworten immer wieder kleine Räume in Ihrer inneren Welt eröffnen. Aber bedenken Sie, daß Sie nicht über Nacht lernen werden, die Bedeutung Ihrer Tagträume zu verstehen. Sie werden sehen, daß sich Ihre Tagträume ganz allmählich erschließen – und daß Sie sich damit auf bisher unbekanntes Terrain begeben.

Dieses Terrain wollen wir nun erkunden: die Geschichten nämlich, die sich hinter Ihren Tagträumen verbergen. Oft sind sie komplex und widersprüchlich, und oft stehen sie in einem unmittelbareren Zusammenhang mit Ihrem Alltag, als Sie vermuten würden. Sie können uns überraschend viel darüber verraten, wie wir über uns selbst, unsere Familie, unsere Freunde, unsere Kollegen und unsere Umwelt denken.

Seien Sie vorgewarnt: Diese Geschichten sind oft verwirrend – und manchmal auch ärgerlich –, weil man grundsätzlich immer damit rechnen muß, daß sie unvollständig sind. Einzelne Teile fehlen, manche Bedeutungen sind verborgen oder verzerrt. Wie Alice im Wunderland müssen auch Sie einen Sinn in einer Welt finden, in der nichts so ist, wie es aussieht. Tatsächlich ist die Analyse Ihrer Tagträume eine Art Puzzle, dessen Teile sich jedoch verändern oder verschwinden und wieder auftauchen wie das Lächeln der Edamer Katze. Doch mit dem Auffinden und Interpretieren dieser Teile wachsen und verändern auch Sie sich. Sie verstehen mehr von den Geschichten, die Sie sich selbst erzählen, und zwar auch dann noch, wenn Sie merken, daß Sie schon bei neuen Geschichten angelangt sind.

All das klingt ein bißchen verwirrend oder sogar abschrekkend? Das ist eben Ihr eigenes Wunderland. Doch die Entdekkungen, die Sie machen werden, versprechen mehr als lohnenswert zu sein.

Lesen Sie weiter – und finden Sie es selbst heraus.

Den Kode knacken: Entschlüsseln Sie die Symbole Ihrer Tagträume

Die Geschichten, aus denen sich unsere Tagträume zusammensetzen, enthalten – ob sie nun vollständig sein mögen oder nicht – wichtige Informationen über uns selbst, bedeutsame Hinweise auf unsere geheimsten Träume und Wünsche. Vielleicht hängt sogar unsere gesamte Identität davon ab, daß wir uns solche »Geschichten« erzählen können. In Joan Didions Essay ›The White Album‹ heißt es dazu: »Wir erzählen uns Geschichten, um zu leben.« Diese Geschichten, die so organisch aus unserer Phantasie entspringen, ermöglichen uns nicht nur, unsere vergangenen und gegenwärtigen Gefühle zu deuten, sondern auch, der Welt, in der wir leben, einen Sinn zu geben.«

Die Bedeutung unserer Geschichten ist uns allerdings nicht immer unmittelbar ersichtlich. Wenn wir aus unseren Tagträumen lernen und sie uns zunutze machen wollen, wenn wir uns die verborgenen Bedeutungen bewußt machen wollen, aus denen sich die Symbole unserer Tagträume unablässig speisen, müssen wir lernen, sie zu entschlüsseln. Manchmal denken wir gar nicht daran, unsere Geschichten zu hinterfragen, weil sie uns so »wahr«, offensichtlich und eindeutig erscheinen. Sie haben vielleicht immer schon von einem starken, ruhigen, einflußreichen und freundlichen Mann geträumt, der Sie auch ohne Worte versteht, mit dem Sie über alles reden können, der Sie liebt und der Ihnen den sorglosen und sicheren Lebensstil ermöglicht, nach dem Sie sich sehnen. Dieser Tagtraum enthält mehrere Geschichten. Daß er eine tröstliche, hoffnungsvolle Phantasievorstellung zum Ausdruck bringt, ist offensichtlich. Er enthält aber auch einige entscheidende Hinweise auf die Geschichten, die Sie sich selbst erzählen, auf Ihre Überzeugungen im Hinblick auf Männer, Liebe und Sicherheit. Und er enthält Symbole, in denen Ihre unbewußten Überzeugungen im Hinblick auf Sie selbst zum Ausdruck kommen. Vielleicht ist Ihnen bewußt, daß Sie Hans oder Franz oder Peter mit dieser Idealvorstellung Ihres Traummanns vergleichen; ist Ihnen aber auch klar, daß Sie sich selbst an Ihrer damit verbundenen Vorstellung von »Weiblichkeit« und »Glück« messen?

Wir alle orientieren uns in unserem Leben an nicht hinterfragten (und manchmal unbewußten) Modellen, die es uns ermöglichen, uns selbst, andere Menschen und das, was wir erleben, irgendwie einzuordnen. Joan Didion zufolge hängt von den Geschichten dieser Modelle vielleicht sogar unser Überleben ab – zumindest aber geben sie unserem Leben eine bestimmte Richtung. Viele der Geschichten, die wir uns erzählen, entstehen jedoch aus alten – manchmal noch aus unserer Kindheit stammenden – Überzeugungen, die wir nicht in Frage stellen. Wir halten sie einfach weiterhin für wahr, auch wenn sie für uns als Erwachsene keinen Sinn mehr haben. Der New Yorker Psychologe Dr. Roy Schafer bezeichnet sie als »organisierende Geschichten«, als grundlegende Überzeugungen im Hinblick auf uns selbst und auf andere Menschen, die allem, was wir tun und denken, eine bestimmte Tönung geben. Diese nicht hinterfragten Skripts geben unserem Leben zwar einen inneren Zusammenhang, doch sie können auch dazu führen, daß wir Alternativen übersehen und unsere Entscheidungsmöglichkeiten einschränken. Wenn wir nun unsere Geschichten entschlüsseln und die Überzeugungen überprüfen, die in diesen Geschichten immer wieder neu gefestigt werden, erweitert sich das Spektrum unserer Handlungsmöglichkeiten.

Michael aus dem vorigen Kapitel ist ein gutes Beispiel für jemanden, dem es gelungen ist, seine Tagträume zu entziffern. Betrachten wir einige andere Beispiele und versuchen wir, einige Prinzipien herauszufiltern, die Sie auf Ihre eigenen Tagträume anwenden können.

Lektionen aus unserem Tagtraum-Tagebuch: Wie wir das »ungedacht Gewußte« entdecken

Als ich Jon kennenlernte, litt er furchtbar unter zwanghaften, sich ständig wiederholenden Tagträumen. Er konnte nur noch an seine Ex-Freundin Tracy denken. Das Ende der Beziehung hatte er als traumatisch erlebt: Er »wußte«, daß es gute Gründe dafür gab, die Beziehung zu beenden, und dennoch mußte er immer wieder daran denken, wie sehr er sie liebte. Vom Aufwachen bis zum Einschlafen dachte er an Tracy. Selbst in seinen Träumen ließ sie ihn nicht los. Bei der Arbeit konnte er sich nicht konzentrieren, weil ihm Tracy immer wieder in den Sinn kam. Er sagte mir, er wolle »von dieser Obsession befreit« werden. Er hoffte, sie sich aus dem Kopf schlagen und einfach weiterleben zu können. Dabei hatte er die Beziehung selbst beendet, weil er nach wie vor überzeugt war, daß es unüberwindbare persönliche Differenzen zwischen ihnen gab. Tracy und Jon waren wie Feuer und Wasser. Sie konnten am Ende keine fünf Minuten mehr zusammensein, ohne sich zu streiten. Warum also gelang es ihm nicht, sie zu vergessen, nachdem doch alles darauf hindeutete, daß ihre Beziehung niemals funktionieren konnte?

Ich erklärte Jon, daß er wahrscheinlich in diesen Tagträumen feststeckte, weil er nicht an das herankam, was sie ihm eigentlich sagen wollten. Ich schlug ihm vor, seine Gefühle eine Zeitlang nicht mehr abzuwehren, sondern sie ebenso zuzulassen wie alle anderen Gedanken, die er bisher nicht hatte wahrhaben wollen. Jon sollte ein Tagtraum-Tagebuch führen, in dem er sich kurz notierte, wann er an Tracy dachte – nur die Tageszeit und eine kurze Bemerkung zu dem, was er dachte oder sich vorstellte oder empfand, also beispielsweise: »Neun Uhr – ich meinte, ihre Stimme zu hören«, oder »Mittag – ich frage mich, was sie wohl gerade macht«, oder »Mitternacht – ich denke an ihre Haut, daran, wie es sich anfühlte, wenn wir uns liebten«. Wenn er wollte, konnte er auch mehr Details aufschreiben, Einzelheiten aus seinem Tagtraum selbst und Angaben dazu, wo er zu diesem Zeitpunkt war, was er gerade tat und wie er sich fühlte, bevor ihm auffiel, daß er wieder an Tracy dachte.

Jon befürchtete, daß er dauernd über Tracy schreiben würde – schließlich wollte er nicht noch mehr an sie denken, sondern sie sich aus dem Kopf schlagen. Dennoch war er interessiert, als ich ihm sagte, wenn er sich mit diesem Procedere eine Weile abfinden könne, werde er es nicht nur schaffen, die Beziehung zu Tracy wirklich zu beenden, sondern auch begreifen, warum ihm das bisher so schwergefallen war.

Wenn Sie sich wie Jon in immer wiederkehrenden Tagträumen gefangen fühlen, sollten Sie ebenfalls ein Tagtraum-Tagebuch anlegen. Stellen Sie sich dann selbst die Fragen, die ich Jon stellte, und notieren Sie die Antworten in Ihrem Tagebuch. Weiter unten finden Sie eine Übung, mit der Sie die Bedeutung der Botschaften analysieren können, die Sie sich selbst – in kodierter Form – mit diesen immer wieder gleichen Tagträumen übermitteln.

Nachdem Jon seine Tagträume über Tracy eine Woche lang aufgeschrieben hatte, kam er wieder, um sie mit mir zu besprechen. Ich fragte ihn, ob ihm in seinen Träumen ein bestimmtes Muster aufgefallen war. Er antwortete: »Nur, daß es in vielen davon um körperliche Empfindungen geht.« Wir stellten außerdem fest, daß er viele seiner Tagträume gehabt hatte, wenn er gerade relativ entspannt war – unter der Dusche, vor dem Zubettgehen, beim Aufwachen, wenn er allein beim Essen saß. Das ist nicht ungewöhnlich: In seiner Freizeit achtet man mehr auf seine Tagträume. Deshalb sollte man sich auch eine entspannte Situation schaffen, wenn man versucht, seine Tagträume zu deuten. Umgekehrt erhält man aus demselben Grund oft den Rat (wenn man es nicht gleich von sich aus tut), sich »eine Beschäftigung zu suchen, um sich abzulenken«, wenn einem immer wieder dieselben lästigen oder beängstigenden Gedanken durch den Kopf gehen. Dahinter steckt die Überlegung, daß der Kummer schon vergehen wird, wenn man keine Zeit hat, seinen Gedanken nachzuhängen. In Wirklichkeit ist das jedoch kaum einmal der Fall. Natürlich kann man diese Gedanken vorübergehend verdrängen, doch wie ein Korken, den man unter Wasser hält, kommen sie unweigerlich wieder an die Oberfläche.

Jons Tagträume ließen sich weder bei der Arbeit noch in seiner Freizeit unter Kontrolle halten. Was immer er gerade tat, wo immer er sich auch befand, er merkte plötzlich, daß er sich in seinen Gedanken an Tracy verlor. Da Tagträume so viele Facetten haben wie ein Diamant, bin ich immer neugierig, wenn jemand von Träumen berichtet, die so einseitig scheinen wie Jons Träume von Tracy. Ich frage mich, wo die anderen Bilder bleiben und warum sie nicht in das Gesamtbild einbezogen sind. Natürlich werden sie nicht bewußt unterdrückt (es sei denn, sie erscheinen zunächst allzu peinlich), sondern sie werden aus einem Grund ausgelassen, der oft mit den Gefühlen zu tun hat, die im Zusammenhang mit der Geschichte hochkommen und die zu beängstigend oder verwirrend oder überwältigend sind und deshalb ausgeblendet werden müssen.

Wenn man die verborgenen Geschichten und Bilder und die Gefühle, für die sie stehen, entdecken will, geht man am besten von dem aus, was man schon weiß. Achten Sie auf die Bilder, die sich Ihnen aufdrängen, die Stimmen, die Sie hören, die Geschichten, die sich vor Ihrem geistigen Auge abspielen. Durch diese bewußten Gedanken und Eindrücke setzen Sie eine Kette von Assoziationen in Gang. Diese Assoziationen können völlig losgelöst erscheinen von den Tagträumen, aus denen sie hervorgehen (wie im Falle Michaels, der zunächst verwirrt darüber war, daß seine Assoziationen ihn von Paris zu seiner Besorgnis wegen seiner Tochter brachten), doch ihre Verkettung führt schließlich zu den bereits geschilderten grundlegenden Überzeugungen. Immer wenn wir über unsere Tagträume nachdenken und sprechen, geben wir Hinweise auf die Rätsel unserer verborgenen Geschichten. Unsere Aufgabe ist es nun, diese Hinweise (wie die Gefühle in der letzten Übung) zu sammeln, sie nach und nach zusammenzusetzen und daraus ein umfassenderes, komplexeres Selbstbild zu erschaffen – mit dem sich Türen auftun und neue Wege eröffnen und aus denen schließlich sogar neue Tagträume entstehen können.

Die Geschichten, die sich in unseren Tagträumen ständig wiederholen, sind Ausdruck unserer grundlegenden Überzeugungen im Hinblick auf uns selbst, auf andere Menschen und auf unsere Umwelt. Sie mögen uns als »wahr« erscheinen, doch wenn sich unsere Gefühle ändern, erweisen sie sich vielleicht als alte Botschaften, deren Richtigkeit uns nicht mehr so offensichtlich erscheint wie zuvor. Weiter unten werden wir eingehender über solche Überzeugungen sprechen und klären, wie sie sich aus unseren Tagträumen herauslocken lassen. Zunächst jedoch befassen wir uns mit den Gedankenketten, die mit jedem Tagtraum verknüpft sind.

Jons Phantasievorstellungen über Tracy wurden dadurch ausgelöst, daß er eine Frau sah, die ihr ein wenig glich, daß er eine Stimme hörte, die so ähnlich klang wie ihre, daß er etwas tat, was sie oft zusammen getan hatten. Bis hierher also nichts Überraschendes. Er stellte sich vor, er halte Tracy im Arm, spreche mit ihr, schlafe mit ihr. Auch das ist nicht ungewöhnlich.

Tatsächlich wiederholten sich Jons Tagträume deshalb immer wieder, weil es ihm schwerfiel, seine Gedanken einfach schweifen zu lassen und damit den Schlüssel zur Bedeutung seiner Träume zu finden. Deshalb schlug ich ihm vor, die folgende Übung zu machen, die Ihnen ebenfalls helfen könnte, Ihren Gedanken freien Lauf zu lassen.

Übung

Hängen Sie Ihren Gedanken nach

1. Schlagen Sie in Ihrem Tagtraum-Tagebuch eine leere Seite auf.
2. Sehen Sie sich um. Lassen Sie Ihren Blick schweifen. Halten Sie in Gedanken fest, was Sie sehen. Was zieht Ihre Aufmerksamkeit an? Ein Möbelstück, das Sie besonders gern haben? Ein besonderes Bild? Eine Vase oder irgendwelche Nippes, die Ihnen noch nie gefallen haben?

3. Schließen Sie die Augen, und konzentrieren Sie sich auf den Gegenstand, der Ihnen als erster auffällt. (Wenn Ihnen das nicht gelingt, gehen Sie einfach weiter zum nächsten Schritt.)
4. Öffnen Sie die Augen wieder. Notieren Sie oben auf der Seite, auf welchen Gegenstand Sie sich konzentriert haben. In die nächste Zeile schreiben Sie Ihre nächsten drei Gedanken. Überlegen Sie nicht lange, was diese Gedanken bedeuten könnten – auch wenn sie scheinbar keinen Sinn ergeben. Und vor allem, fangen Sie nicht an, Ihre Gedanken zu ordnen.

Als Jon diese Übung machte, fiel sein Blick auf einen roten Pulli, den Tracy sich oft von ihm geliehen hatte. Und so sah die Liste seiner Assoziationen aus:

> Rot – die Farbe steht ihr gut
> Wenn ich sie nur im Arm halten könnte
> Sollte ich versuchen, sie zurückzubekommen?

Der letzte Gedanke in dieser Liste deutete auf eine Geschichte hin, die anders war als die, die wir bereits besprochen hatten. Alles, was an den Assoziationen eines Tagtraums neu oder ungewöhnlich ist, sollte grundsätzlich untersucht werden, denn es könnte ein Hinweis darauf sein, daß Sie gerade ein Fenster einen Spalt weit geöffnet haben und einen Blick auf einen neuen Aspekt Ihres Tagtraums erhaschen können. Jede dieser neuen Wendungen enthält neue Hinweise und führt schließlich zu einigen Ihrer grundlegenden Überzeugungen.

In Jons Fall erschloß sich mit der Assoziation eine neue Phantasievorstellung, die er bis dahin nicht erwähnt hatte. Er sagte, er denke manchmal darüber nach, wie er Tracy zurückbekommen könnte, und er überlege sich auch, wie er das am besten anstellen könnte. Als ich ihn fragte, ob er mir mehr über diese Tagträume sagen könne, erwiderte er, er nenne sie nicht gern Tagträume, sondern eher Pläne. Ich erklärte ihm, daß Pläne für mich nichts anderes sind als Tagträume, da sie in die Welt der Vorstellung gehören und nicht in die Welt der Tat. Auch wenn Pläne völlig realistisch erscheinen, bleiben sie doch Geschichten, die man sich selbst erzählt – Geschichten, die in diesem Fall besonders interessant waren, weil sie Jon zwar realistisch erscheinen mochten, aber doch seiner früheren Überzeugung widersprachen, daß er und Tracy nicht mehr zusammenkommen konnten.

Jons Antwort – seine nächste Assoziation – war ebenfalls bedeutsam. »Eigentlich habe ich damit gerechnet, daß Sie mich davon abbringen wollen, um Tracy zu kämpfen. Das war mein nächster Tagtraum.« Er grinste – offensichtlich hatte er beschlossen, »mitzuspielen« und seine inneren Szenarien als Tagträume zu bezeichnen. Er schien mich auch ganz gern zu provozieren, damit ich mich auf eine Diskussion einließ. Ich forderte ihn auf, unsere fiktive Auseinandersetzung in Worte zu fassen, zu beschreiben, was er und was ich sagen würde. »Sie würden mir sagen, ich solle realistisch sein«, sagte Jon, »mir noch mal zu überlegen, wie schrecklich das Zusammenleben mit Tracy war, wie wir ständig aneinander herumkrittelten, wie sie mich immer demütigte, wie ich immer wütend auf sie war. Und ich würde Ihnen sagen, daß Sie nichts davon verstünden – daß Tracy und ich über unsere Streitereien hinaus eine so enge Beziehung hatten, daß es trotzdem lohnt, um sie zu kämpfen.« Jon kam immer mehr in Fahrt. »Dann würden Sie sagen: Aber sehen Sie mal, wie sie Sie immer niedergemacht und Ihnen das Gefühl gegeben hat, Sie seien ein Versager, weil Sie keinen besseren Job haben. Und ich würde sagen: Vielleicht hatte Tracy ja recht damit, daß sie mich zu etwas Besserem anspornte. Vielleicht versuchte sie nur, mich aus meiner Trägheit zu reißen, damit ich etwas aus mir mache.« Jon hatte sich in seiner Vorstellung einen recht heftigen Streit zwischen uns ausgedacht, in dem ich gegen Tracy und er für Tracy argumentierte. Ich fragte ihn, ob mein Text Gedanken enthielt, die er selbst auch schon gehabt hatte. Diese Frage sollten Sie sich auch stellen, denn manchmal überlassen wir jemand anderem die eine Seite einer Argumentation und übernehmen selbst die andere in dem Versuch, einen Konflikt zu lösen, den wir eigentlich in uns selbst spüren. Jon brauchte eine Minute, um sich klarzumachen, daß sein Streit mit mir sich nur in seinem Kopf abspielte. Seine Antwort traf mitten ins Schwarze: »Wissen Sie was? So sehr ich Tracy gehaßt habe, weil sie mich immer herabgesetzt hat, so sehr war ich tief in meinem Innersten überzeugt, daß sie recht hatte – daß ich tatsächlich ein Versager bin. Natürlich ging es mir auf die Nerven, daß sie immer an mir herumnörgelte, aber jetzt merke ich, daß sie damit die Wahrheit über mich gesagt hat, auch wenn ich es nicht hören wollte. Vielleicht wollte ich Sie auch dazu bringen, daß Sie sich über mich ärgern. Ich wollte, daß Sie mir auch die ›Wahrheit‹ über mich sagen. Über mich und Tracy. Und ich wollte mich deswegen über Sie ärgern. Dann hätte ich mich nämlich nicht mit dem beschäftigen müssen, was ich eigentlich weiß.«

Jon hatte die Büchse der Pandora geöffnet. Als er weiter über seine zwiespältigen Gefühle im Zusammenhang mit seiner zwanghaften Fixierung auf Tracy sprach, wurden noch andere Seiten an ihm sichtbar. Daß er sich in »positive« sexuelle Tagträume mit Tracy verstrickt hatte, war zugleich ein unbewußter Versuch gewesen, sich von schmerzlicheren Wahrheiten, von Gefühlen abzulenken, die er nur schwer aushalten konnte. »Das Beste an unserer Beziehung war der Sex«, sagte Jon, »wahrscheinlich habe ich mich darauf fixiert, weil es tatsächlich die positivste Seite war. Aber da war noch mehr. Heute weiß ich, daß ich mit Tracy zusammenblieb, weil sie etwas über mich sagte, was ich auch selber weiß – daß ich mich nämlich nicht zusammenreiße und daß ich wirklich viel besser dastehen könnte. Aber solange ich es von ihr hörte, konnte ich *sie* hassen und brauchte mich nicht mit mir selbst zu beschäftigen. Und solange ich darüber nachdachte, wie sehr ich sie vermißte, sie liebte, sie zurückhaben wollte und darüber, wieviel Gutes es doch in unserer Beziehung gegeben hatte, mußte ich mich immer noch nicht mit der anderen Wahrheit auseinandersetzen – daß nämlich kein anderer Mensch mein Leben für mich in Ordnung bringt. Wenn ich es nicht tue, tut es keiner.«

Als Jon verstärkt auf seine zwanghaften Tagträume achtete und den Gedanken und Gefühlen nachging, die langsam im Zusammenhang mit seiner Sehnsucht nach Tracy auftauchten, entdeckte er, daß er es mit einem viel komplexeren Bild zu tun hatte, als er ursprünglich gedacht hatte. Es wurde ihm aber auch klar, womit er wirklich zu kämpfen hatte. Er sah, daß er nicht nur Tracy, sondern auch sich selbst gegenüber eine ganze Reihe von widerstreitenden Gefühlen in sich trug.

Unbekannte Gedanken

In Tagträumen kommen fast immer – wenn auch manchmal verzerrte – Vorstellungen zum Ausdruck, von denen man meint, man könne sie nicht unbedingt benennen oder beschreiben. Der britische Autor und Psychoanalytiker Christopher Bollas hat diese Vorstellungen als »ungedacht Gewußtes« bezeichnet: Grundannahmen und Vorstellungen, die man zwar kennt, aber noch nie bewußt erkannt oder gar in Worte gefaßt hat. Solche »ungedacht gewußten« Dinge ziehen sich durch Tagträume von körperlichen Empfindungen – Geräuschen, Gerüchen, Berührungen. Sie können sich in visuellen Dramen verbergen, die uns so vertraut sind, daß wir gar nicht daran denken, sie zu hinterfragen. Manchmal ist auch – wie in Jons Fall – einfach die Häufigkeit, mit der uns bestimmte Tagträume überfallen, die Ausschließlichkeit, mit der sie uns besetzen, ein Indikator dafür, daß es da noch andere Gefühle oder Gedanken gibt, die man unbewußt zu verdrängen sucht.

Eigentlich ist es ganz natürlich – und manchmal sogar gesund –, bestimmte Informationen nicht an uns heranzulassen, um den schwierigen Kurs des Lebens leichter halten zu können. Deshalb verzerren wir auch manche unserer Gedanken oder verstecken sie hinter der symbolischen Bedeutung unserer Tagträume, und deshalb kann der dargestellte Prozeß des Assoziierens auch so schwierig sein. Wenn uns die in unseren Tagträumen verborgenen Informationen angenehm wären, würden wir uns viel direkter damit auseinandersetzen.

Wozu also sollten Sie sich mit diesem oft unangenehmen und widersprüchlichen »ungedachten« Gedanken- und Gefühlsmaterial beschäftigen? Es soll Sie nicht etwa beunruhigen, auch wenn das zunächst einmal passieren könnte. Wir setzen uns vielmehr ohnehin, wenn auch in einer verschleierten Form, mit diesem Material auseinander. Es enthält wichtige Informationen, auch wenn wir nicht direkt darüber nachdenken oder die damit verknüpften Gefühle zulassen wollen. Je besser wir diese Gefühle in Worte fassen können, desto mehr erfahren wir über sie und desto eher sind wir in der Lage, mit ihnen umzugehen und sie in ein umfassenderes Selbstbild zu integrieren.

Als Jon klar wurde, wie ambivalent er Tracy und sich selbst gegenüberstand, verstand er auch besser, was er dachte, welche Grundeinstellung er sich selbst gegenüber hatte und was er unbewußt in Beziehungen zu anderen Menschen suchte (und dementsprechend auch oft fand). Als er merkte, daß er mich inzwischen als verärgerte, kritische Tracy sah, mußte er sich auch eingestehen, daß er das von vornherein von allen Frauen erwartet und regelrecht danach gesucht hatte.

Jons Assoziationskette war damit noch nicht zu Ende. Als er wieder einmal von Tracy träumte, fiel ihm spontan seine Mutter ein. Er hatte immer das Gefühl gehabt, daß sie ihn zu besseren Leistungen drängte, und er hatte immer gegen sie rebelliert. Ich schlug vor, er solle sich ein paar Fragen stellen, die Sie sich im Hinblick auf bestimmte Muster in Ihren Tagträumen auch stellen können: Suchte er unbewußt Frauen, die dieses Verhaltensmuster wiederholten? Schien er damit einfach deshalb klarzukommen, weil ihm eine solche Art von Beziehung so vertraut war? Hatte dieses scheinbar negative Verhaltensmuster doch auch seine Vorzüge? »Komisch, aber irgendwie bin ich dann auch aus dem Schneider, weil ich mich nicht mit meiner eigenen Unzufriedenheit auseinandersetzen muß. Es sind immer die Frauen, die meine Schwächen aufdekken«, sagte er mir.

Jon dachte dann über seine Freundschaften und seine Beziehungen am Arbeitsplatz nach und stellte fest, daß sich auch dort dasselbe Thema wiederholte. »Ich habe nicht nur bei Frauen das Gefühl, daß sie mich kritisieren«, bemerkte er. »Bei meinem Chef ist es genauso, obwohl er ein Mann ist. Wahrscheinlich vermute ich bei jedem, der eine Autorität für mich darstellt, daß er mich kritisiert. Inzwischen wird mir aber klar, daß ein Teil dieser Kritik von mir selbst kommt. Bis jetzt war ich nicht bereit, mein eigenes Verhalten kritisch zu sehen.«

Jon fiel das auch jetzt noch manchmal schwer, obwohl ihm seine inneren Konflikte durchaus bewußt waren. Es ist immer anstrengend und zeitaufwendig, die verwirrenden Vorstellungen und unterschiedlichen Aspekte unseres Selbst anzuerkennen, die sich zeigen, wenn wir unsere organisierenden Geschichten entdecken. Doch als Jon anfing, seine unausgesprochenen und bis dahin unbekannten Gefühle in Worte zu fassen, konnte er auch seine zwanghafte Beschäftigung mit Tracy besser unter Kontrolle halten – nicht gleich ganz, aber doch immer besser. Als ihm das ganze Spektrum seiner Gefühle deutlicher wurde – da war ja nicht nur Liebe, sondern auch Groll, Zorn und sein Vermeiden von Verantwortung –, konnte er die zwanghaften Tagträume von einem vollkommenen Glück mit Tracy nicht mehr »aufrechterhalten«. Die widersprüchlichen Gefühle, aus denen sich seine Obsession gespeist hatte, fanden nun einen direkteren Ausdruck, und so verlor sie ihre Macht über ihn und ihren Sinn. Jon fühlte sich zunehmend gesünder, befriedigter und auch freier, als er begann, Tracy – und sich selbst gegenüber – die unterschiedlichsten Gefühle zu entdecken.

Tagträume und Assoziationen

Vielleicht haben Sie keine große Lust – oder es widerstrebt Ihnen sogar –, Assoziationen zu Ihren Tagträumen zu entwickeln. »Freies Assozieren« ist aber nur eine etwas hochgestochene Bezeichnung für etwas, das Sie ohnehin jeden Tag tun: nämlich einfach Ihre Gedanken schweifen zu lassen. Doch während Sie sonst wahrscheinlich daran gewöhnt sind, den Gedankenfluß zu unterbrechen, um sich wieder auf das zu konzentrieren, was Sie gerade tun, sollen Sie nun auf Ihre Phantasien achten, um Ihre Tagträume analysieren zu können. Auch diese Aufgabe scheint auf den ersten Blick einfach zu sein. Doch selbst erfahrene Therapeuten, die im Rahmen ihrer Ausbildung lernen, frei zu assoziieren, tun sich gelegentlich schwer damit. Machen Sie sich also keine Gedanken, wenn es noch nicht so richtig »funktioniert«. Alle Übungen und Beispiele in diesem Buch bringen Sie einen Schritt weiter auf dem Weg, auf dem Sie Ihren Gedankengängen folgen und sie nutzen, um die Mitteilungen Ihrer Tagträume zu entziffern.

Wenn Sie dagegen befürchten, daß Sie noch zwanghafter in Ihren Tagträumen gefangen sind als bisher schon, sollten Sie sich einfach an das erinnern, was Jon klar wurde. Tagträume, die sich wiederholen, sind oft ein Hinweis auf eine Botschaft unseres Selbst, die wir nicht hören und vielleicht auch gar nicht akzeptieren wollen. Wenn wir anfangen, unsere inneren Kommunikationskanäle zu öffnen, verlieren diese Tagträume ihre Macht über uns. Wir fühlen uns freier, einen Schritt voran zu tun und sowohl in unseren Phantasien als auch in unserem realen Alltag andere Wege zu gehen.

Seien Sie dann aber nicht überrascht, wenn Gefühle in Ihnen hochkommen, die so unangenehm sind, daß Sie sich fragen, warum Sie das alles eigentlich auf sich nehmen. Wir spinnen das Netz unserer Tagträume, um mit Gefühlen und Erfahrungen fertigzuwerden, die uns ansonsten überwältigen könnten – zerstören wir dieses Netz, entsteht zwangsläufig Angst. Doch die Analyse unserer Tagträume ist eine Art mentales Konditionstraining, wir dehnen und strecken die mentalen und emotionalen Muskeln, die wir brauchen, um mit den inneren Botschaften umgehen zu können, die wir gerade anfangen zu entziffern. Noch deutlicher wird dies in den folgenden Kapiteln, in denen wir die Frage beantworten, wie Tagträume Sie an alte Überzeugungen fesseln können und wie sie Ihnen helfen können, mit einigen Ihrer schlimmsten Ängste fertigzuwerden.

Hinter den Spiegeln: Im Fremden Vertrautes finden

Barbara, eine befreundete Fotografin aus New York City, versteht nicht, wie man im Bus oder einer U-Bahn in Manhattan Zeitung lesen kann. Für sie sind die vielen Menschen um sie herum viel interessanter als die Börsenkurse im *Wall Street Journal.*

Sie schwärmt: »Wenn ich nur an all die Bilder denke, die ich da sehe! Die Geschichten, die man in den Gesichtern der Menschen lesen kann, ihre Art zu stehen und sich zu bewegen – unglaublich, was in einem ganz normalen Bus in der Rush-hour alles passiert.«

Als wir einmal gemeinsam mit der U-Bahn fuhren, zeigte sie mir, was sie meinte.

Ein junger Mann mit einem Rucksack stieg in den Zug und nahm uns gegenüber Platz. Barbara erzählte mir, wie ihr Tagtraum zu diesem jungen Mann aussah. »Dieser junge Mann fängt nächste Woche mit dem College an – wahrscheinlich an der NYU, seinem T-Shirt nach zu urteilen. Diese Uni ist sehr groß, und er hat Angst, in der Masse unterzugehen. Doch er kommt aus einer Kleinstadt und ist andererseits gespannt darauf, in New York City zu leben. Es wird keinen Monat dauern, bis er eine Freundin hat.« Ich muß sie zweifelnd angesehen haben – wie sollte man so etwas, wenn auch nur in einem Tagtraum, vorhersagen können? Sie beantwortete die Frage, die ich gar nicht laut gestellt hatte. »Er braucht eine Beziehung, um sich in dieser spannenden und zugleich furchteinflößenden Stadt sicher fühlen zu können.« Sie erwärmte sich immer mehr für ihr Thema. »Aber dann wird er sich bald eingeschränkt fühlen und seine Freiheit wiederhaben wollen. Er wird nicht merken, daß sein Freiheitsbegriff zu abstrakt ist und daß er in Wirklichkeit einen Menschen braucht, an dem er sich festhalten kann.«

Barbara, die mich sehr gut kennt, grinste entwaffnend. »Ja, ja, ich weiß schon – diese Phantasien sagen mehr über mich als über den jungen Mann aus.« Ich nickte. Barbara braucht keine Hilfe von außen, um den Assoziationen zu ihren Tagträumen freien Lauf lassen zu können. Ihre Phantasien und die damit verbundenen Assoziationen wecken ihre Kreativität, deshalb nimmt sie sie auch ganz bewußt wahr.

Da sie weiß, daß ich mich für dieses Thema interessiere, teilte sie auch ihre weiteren Überlegungen bereitwillig mit mir. »Als ich ihn sah, erinnerte er mich gleich an mich selbst, als ich nach New York kam – auch wenn das schon lange her ist. Ich war ebenso neugierig wie verängstigt. Ich hatte noch nie zuvor allein gelebt und fand das aufregend, aber zugleich beängstigend. Kaum war ich hier, hatte ich auch schon einen Freund ... Ach übrigens, hast du schon gehört, daß Margo [eine Freundin von uns beiden] nach Connecticut zu ihrem neuen Partner zieht?« Wir unterhielten uns eine Weile über Margo und ihren Umzug, dann nahm Barbara den Faden wieder auf: »Weißt du, irgendwie hätte ich gern, daß mein Leben auch wieder so aufregend wäre. Vielleicht habe ich das in dem jungen Mann gesehen – meinen eigenen Wunsch, mich auf etwas Neues zu freuen und es gleichzeitig zu fürchten. Margo hat das ja jetzt. Ich mag eigentlich nicht aus der Stadt wegziehen und auch nicht an ein Haus gebunden sein, aber ...«

Barbaras Phantasien über die Menschen, die sie sieht, spielen in ihren Fotografien eine entscheidende Rolle. Irgendwie kommt in jedem ihrer Bilder ihre ganz persönliche Sichtweise zum Ausdruck. Diese Tagträume sagen aber auch etwas über ihr eigenes Innenleben aus, das man besser verstehen kann, wenn man ihren damit zusammenhängenden Gedankengängen folgt.

Vielleicht sagen Sie sich: »Einer Künstlerin fällt es natürlich leicht, ihren Tagträumen in dieser Weise nachzugehen. Ich selbst bin aber nicht so kreativ. Meine Tagträume sind ganz banal, und die damit zusammenhängenden Überlegungen sind es auch.«

Tatsächlich entstehen Tagträume und Kreativität aus derselben Quelle, die der Kinderpsychologe Charles Sarnoff »aktive Phantasie« nennt. Barbara kann den Assoziationen zu ihren Tagträumen folgen, weil sie gelernt hat, diesen Teil ihrer Phantasie nicht auszugrenzen. Als Kind hatten Sie diese Fähigkeit sicherlich auch. Sie ließen Ihren Tagträumen und den damit verbundenen Gedanken höchstwahrscheinlich freien Lauf, ohne sie in Frage zu stellen oder zu kritisieren. Wenn Sie im Hof spielten, stellten Sie sich vor, der umgefallene Baumstamm sei ein Piratenschiff. Sie sahen hinauf zu den Wolken und entdeckten dort einen Prinzen, der verliebt die Hand einer Prinzessin hielt. Sie ließen Ihre Gedanken schweifen, als Sie an einem Regentag aus dem Fenster schauten und sich vorstellten, Sie seien in einem Unterseeboot und erforschten die Geheimnisse des Meeresgrunds ...

Inzwischen ist es Ihnen vielleicht eher peinlich, solche wunderlichen Vorstellungen zu entwickeln. Vielleicht meinen Sie, sie seien kindisch oder albern, oder sie lenkten Sie nur von etwas ab, auf das Sie sich gerade konzentrieren wollen. Oder Sie sind überzeugt davon, daß Sie (unter Umständens) Ihren Gedanken freien Lauf lassen können, aber niemals so phantasievolle Vorstellungen entwickeln können, wie sehr Sie sich auch anstrengen mögen. Ihre eigenen Geschichten, so meinen Sie, haben nur mit Ihrem ganz banalen Alltag zu tun – damit, ob die Kinder heute abend baden müssen oder nicht, ob Sie in Ihrem Zeitplan irgendwo Platz für einen Friseurtermin finden (von einer Maniküre erst gar nicht zu reden), und damit, was Sie zum Abendessen vorbereiten könnten.

Inzwischen wissen Sie aber, daß keine der Überlegungen im Zusammenhang mit Ihren Tagträumen albern oder sinnlos ist. Sie haben gesehen, daß bei der Analyse von Tagträumen ein scheinbarer »Umweg« oft zum Ziel führt und daß scheinbar zusammenhanglose Gedanken oft Teil des ungedacht Gewußten sind, das den Weg zur Selbsterkenntnis bildet. Doch welchen Gewinn können Sie aus solchen oft bruchstückhaften, banalen Überlegungen ziehen? Zunächst einmal sind sie einfach zugänglich und deshalb ein Weg zu anderen, weniger offensichtlichen Tagträumen und Assoziationen (erinnern Sie sich an Bettys Tagtraum, in dem ihr einfiel, daß sie noch Milch holen mußte?). Und wenn Sie dann die Geschichten erkunden, die sie Ihnen erzählen (oder vor Ihnen verbergen), stärken Sie die Muskeln Ihrer Phantasie, so daß es Ihnen immer leichter fällt, einige der nicht hinterfragten Grundüberzeugungen zu entdecken und zu analysieren, die Ihre alltäglichen Entscheidungen bestimmen. Und genau da wollen wir jetzt hin: Wir wollen Ihre Tagtraumgeschichten auf die Überzeugungen hin untersuchen, die sie in sich bergen, die sie vermitteln und überdauern lassen. Machen Sie sich keine Gedanken darüber, daß Sie vielleicht immer noch meinen, Sie könnten keine interessanten Geschichten »entwickeln«. Diese Geschichten sind nämlich schon in Ihrem Inneren vorhanden, auch wenn Sie noch keinen Zugang zu ihnen haben. Und wenn Sie in den folgenden Kapiteln die Beispiele lesen und die Übungen machen, werden Sie feststellen, daß diese Geschichten allmählich auftauchen – zunächst vielleicht noch ganz leise und langsam, aber mit Ergebnissen, die so überraschend wie faszinierend sind.

Der Computerspezialist Bernie sagt von sich selbst, er habe keinen Funken Kreativität im Leib. Dabei übersieht er aber, daß allein schon die Suche nach möglichen Lösungen für ein Computerproblem ebenso schöpferisch wie einfallsreich ist. Als ich ihn darauf hinwies, daß er doch ständig Vorstellungen zu Wahrscheinlichkeiten entwickelte, die mir (als Computer-Analphabetin) nicht im Traum einfallen würden, war er verblüfft: »Sie meinen, meine Tagträume handeln von möglichen Lösungen?« Dann redete er über das Kochen – ein Hobby, an dem ihm viel liegt, das er aber noch nie für besonders kreativ gehalten hatte. »Beim Kochen tue ich aber auch nichts anderes. Ich lese Rezepte, überlege mir, wie sie schmecken könnten und was dazu passen würde ... Ich kann in meiner Phantasie ein ganzes Sieben-Gänge-Menü zubereiten.«

Warum hielt Bernie diese Überlegungen für nicht kreativ? Die Antwort auf diese Frage ist zwar (wie alle Antworten auf Fragen der menschlichen Psychologie) komplex und vielschichtig, doch sie hängt vor allem mit Bernies organisierenden Geschichten über seine Identität und darüber, wie er sein Leben lebt, zusammen.

»Ich war ein kopflastiges Kind«, berichtet er, »ein ›Eierkopf‹. Ich hatte Freunde, weil ich sehr viel Humor hatte und ihn geschickt einsetzte. Aber tief drin wußte ich immer, daß ich ein Außenseiter war – daß ich anders war als die anderen. Ich spielte weder Football noch Baseball, und ich ging auch nicht mit Mädchen aus. Doch wenn die Prüfungen näherrückten, war ich immer sehr beliebt, weil ich ein so guter Schüler war. Ich weiß nicht, was die anderen sich davon erwarteten, vielleicht, daß meine Ideen auf sie abfärbten oder daß ich ihnen mein Wissen vermitteln könnte. Aber ich war noch nie ein guter Lehrer. Ich weiß etwas und kann das auch bei meiner Arbeit gebrauchen, aber ich kann es nicht immer erklären.

Vielleicht halte ich mich deshalb für nicht besonders kreativ. Ich sehe mich bis heute als den linkischen, unbeholfenen Heranwachsenden, der nicht weiß, wohin mit seinen Händen, und der keine Ahnung hat, wie er seiner Phantasie Ausdruck verleihen soll.«

Bernies Selbstbild, dem zufolge er ein linkischer Heranwachsender blieb, wird von dem auf entwicklungspsychologische Fragen spezialisierten Psychiater Dr. Daniel Stern als »Schema« bezeichnet. Ein Schema ist eine überdauernde Vorstellung vom eigenen Selbst in Beziehung zu anderen Menschen, die man entweder als sensorische Wahrnehmung oder auch in Tagträumen erlebt, aus denen man sich, so wie Jon, nicht befreien kann. Die Skripts unserer Tagträume entstehen aus unterschiedlichen Erfahrungen. Dazu gehören Wertvorstellungen und Überzeugungen unserer Familie ebenso wie unsere Wahrnehmung dieser Werte aus der Zeit, als wir noch ein Kind waren – persönliche Geschichten also, die Tag für Tag unser Verhalten beeinflussen und unsere Erfahrung prägen. Diese Familiengeschichten nehmen wir mit in neue Situationen, in denen wir das wiederentdecken, was wir schon »wissen«. Wenn wir die Themen dieser Geschichten analysieren, führt uns das unmittelbar zu einigen der Erwartungen, die unser

Leben bestimmen. Zugleich können wir neu entscheiden, wie berechtigt sie tatsächlich sind.

Organisierende Geschichten

Was genau ist eigentlich eine organisierende Geschichte? Wie können Sie Ihre eigenen organisierenden Geschichten erkennen – zumal Sie sie in der Regel nie in Worte gefaßt oder näher betrachtet haben? Eine erschöpfende Liste sämtlicher Varianten solcher Skripts ist nicht möglich, doch ein paar typische Versionen können wir kurz darstellen. Selbst wenn Sie in dieser Liste Ihre eigenen Grundüberzeugungen nicht wiederfinden, gewinnen Sie doch eine Vorstellung davon, wie sie aussehen können. Mit dem nächsten Beispiel sowie der darauffolgenden Übung werden Sie dem Ziel, diese inneren Schemata zu erkennen, die Ihre Tagträume prägen und Ihr Leben strukturieren, noch einen Schritt näher kommen.

Ich wäre zufrieden, wenn ich nur ... Diese organisierende Geschichte ist weit verbreitet. Vielleicht meinen Sie, Sie wären zufrieden und glücklich, wenn Sie nur zehn Kilo weniger auf die Waage brächten. Oder Sie bilden sich ein, Sie würden sich nie mehr schlecht fühlen, wenn Sie nur mehr Geld, schöneres Haar, ein besseres Make-up, einen ehrgeizigeren Mann oder eine attraktivere Frau hätten. Dies alles sind natürlich Tagträume, aber auch Hinweise auf organisierende Geschichten: auf Grundüberzeugungen dazu, welche Bedingungen erfüllt sein müssen, um erfolgreich und mit sich selbst und seinem Leben zufrieden zu sein. Sie sind Schlüssel zu unserer Weltsicht und unserer Stellung in der Welt.

Ich bin halt so ... Positive oder negative (oder sogar neutrale) Generalisierungen über das eigene Selbst sind ebenfalls Schlüssel zu den Skripts, nach denen wir leben. Solche Selbstbilder sind notwendig, weil sie unsere Identität ausmachen. Sie können aber auch Probleme schaffen. Wenn man sich wie Bernie als dieselbe Persönlichkeit sieht, die man als Kind oder als Teenager war, erwartet man von anderen, daß sie so auf einen reagieren, als habe man sich tatsächlich nicht verändert. Selbst wenn andere Menschen einen anders wahrnehmen, kann man diese Information dann nicht aufnehmen. Man ist festgefahren in einem überholten Selbstbild, das mit der aktuellen Persönlichkeit nicht viel zu tun haben muß.

Die anderen verhalten sich immer ... Die Gewißheit, daß andere Menschen grundsätzlich in einer bestimmten Weise agieren oder reagieren, ist ein deutlicher Hinweis auf eine bestimmte Grundüberzeugung. Natürlich haben manche dieser Überzeugungen einen wahren Kern, doch sie bestimmen oft auch, wie man eine Situation wahrnimmt und sich in ihr verhält – und damit alte Überzeugungen verewigt und verhindert, daß man mit anderen Menschen auch neue Erfahrungen macht.

Wie so viele von uns nahm auch Patricia eine organisierende Geschichte als wahr an, die in Wirklichkeit eine von ihrer Familie übernommene Grundüberzeugung war. Sie hatte diese Geschichte nie ausdrücklich formuliert und damit auch nie die Möglichkeit geschaffen, sie in Frage zu stellen. Sie hatte keine Ahnung, daß es sich bei dieser Grundüberzeugung um eine Familienphantasie, um einen Mythos handelte, der zu einem Teil ihrer eigenen Weltsicht geworden war.

Patricia war in einer sehr aufeinander bezogenen und für Außenstehende kaum zugänglichen Familie aufgewachsen, in der nur selten ein Gast zum Essen eingeladen wurde. In der Familie war man sich einig: »Wer von außen kommt, ist ein Eindringling.« Diese Einstellung war für Patricia eine Selbstverständlichkeit, die sie nie in Frage stellte. Vielmehr nahm sie an, daß alle Menschen niemandem außer ihrer Familie vertrauten. Wenn Patricias Freunde sie gelegentlich zum Essen einluden oder sie baten, über Nacht zu bleiben, fühlte sie sich jedesmal unbehaglich, weil sie annahm, ihre Freunde wollten eigentlich genausowenig Gesellschaft wie ihre eigene Familie. Nie wäre es ihr in den Sinn gekommen, daß manche Menschen tatsächlich gesellig sein könnten.

Patricia war furchtbar schüchtern und empfand sich selbst oft als Eindringling in den Raum eines anderen. Deshalb versuchte sie immer, sich so klein und unauffällig wie möglich zu machen. Als sie zu mir in die Praxis kam, kämpfte sie gegen das Gefühl der Unzulänglichkeit und der Unfähigkeit. In manchen ihrer Tagträume war sie sozial gewandt und selbstbewußt, doch im wirklichen Leben war sie immer still und zurückhaltend.

Ich stellte ihr Fragen zu ihren »selbstbewußten« Tagträumen. »Manchmal stelle ich mir vor, ich gehe in der College-Cafeteria einfach auf Leute zu, stelle mich vor und frage, ob ich mich zu ihnen an den Tisch setzen darf«, sagte Patricia. »Aber das stelle ich mir nur vor, in Wirklichkeit schaffe ich das nicht.«

Ich fragte sie, was ihrer Ansicht nach passieren würde, wenn sie es tatsächlich versuchen würde.

»Sie wären dann sicher höflich«, antwortete sie, »aber abweisend. Sie würden sich weiter miteinander unterhalten, aber mich nicht einschließen. Ich würde mir vorkommen wie ein Idiot.«

Wie erklärte sie selbst sich dieses Verhalten? »Na ja, die Leute mögen eben niemanden, der von außen kommt. Das ist einfach so.« Jetzt waren wir auf vertrautem Terrain: Patricia hatte mir einiges über ihre weltabgewandte Familie verraten, und es war ihr bewußt, daß das Mißtrauen ihrer Familie gegenüber »Außenseitern« sie auch in ihrem jetzigen Leben daran hinderte, mit anderen Menschen Kontakt aufzunehmen. Den Wahrheitsgehalt dieser Überzeugung hatte sie trotzdem nie in Frage gestellt – nicht einmal dann, als ihr schon klar war, wie negativ sich diese »Wahrheit« auf ihr Leben auswirkte. Fast ihr ganzes Leben lang hatte es jenseits ihrer Vorstellungskraft gelegen, daß irgend jemand anders empfinden könnte. »Wenn ich jemanden auf einer Party sehe, der Witze erzählt und leichthin mit anderen plaudert, dann nehme ich immer an, daß das alles nur gespielt ist, daß die Leute nur so tun, als seien sie einander nah und unbeschwert und offen. Ich meine immer, »Geselligkeit« sei, daß man lernt, sich so zu verstellen, und daß das manche Leute eben besser können als andere. Ich bin nie auf die Idee gekommen, daß manche Menschen vielleicht *wirklich* offen und vertrauensvoll sein könnten.«

Der Wendepunkt für Patricia kam, als sie beschloß, sich in ihren wiederkehrenden selbstbewußten Tagträumen entsprechend zu verhalten und festzustellen, was geschehen würde, wenn sie tatsächlich auf jemanden zuging und ein Gespräch aufnahm. »Die Vorstellung, meinen Entschluß in die Tat umzusetzen, war entsetzlich für mich«, sagte Patricia, »aber je deutlicher ich erkannte, daß meine Furcht aus einer Familiengeschichte heraus entstanden war, die nicht die einzige ›Wahrheit‹ sein konnte, desto entschlossener war ich, meinen Plan in die Tat umzusetzen. Doch ich ging auf Nummer Sicher. In meinem Englisch-Kurs im College hatte ich eine andere junge Frau bemerkt, die auch so still und immer allein war. Eines Tages sah ich sie in der Cafeteria. Ich nahm meinen ganzen Mut zusammen, ging zu ihr hin und fragte sie, wie sie den Kurs an diesem Tag gefunden hatte. Es war unfaßlich: Sie schien sich ungeheuer zu freuen, daß ich zu ihr hingekommen war und sie angesprochen hatte! Ihre Reaktion war ganz anders, als ich gedacht hatte. Sie war überhaupt nicht abweisend. Ich muß instinktiv gespürt haben, daß ich auf sie zugehen könnte, aber ich hatte überhaupt nicht damit gerechnet, daß sie so herzlich und offen reagieren würde. Ich war erschüttert – vielleicht hätte ich ja doch nicht so vorsichtig durch die Welt gehen müssen, als lauerten überall Gefahren, würden sich alle anderen Menschen hinter Verteidigungswällen verschanzen ...«

Patricias selbstbewußte Tagträume sind offensichtlicher als Jons oder Michaels Phantasien. Dennoch enthalten sie eine Vielzahl an Informationen über unerwartete Gefühle und Überzeugungen. Die überraschendste Konsequenz der Analyse ihrer Tagträume war nicht nur der Entschluß, das Szenario, das sie in ihrer Vorstellung so oft geprobt hatte, in die Tat umzusetzen, sondern die tiefe Erkenntnis, daß ihre alten Überzeugungen keine unumstößliche Wahrheit darstellten, sondern mit anderen, als selbstverständlich angenommenen Überzeugungen zusammenhingen, die ihr sagten, in der Welt sei man »nicht sicher«. Als sie jedoch anfing, diese Überzeugungen nur noch als subjektive Vermutungen zu sehen, gelang es ihr immer besser, neue und produktivere Hypothesen über die Welt und andere Menschen und damit auch über sich selbst zu entwerfen. »Natürlich geht das nicht von heute auf morgen«, sagte Patricia, »aber als ich mir selbst bewies, daß ich *doch* in der Lage bin, Kontakt zu anderen Menschen aufzunehmen, zerbrach die Schale aus Eis, in der ich mich eingeschlossen hatte. Schließlich könnte die Welt doch weiter und freundlicher sein, als ich mir je vorgestellt habe.« Patricias Tagträume dienten ihr als Probebühne dafür, wie es sein könnte, sich anderen zu öffnen. Sie waren so weit in der Realität verwurzelt, daß sie versuchen konnte, sie in die Tat umzusetzen – mit einigen aufschlußreichen Ergebnissen.

Wie brechen Sie nun Ihre eigenen Grundüberzeugungen auf? Leicht ist das nicht, weil Sie natürlich nichts in Frage stellen, was Sie für wahr halten. Doch allein schon das Wissen um die Existenz solcher Geschichten wird Ihnen helfen, den Prozeß in Gang zu bringen. Hier sind noch ein paar Beispiele, die Ihnen helfen werden, über Ihre persönlichen Skripts nachzudenken.

Weitere organisierende Geschichten

»Alle anderen sind intelligenter (glücklicher, freundlicher, emotionaler, beziehungsfähiger, selbstsicherer usw.) als ich. Deswegen gelingt es mir nicht, Freundschaften zu schließen (einen Job zu finden, eine Beziehung aufrechtzuerhalten usw.).«

»Alle anderen sind nicht so intelligent (nicht so zufrieden, freundlich, emotional, beziehungsfähig usw.) wie ich. Deshalb finde ich auch niemanden, den ich wirklich mag (keinen Job, der mir gefällt, usw.).«

»Niemand versteht mich.«

»Ich würde anderen nie antun, was sie mir antun. An mir wird immer nur herumgenörgelt und herumgekrittelt. Jeder wälzt alles auf mich ab. Ich weiß auch nicht, warum das so ist.«

Organisierende Geschichten äußern sich oft in kurzen, formelhaften Sätzen oder Fragen. Wenn Sie nun anfangen, diese Sätze zu erläutern, indem Sie die Fortsetzung mit »weil« oder »deshalb« beginnen oder die Fragen beantworten, entdecken Sie die Einzelheiten Ihrer Geschichten. Wer sich immer wieder sagt »In meiner Familie sind alle verrückt«, erklärt vielleicht »Wahrscheinlich bin ich deshalb immer unglücklich«. Das ist dann eine organisierende Geschichte.

Eine junge Frau aus meiner Bekanntschaft sagt mir oft, sie würde niemals figurbetonte Kleidung tragen. Als ich sie bat, mir zu erklären, warum, antwortete sie: »Weil die Männer mich dann als Sexobjekt betrachten und die Frauen mich hassen.« Diese Sätze waren die Spitze eines Eisbergs von persönlichen Skripts über Männer, die ein »Nein« als Antwort nicht akzeptieren, und Frauen, die sie aus Eifersucht in der Luft zerreißen würden.

Ein Mann klagt darüber, daß ihn jeder übervorteilt. Setzt er diese Aussage mit einem »weil« fort, so gelangt er zu seiner organisierenden Geschichte, derzufolge er ein solcher Versager ist, daß keiner ihn respektiert.

Viele von uns haben organisierende Geschichten über unsere Familie. Diese Skripts dienen einerseits als Erklärung, andererseits werden sie selbst durch weitere Überlegungen erklärt. Hier nur ein paar wenige Beispiele:

»Ich komme aus einer Familie, in der alles perfekt war, deshalb ...«

»Ich komme aus einer völlig kaputten, gestörten Familie, deshalb ...«

»Meine Familie war (war nicht) ...«

»Meine Mutter (mein Vater) tat das (nicht) ...«

»Mein Mann (meine Frau, mein Partner, mein Mitbewohner, mein Chef usw.) bringt mich dazu, daß ich ...«

»Ich kann den Erwartungen meiner Eltern nie entsprechen ...«

»Ich kann nie so gut sein wie meine Eltern ...«

»Wenn ich im Leben erfolgreich bin, fühlt sich meine Mutter (mein Vater) überlegen (als Versager) ...«

In unseren organisierenden Geschichten erzählen wir uns selbst von unserer Herkunftsfamilie und unserer jetzigen Familie, von unserer persönlichen Geschichte, unseren Erinnerungen an die Vergangenheit und unserer Zukunft, wie wir sie uns vorstellen. Mit diesen Geschichten suchen wir uns unseren Ort in unserer Kultur und unserer Gesellschaft. Mit anderen Worten, wir nutzen sie für das, was in der Bezeichnung selbst zum Ausdruck kommt: um unsere Erfahrung mit uns selbst und der Welt, in der wir leben, zu organisieren. Sätze wie die oben zitierten, in denen überdauernde Überzeugungen oder Einstellungen zum Ausdruck kommen, können die Schlüssel zu Ihren persönlichen organisierenden Geschichten sein. Die nächste Übung wird Sie einen weiteren Schritt hin zu *Ihren* persönlichen Geschichten führen.

Übung

Entdecken Sie die verborgenen Grundüberzeugungen in Ihren Tagträumen

1. Denken Sie zurück an den heutigen Tag. Konzentrieren Sie sich auf einen Augenblick, der Ihnen irgendwie problematisch erschien, einen Vorfall, der Sie ein wenig unglücklich, frustriert oder unzufrieden zurückließ. Suchen Sie nicht nach einem *großen* Problem, sondern nach einem kleinen Hindernis in Ihrem Tageslauf. Das kann so einfach sein wie die Tatsache, daß Sie

morgens das Kaffeepulver verschüttet haben. Denken Sie noch einmal an diese Episode zurück. Zeichnen Sie ein Vorstellungsbild von dem, was geschah, und wie Sie sich fühlten.
2. Stellen Sie sich nun die Schlüsselfrage: Wie erklären Sie sich den Vorfall? Sagen Sie sich beispielsweise, Sie hätten das Kaffeepulver verschüttet, weil Sie unbeholfen und unkoordiniert sind? Oder weil Sie sich nie auf das konzentrieren, was Sie gerade tun? Oder weil Sie immer versuchen, zuviel auf einmal zu tun, und weil dann immer etwas schiefgeht? Oder meinen Sie, jeder sei morgens noch ungeschickt, und der Vorfall habe überhaupt keine Bedeutung?

Bei der Beantwortung dieser Fragen sollten Sie auf Hinweise auf die organisierenden Geschichten achten, die Sie sich selbst erzählen – auf unausgesprochene Überzeugungen dazu, wer Sie sind und wie Sie sich in der Welt bewegen. Das mag einfach erscheinen, und doch enthalten die Antworten auf diese Fragen den Schlüssel zu komplexeren Vorstellungen, die Ihre (positiven wie negativen) Gefühle dem eigenen Selbst und der Welt gegenüber verstärken. Die Bostoner Psychologin Dr. Catherine Steiner-Adair führte einige faszinierende Untersuchungen zur psychologischen Entwicklung heranwachsender Mädchen durch, in denen sie die Zusammenhänge zwischen organisierenden Geschichten, Körperbild und Selbstwertgefühl herausarbeitete. Sie stellte fest, daß junge Frauen, die kulturelle Mythen von äußerer und innerer Vollkommenheit verinnerlicht hatten, überzeugt davon waren, daß der Körper eines Models das »wahre« Bild vollkommener Weiblichkeit widerspiegele. Sie waren sehr viel unsicherer und sehr viel mehr darauf fixiert, ihren Körper »herzurichten« als junge Frauen, die in ihren persönlichen Geschichten die Überzeugung verankert hatten, daß sie sich selbst gegenüber auch dann ein gutes Gefühl haben konnten – und sollten –, wenn sie nicht dem Weiblichkeitsbild der Hochglanzmagazine entsprachen.

Wiederholen Sie diese Übung in den nächsten Tag immer wieder. Seien Sie nicht überrascht, wenn Ihnen dabei verschiedene und zum Teil widersprüchliche Geschichten einfallen. Stellen

Sie sich jedesmal eine zusätzliche Frage: Was würde geschehen, wenn Sie nicht an die »Wahrheit« Ihrer Geschichte glauben würden? Ihre Antworten sagen etwas über Ihre eigenen Ängste aus. Sie können Sie auch zu neuen Tagträumen führen, die Ihnen, wie im Fall von Patricia, neue Handlungsmöglichkeiten und Erfahrungen in der Welt ermöglichen.

Ein Wort zur »Schuld der Eltern«

Die Erkenntnis, daß Eltern in der psychologischen Entwicklung ihrer Kinder eine entscheidende Rolle spielen, ist inzwischen Allgemeingut. Eine unglückliche Nebenwirkung dieser wichtigen Erkenntnis ist jedoch die Tendenz, unsere gesamte psychische Verfassung als Folge des Verhaltens und der Fehler unserer Eltern zu erklären. Diese Falle würde ich in diesem Buch gern umgehen, natürlich ohne in Abrede zu stellen, daß einige unserer Konflikte und unsere Erklärungsversuche tatsächlich in unseren Kindheitserfahrungen wurzeln.

Wenn Sie anfangen, sich einige der vertrauten Geschichten in Ihren Tagträumen bewußtzumachen, Geschichten, die Sie sich jahrelang immer wieder erzählt haben, sollten Sie besonders auf die Komplexität der Vorstellungsbilder achten, die Sie entwickeln. Entdecken Sie Dinge, die Ihnen bisher nicht aufgefallen sind. Als Patricia die Überzeugung in Frage stellte, daß ihre Eltern recht hatten, wenn sie glaubten, Familien mögen keine »Eindringlinge« von außen, fragte sie sich auch, was es denn dann mit den anderen selbstverständlich aus ihrer Kindheit übernommenen Überzeugungen auf sich hatte. So hatte sie beispielsweise ihre Eltern immer für sehr stark gehalten, und nun fragte sie sich, ob ihre Gefühle im Hinblick auf Eindringlinge und Fremde nicht aus einer extremen Schüchternheit und Verletzbarkeit im Umgang mit anderen Menschen entstanden waren. »Sie versuchten – auf ihre Weise –, uns Kinder davor zu bewahren, daß andere Menschen uns verletzten. Leider hat das bei mir nicht besonders gut geklappt. Ich fühlte mich immer verletzt, weil ich unbewußt den Kontakt zu anderen suchte.« Doch dann fiel Patricia noch etwas ein, das ihr Bild von den Eltern komplexer machte: »Irgendwie haben sie mir auch geholfen, stärker zu werden als sie selbst, denn ich kann Enttäuschungen ertragen, wenn ich Menschen näherkommen will.«

Gustave Flaubert schrieb einmal: »Wer seine Wünsche zum Ausdruck bringen will, muß die Dinge aufmerksam genug betrachten, um etwas in ihnen zu entdecken, das bis dahin noch nie gesehen wurde.« Als Patricia und Jon einige der Grundüberzeugungen erkannt hatten, die ihr Fühlen und Handeln unbewußt bestimmten, konnten sie sich von den Mythen ihrer Familien lösen und zugleich besser verstehen, warum ihre Eltern so waren, wie sie waren. Diese Fähigkeit, unsere Eltern in ihrer menschlichen Begrenztheit und uns selbst als Erwachsene in einer gleichberechtigten Beziehung zu ihnen zu erkennen, hat etwas sehr Befreiendes. Jon beispielsweise sagte mir, daß er, als er anfing, über die Geschichten in seinen Tagträumen nachzudenken, manches davon auch offener mit seinen Eltern besprechen konnte. »Ich hatte ein Gespräch mit meiner Mutter, in dem ich nicht mehr das Gefühl hatte, daß ich gegen alles rebellieren mußte, was sie sagte. Es war irgendwie komisch. Sie fing wieder damit an, daß ich endlich etwas unternehmen sollte, und ich sagte: ›Du hast recht, das sollte ich wirklich tun.‹ Als sie weitermachte, wiederholte ich meine Antwort. Wahrscheinlich hat sie mir gegenüber ebenso vorgefaßte Meinungen wie ich ihr gegenüber. Als mir das einfiel, konnte ich auch darüber witzeln, daß sie mir nicht zuhörte, wenn ich etwas sagte. Sie lachte und sagte etwas – ich weiß nicht einmal mehr, was es war. Jedenfalls war ihr Tonfall sehr liebevoll. Er erinnerte mich daran, wie nah wir einander in meiner Kindheit waren. Und dann fiel mir auf, daß ich immer gedacht hatte, sie liebt mich nicht. Als Kind hatte ich geglaubt, wenn sie mich lieben würde, müßte sie mich so akzeptieren, wie ich bin. Inzwischen ist mir aber klar geworden, daß sie gerade deshalb so kritisch ist, *weil* sie mich liebt. Ich mag nicht, wie sie das zum Ausdruck bringt. Ich werde sie auch nie dazu bringen zuzugeben, daß sie mich trotz meiner Fehler liebt. Ich muß wohl doch die Hoffnung aufgeben, daß sie – oder eine andere Frau an ihrer Stelle – mir sagt, wie toll ich bin, obwohl ich es in meinem Leben zu gar nichts gebracht habe.« Es dauerte eine ganze Zeit, doch diese Erkenntnis ermöglichte Jon, zum ersten Mal in seinem Leben herauszufinden, was er selbst mit seinem Leben anfangen wollte.

Mehr Wissenswertes über organisierende Geschichten

Ihre Geschichten haben viele Wurzeln – nicht nur in der Kindheit, der Familie und kulturellen Mythen, sondern auch in Ihrer Persönlichkeit, Ihrem Beruf und auch darin, wie Sie durchs Leben gehen. Form und Inhalt dieser inneren Erzählungen werden von allen Menschen in Ihrem Leben beeinflußt – von Ihrem Partner, Ihren Kindern, Ihren Kollegen, dem Mann oder der Frau, die Sie jeden Tag im Lift oder in der Sporthalle sehen und mit denen Sie nicht einmal sprechen. Einige Ihrer persönlichen Geschichten stützen sich auf Bücher, auf das Fernsehen, auf Filme oder Zeitungen. Oft sind sie in der Kultur verankert, in der Sie aufgewachsen sind und in der Sie jetzt leben. Und doch handelt es sich immer um ganz persönliche Geschichten, die häufig aus dem Bedürfnis entstehen, im Fremden etwas Vertrautes zu entdecken und sich vor Gefühlen und Erkenntnissen zu schützen, die einen verletzen, verunsichern oder verwirren könnten.

Wir alle erzählen uns viele verschiedene und zum Teil widersprüchliche Geschichten. Diese Vielfalt an Geschichten kann in einen immer wiederkehrenden oder sogar zwanghaften Tagtraum eingebettet (oder sogar hinter ihm verborgen) sein, den man scheinbar nicht mehr aus dem Kopf bekommt. Wenn Sie Ihre Tagträume untersuchen, lassen Sie die Gedanken zu, die sich wie zufällig daraus entwickeln – und Sie können nach den Themen fragen, die diese Gedanken miteinander verbinden.

Diese Assoziationen werden Sie zu einigen Ihrer anderen Geschichten führen und Ihnen schließlich die Schlüssel zu den Symbolen Ihrer Tagträume geben.

Ein Tagtraum kann, wie bei Patricia, eine Art »Probebühne« sein: eine Möglichkeit, etwas Neues zunächst in der Phantasie auszuprobieren. Tagträume sind aber auch komplexere Verdichtungen von Gefühlen und Gedanken, mit denen man sich lieber nicht unmittelbar konfrontiert sieht, gepaart mit angenehmeren Phantasien, die dem Tagtraum seine äußere Form geben. Je mehr Sie über sich selbst in Erfahrung bringen, desto deutlicher werden Sie erkennen, daß es keine alleinige Wahrheit gibt: Die Realität ist ein komplexes Gewebe, zusammengesetzt aus den zahlreichen Geschichten, die wir uns selbst erzählen.

Wir haben begonnen, das rätselhafte Netz an Bedeutungen unserer Tagträume zu entwirren, und es ist nun an der Zeit, die in Tagträumen verschlüsselten »verbotenen« Botschaften ein wenig direkter anzugehen. Eine der wichtigen Funktionen von Tagträumen ist es ja, Gefühle und Gedanken zu verschlüsseln, die uns beeinträchtigen und uns bedrohlich erscheinen würden, wenn wir sie unmittelbarer wahrnähmen. Diese Funktion – lästige Gefühle zu verarbeiten und sie in etwas Erträglicheres, leichter Handhabbares zu verwandeln – ist einer der größten Vorzüge unserer Tagträume. Wie Sie im folgenden Kapitel sehen werden, verarbeiten wir in unseren Tagträumen aber nicht nur unsere eigenen Gefühle: Manchmal helfen sie uns auch, die Gefühle anderer Menschen in einen inneren Sinnzusammenhang zu bringen. Manchmal enthalten unsere Tagträume sogar Gedanken, von denen wir gar nicht wissen, daß wir sie im Zusammenhang mit den Gefühlen anderer Menschen entwickeln.

Wir wollen im folgenden mehr über diese schützende und kommunikative Funktion von Tagträumen herausfinden und feststellen, wie sich die geheimen Gefühle aufdecken und untersuchen lassen, die sie uns vermitteln – welches unsere eigenen unausgesprochenen Gefühle sind und welche wir bei anderen Menschen wahrnehmen.

Ungeheuer sticken: Wie wir unsere Tagträume nutzen, um unsere eigenen Ängste und die Ängste anderer Menschen in Schach zu halten

In Isabel Allendes magischem – und beängstigendem – Roman *Das Geisterhaus* entflieht die älteste Tochter Rosa in ihren Tagträumen den furchterregenden unterschwelligen Einflüssen, die später andere Mitglieder der Familie ins Verderben ziehen. Allende beschreibt Rosa folgendermaßen: »... und an diesem Tag beachtete sie ihre Umwelt noch weniger als sonst, weil sie sich neue Tiere ausdachte, die sie auf ihre Tischdecke sticken wollte, halb Vögel, halb Säugetiere, mit schillernden Federn, Hörnern und Klauen, dick und mit so kurzen Flügeln, daß sie die Gesetze der Biologie und der Aerodynamik herausforderten.« Rosas Tagträume sind Vorzeichen für entsetzliche Ereignisse und Schrecken, hervorgerufen von menschlichen Ungeheuern, vor denen die Familienmitglieder mit ihren eigenen »kurzen« Flügeln nicht entfliehen können. Zunächst aber werden die Bilder dieser Tagträume dem Leser so harmlos präsentiert und von Rosa offensichtlich auch als so angenehm erlebt, daß wir die drohende Katastrophe gar nicht erkennen. Rosas Tagtraum ist zwar ein wenig bizarr, aber wunderschön: Die Schönheit des Tagtraums schützt sie vor verhängnisvollen Vorahnungen, die sie bewußt nicht wahrhaben will. Diese Vorahnungen – und die damit verbundenen Ängste – sind jedoch schon in den Tagtraum »eingestickt«. Als sich die Geschichte weiterentwickelt und wir Rosa und ihre Welt genauer kennenlernen, begreifen und erfahren wir nach und nach, was diese Kreaturen für Rosa bedeuteten.

Isabel Allendes mystische und sprachgewaltige Bilder veranschaulichen wunderbar, wie sich in Tagträumen verbale und nicht verbale Symbole verbinden, um schreckliche Ängste und

Gefühle zu maskieren und sie für das Bewußtsein erträglicher zu machen. Die anschaulichen Phantasiebilder (obgleich im Roman natürlich über Sprache vermittelt) vom Ungeheuer, das »halb Vogel« und »halb Säugetier« ist, zeigen ein grausig hybrides Wesen. Und doch mildern die Schönheit und die poetische Sprache, mit der diese Bilder gezeichnet sind, die beängstigende Vision: Die »schillernden« Federn lenken uns ab vom unschönen Anblick der fetten und hängenden Flügel, die so aussehen, als könne das Ungeheuer damit gar nicht fliegen ...

In unseren Tagträumen verdichten wir oft unangenehme Gefühle zu Bildern, die uns von Vorstellungen ablenken, mit denen wir uns noch nicht unmittelbarer auseinandersetzen können. Isabel Allende vermittelt uns mit Rosas Tagtraum etwas über die unterdrückte Gewalt, die sich bald darauf entfesselt, obwohl der Leser das erst im weiteren Verlauf erkennt. Dieser literarische Kunstgriff weist in zweierlei Hinsicht Parallelen zu unserer Arbeit mit Tagträumen auf. Wie Rosas Ungeheuer können auch die Bilder unserer Tagträume Metaphern sein, durch die wir unbewußte Informationen verbergen und zugleich indirekt enthüllen. Diese Symbole können wir erst dann deuten, wenn wir nicht nur die Bilder, sondern auch viele damit zusammenhängende Gedanken zulassen und sich entwickeln lassen.

Von Gefühlen hin zu Worten

Symbole können voller Rätsel sein – und doch gebrauchen wir sie ständig, nicht nur in unseren Tagträumen. Nach Dr. Charles Sarnoff, dem Kinderpsychiater, der über die »aktive Phantasie« schrieb, denken wir schon vor einem Alter von acht Monaten in Symbolen. Wenn wir anfangen zu sprechen, gebrauchen wir die Sprache sofort, um unser Wissen zu organisieren und zu reflektieren und um es anderen Menschen mitzuteilen. Der Gebrauch einer symbolischen Sprache ermöglicht uns, differenzierter und komplexer zu denken. Wir nutzen sie, um die subtilen Nuancen von Ereignissen, Gefühlen und Gedanken in uns selbst und in anderen zu begreifen und zu klassifizieren. Manche Gedanken und Gefühle lassen sich aber nicht in Worte fassen. Sie erscheinen uns gefährlich, unkontrollierbar, und so behalten wir sie im Reich der nonverbalen Metaphern und Bilder. Diese beiden symbolischen Systeme – das verbale und das nonverbale – tragen oft gemeinsam dazu bei, die in Tagträumen enthaltenen Informationen zu verschleiern und zu verzerren.

Dr. Virginia Demos, eine Psychologin, die sich hauptsächlich mit Säuglingen und Kindern beschäftigt, hat sich auf die Frage spezialisiert, wie wir Sprache einsetzen, um Gefühle zu kodifizieren. Sie hat festgestellt, daß viele von uns gerade deshalb davor zurückschrecken, bestimmte Gefühle in Worte zu fassen, weil Gefühle durch eine Benennung deutlicher erkennbar und, wie wir meinen, dann auch schmerzhafter werden. Unterbewußt hoffen wir, daß wir unangenehme Gefühle vermeiden können, wenn wir ihnen keinen Namen geben. Diesen unreflektierten Selbstschutz haben wir schon angesprochen, vor allem im Zusammenhang mit Michaels Tagtraum von Paris und Jons Tagträumen von Tracy. Doch solche verborgenen Gefühle beeinflussen uns auch dann, wenn es uns gelingt, sie unbenannt zu lassen. Wenn wir unsere Tagträume in Worte fassen, verlieren diese unartikulierten Gefahren von ihrem Schrecken.

So wie Rosa mit ihrem Tagtraum von den gestickten Ungeheuern zwar keine bewußte Einsicht zuließ, sich selbst aber dennoch etwas über ihre Gedanken und Gefühle im Hinblick auf ihre Familie vermittelte, so können auch Ihre Tagträume ein Versuch Ihrer Psyche sein, Ihnen Ihre emotionalen Reaktionen auf Menschen in Ihrer Umgebung mitzuteilen.

Als Psychotherapeutin stelle ich häufig fest, daß meine eigenen Tagträume Signale oder noch ungeformte Vorstellungen über meine Klienten und ihre Situation enthalten, die allmählich aus meinem Unterbewußtsein auftauchen. Da diese Tagträume nicht von vornherein fertig sind, habe ich gelernt, auf sie zu warten und zu hören und ihnen Zeit und Raum für ihre

Entfaltung zu geben. Wenn ich dann die im zweiten Kapitel dargestellten Schritte mache, kristallisieren sich meine Tagträume schließlich als äußerst nützliche Überlegungen heraus. Warum das nicht sofort geht – ich mir also nicht von vornherein sagen kann, was ich empfinde –, ist nicht immer klar. Manchmal hat es mit meiner Persönlichkeit zu tun (mein eigenes Unbewußtes blendet dann aus, was ich lieber nicht wissen will), manchmal mit der Art, in der sich eine bestimmte Geschichte entwickelt (vielleicht ist sie indirekter oder komplizierter als üblich). Diese Tagträume und meine Assoziationen dazu helfen mir sehr, Zugang zu (auch mir selbst gegenüber) unausgesprochenen und andernfalls unzugänglichen Gedanken über Dinge zu finden, die ich von anderen Menschen erfahren habe.

Ihre Tagträume helfen auch Ihnen, Informationen über andere Menschen in ähnlicher Weise zu verarbeiten, denn sie vermitteln Ihnen symbolisch, was Sie über andere und über sich selbst denken. Das erlebte ich einmal besonders anschaulich vor vielen Jahren in einer Frauengruppe, mit der ich schon eine Weile arbeitete. Eines Abends, als gerade zwei der Frauen über die Schwierigkeiten sprachen, die sie mit ihren jeweiligen Partnern hatten, dachte ich plötzlich an ein Kind, das im Meer schwamm. Mir war nicht klar, was dieses Bild mit dem Gesprächsthema der Frauen zu tun haben könnte – es schien irgendwie aus dem Nichts zu kommen. Doch ich kannte meine eigenen Denkprozesse gut genug, um mich darauf verlassen zu können, daß, wenn ich das Bild sich entwickeln ließ, ich höchstwahrscheinlich etwas Wichtiges über mich selbst und die Gruppenmitglieder in Erfahrung bringen würde. Das Bild von dem Kind im Meer tauchte immer wieder auf, und in jeder Sitzung entdeckte ich neue Einzelheiten. Nach jedem Treffen der Gruppe nahm ich mir ein wenig Zeit, um diese neuen Entwicklungen meiner Geschichte aufzuschreiben, und um anschließend etwa fünf Minuten lang alle Gedanken zu notieren, die mir in den Sinn kamen. Einige meiner Assoziationen schienen öde und langweilig, andere erschienen mir weit hergeholt, dennoch notierte ich weiterhin alles, bis mir schließlich klar wurde, was ich mir da erzählte. Diese Mitteilung an mich selbst war so beeindruckend, daß ich sie der Gruppe mitteilte. Und so entwickelte sich die Geschichte meiner Tagträume:

Ich sehe ein kleines Mädchen vor mir, das gerade eben laufen gelernt hat und mit seiner Familie über den Strand geht. Am Meer angekommen, faßt die Mutter das Kind an der einen Hand, der Vater nimmt es an der anderen Hand, und gemeinsam waten sie ins Wasser. Das Kind lacht fröhlich und jubelt ausgelassen, als das Wasser seine molligen Beinchen umspült und die Eltern es über die kleinen Wellen hüpfen lassen, die sich unter seinen Beinchen brechen. Irgendwann lassen die Eltern die Hände des Kindes los, und es sitzt zufrieden im Wasser, bis es plötzlich von einer Welle im Gesicht getroffen wird. Die Eltern nehmen es rasch hoch, versichern sich, daß nichts passiert ist, drücken es an sich und trösten das Kind, bis es sich beruhigt hat.

In einigen meiner Tagträume will das Kind wieder im Wasser sitzen, in anderen fürchtet es sich davor. Dann halten die Eltern es wieder an den Händen und lassen es über die winzigen Wellen hüpfen, bis es sich sicher genug fühlt, um im Wasser zu spielen.

Danach machen meine Gedanken einen Zeitsprung. Ein Jahr ist vergangen. Das kleine Mädchen ist wieder am Strand; doch obwohl es inzwischen größer und stärker und sicherer auf den Beinen ist, fürchtet es sich ein wenig vor dem Wasser. Es hat gelernt, daß die Welt nicht immer zuträglich und sicher ist und weiß nicht so recht, ob es sich wirklich in die deutlich bewegte See hinauswagen soll.

Einmal nimmt der Vater das Mädchen auf den Arm und geht mit ihm bis hinter die Brecher ins Meer hinaus. Das kleine Mädchen klammert sich an seinen Vater, vertraut aber darauf, daß seine Eltern schon mit den Wellen fertigwerden, auch wenn es das selbst nicht kann. Diese Erfahrung macht ihm Spaß, und es beschließt, allein auf den Wellen zu reiten. Es rutscht vom Arm seines Vaters herunter, noch bevor dieser bemerkt, was es vorhat, und geht unter. Seine Eltern ziehen es aus dem Wasser, bevor ihm etwas Schlimmes passiert, aber es fühlt sich elend, hustet, weint und will nach Hause.

Diesmal haben die Eltern mehr Mühe, ihr Kind zu trösten.

Sie wollen nicht, daß es sich übermäßig vor dem Wasser fürchtet, doch sie wissen auch, daß es einen gesunden Respekt vor den Kräften des Meeres entwickeln und erkennen muß, daß es seine eigenen Kräfte nicht überschätzen darf.

Im darauffolgenden Winter macht das Kind einen Schwimmkurs. Es wird größer, stärker und motorisch geschickter, und als es im nächsten Sommer wieder am Meer ist, kann es sich schon mehr zutrauen. Zwar schwimmt es nicht ohne Aufsicht eines Erwachsenen, doch es hüpft glücklich in den Wellen und spielt im Wasser. Selbst wenn es von einer Welle umgeworfen wird, sich den Bauch im Sand aufkratzt oder zu viel Salzwasser schluckt, taucht es spuckend und kreischend wieder auf, hat aber keine Angst.

Mein Tagtraum entwickelte sich immer weiter. Ich sah das Mädchen zu einer jungen Frau heranwachsen, zu einer guten Schwimmerin, die ihre Eltern nicht mehr braucht, um mit den Wellen und Strömungen des Meeres fertigzuwerden. Sie hat gelernt, daß es immer gut ist, jemanden dabei zu haben, wenn man ins Meer hinausschwimmt, einfach für den Fall, daß etwas passiert, womit sie nicht allein klarkommt. Sie weiß, daß dies kein Zeichen von Schwäche, sondern von Stärke ist. Sie wird allein mit den Wellen fertig, doch die Begleitung einer zweiten Person erleichtert es ihr, mit schwierigen Situationen umzugehen.

Natürlich zeigte sich die Geschichte nicht gleich so zusammenhängend. Ich hatte lange Zeit die unterschiedlichsten Assoziationen – Erinnerungen, Bilder, Gefühle und Gedanken –, von denen einige sich auf die Ferien bezogen, die ich in meiner Kindheit mit meiner Familie an den Stränden von North Carolina verbracht hatte. Ich erinnere mich, daß auch ich damals von den Wellen hin und her geworfen wurde. Bilder von Regentagen, an denen ich meine Freunde zu Hause vermißte oder mich im Kreis meiner Familie behaglich und zufrieden fühlte, vermischten sich mit Erinnerungen an lange Tage, an denen wir am Strand in der Sonne lagen und lasen. Als ich mich meinen Assoziationen überließ, verschoben sich die Bilder hin zu meinen Ferien als Teenager am selben Strand, in denen mein zunehmendes Interesse an Jungen, meine sich entwickelnde Sexualität und meine schreckliche Verletzbarkeit im Bemühen um die Anerkennung meiner Freunde mein Leben zur Hölle machten. Doch als ich meine Assoziationen zusammenfaßte, wurde mir klar, daß der Strand meiner Tagträume nicht einfach für meine persönliche Entwicklung stand. Das Meer und die Wellen symbolisierten Gefühle; und das Schwimmenlernen war mein Bild dafür, daß wir alle lernen müssen, mit der Flut und dem Durcheinander an Gefühlen umzugehen, mit denen wir unser ganzes Leben lang konfrontiert werden.

Da ich fand, daß mein Tagtraum etwas eingefangen hatte, mit dem sich auch die anderen Mitglieder der Gruppe auseinandersetzten, erzählte ich den Traum – mit erstaunlichen Folgen. Alle Gruppenmitglieder hatten eine sehr lebhafte und persönliche Vorstellung zu der Geschichte beizutragen – in der es um den Umgang mit Gefühlen ging und gewissermaßen darum, das »Wellenreiten« zu erlernen. Die Vorstellungsbilder der einzelnen Frauen sagten jeweils etwas Spezifisches darüber aus, wie sie als Erwachsene darum rangen, mit den Wellen ihrer Gefühle umzugehen.

Terry erinnerte sich daran, daß sie einmal so getan hatte, als könne sie schon schwimmen – obwohl das gar nicht der Fall war – und daß sie damals fast ertrunken wäre. Da Terry in der Gruppe und generell in ihrem Leben sich schwertat zuzugeben, daß sie verletzbar war und Hilfe brauchte, war sie oft von ihren Gefühlen überwältigt und paralysiert. Nie zuvor war es uns gelungen, dies so klar in Worte zu fassen.

Elissa erzählte, daß sie eine gute Schwimmerin war, sich aber trotzdem vor dem Meer fürchtete, »weil man nie weiß, wo ein Strudel oder eine Strömung ist, die dich hinab oder aufs offene Meer hinaus zieht«. Elissa war beruflich erfolgreich, ging aber in ihrem Privatleben ungern Risiken ein und tat sich deshalb schwer, sich wirklich auf eine Liebesbeziehung einzulassen. Das Bild ihres Tagtraums gab ihrer Angst klarere Konturen und ließ sie verständlicher werden. Als sie im Lauf der Zeit ihre Assoziationen zu dem Tagtraum zuließ, erkannte sie, daß das Bild ihre Angst darstellte, von anderen Menschen gewissermaßen verschlungen zu werden, wenn sie sich auch nur im geringsten von ihnen abhängig machte. Sie sagte: »Ich habe Angst, mein Selbst, meine Identität – und vielleicht sogar mein Leben – zu verlieren, wenn ich von jemandem abhängig werde.«

Interessant war in diesem Zusammenhang, daß mein sich entwickelnder Tagtraum eine Geschichte voller Informationen über meine eigenen Gefühle und über die »Entwicklungen« enthielt, die ich bei jeder einzelnen Frau in der Gruppe spürte: Das Bild eines Mädchens, das lernt, immer besser im Meer zu schwimmen und mit seinen Gefühlen umzugehen, war mir deshalb eingefallen, weil sowohl auf der erzählerischen wie auf der symbolischen Ebene jede Frau in der Gruppe über das gesprochen hatte, was ihr am meisten am Herzen lag. Bezeichnend ist, daß mein Tagtraum von *mir* handelte: Er hatte eine tiefe und unmittelbare Bedeutung für mich selbst und entstand aus meinen eigenen Gefühlen und Erfahrungen. Er war aber auch ein (wie sich herausstellte, erfolgreicher) Versuch meiner Psyche, mir begreiflich zu machen, was ich von den anderen Frauen in der Gruppe erfuhr. Der Tagtraum half uns, Gemeinsamkeiten zu finden und nicht nur etwas ganz Persönliches und nicht Mitteilbares zum Ausdruck zu bringen. Darüber hinaus fing er etwas von der heilenden und unterstützenden Funktion der Gruppe als solcher ein und half damit den einzelnen, sich mit ihren problematischen Gefühlen auseinanderzusetzen.

Wie Isabel Allendes Rosa schöpfte ich aus meinem eigenen Vorrat an bewußten und unbewußten Symbolen und formte daraus eine Vorstellung, die die von mir wahrgenommene Stimmung in der Gruppe in einen sinnvollen Zusammenhang brachte. Dieses – in Worte gefaßte – Bild repräsentierte durchaus angemessen und sehr treffend meine unerkannten Gedanken und ermöglichte uns, Kontakt zu Gefühlen aufzunehmen, an die wir bis dahin nicht herangekommen waren. Das Meer war ein Bild für all die schmerzlichen Gefühle, um die die Frauen in der Gruppe zuvor nur herumgeredet hatten, anstatt *über* sie zu reden. Interessanterweise konnten wir von dem Augenblick an, in dem wir Zugang zu den Gefühlen hatten, die das Bild des Meeres in uns weckte, auch andere schwierige Themen offener und leichter ansprechen.

Tagträume, die mit Trauer zu tun haben

So wie das Bild des im Meer schwimmenden Mädchens mir selbst und meiner Gruppe die Möglichkeit gab, einige sehr problematische Bereiche in uns selbst zu erforschen, so fand auch Ellie, eine alleinerziehende Mutter, deren eigene Mutter Krebs im Endstadium hatte, in ihren Tagträumen ein Bild, das sich als hochbedeutsam erwies. Nach einem Workshop, den ich geleitet hatte, erzählte mir Ellie die folgende Phantasie:

»Es ist ein wunderschöner Wintertag, und ich unternehme einen langen Spaziergang. Die Erde ist bedeckt von frischem Schnee, der in der Sonne glitzert. Es ist kalt, aber die frische Luft ist angenehm. Ich atme tief durch. Ich weiß, daß meine Mutter tot ist – daß sie vor einiger Zeit gestorben ist. In meinem Tagtraum trauere ich nicht mehr und bin bereit zu leben – mein eigenes Leben wieder zu beginnen.«

Für Ellie war die Bedeutung des Tagtraums glasklar: »Ich will nicht trauern. Ich will es hinter mir haben. Aber nachdem ich über den Tagtraum nachgedacht hatte, ist mir klar geworden, daß es so nicht geht. Ich muß trauern. Inzwischen merke ich, daß der ganze Zorn, den ich in mir hatte – ich habe in letzter Zeit oft an meinen Kindern herumgenörgelt und war dauernd ungeduldig und frustriert –, ein Versuch ist, die Trauer und den Schmerz zu vermeiden. In meinem Tagtraum habe ich wahrscheinlich versucht, darüber hinwegzukommen, ich habe mir aber auch gesagt, daß ich die Trauer spüren muß, bevor ich weitergehen und mein Leben von vorn beginnen kann.«

Ellie übersetzte die bildhaften Vorstellungen eines klaren Wintertages und des Neuschnees sowie die körperliche Empfindung, die klare, frische Winterluft tief einzuatmen, in Gefühle – in ein Gefühl der Erleichterung und das Gefühl, einen »neuen Anfang« wagen zu können. Erst dann konnte sie sich mit der offensichtlichsten Bedeutung ihres Tagtraums auseinandersetzen, daß sie nämlich wollte, daß ihre Mutter jetzt starb. Für Ellie war es zwar schmerzlich, diese Bedeutung zuzulassen, doch sie wußte auch, daß sie richtig war. Sie fand es furchtbar, ihre Mutter leiden zu sehen; sie wußte, daß ihre Mutter auf jeden Fall sterben würde; und sie stand, seitdem die Krankheit ihrer Mutter ausgebrochen war, unter ungeheurem Druck (weil sie den Hauptanteil der Pflege ihrer Mutter übernommen hatte und gleichzeitig noch ihre eigenen Kinder und den Haushalt versorgen mußte). Als Ellie nun diese Erkenntnis zuließ und akzeptierte und sich nicht etwa dafür kritisierte, daß sie diese (ganz normalen) Gefühle hatte, konnte sie auch eine zweite, weniger offensichtliche Bedeutung ihres Tagtraums zulassen – daß sie nämlich den Schmerz ihrer Verlusterfahrungen verdrängte.

Es war nicht nur der Tod ihrer Mutter, sondern auch die Tatsache, daß Ellie ihre Mutter durch deren Krankheit als Unterstützung, Hilfe und Vertraute verloren hatte. Ellie hatte zwar schon jahrelang ihren eigenen Haushalt, aber ihre Mutter hatte doch immer wieder ausgeholfen, wenn Ellie sie wegen der Kinder brauchte, und sie hatte sie immer emotional unterstützt. Die Krankheit ihrer Mutter war für Ellie also sowohl ein emotionaler als auch ein konkreter Verlust. Und sie war ein Vorbote des Verlusts, der sie noch treffen würde – daß ihre Mutter nämlich gar nicht mehr da sein würde. Der Tagtraum zeigte nicht nur Ellies Bereitschaft, sich mit dem bevorstehenden Tod ihrer Mutter auseinanderzusetzen (und ihn irgendwann zu akzeptieren), sondern auch ihren widersprüchlichen Wunsch, diese Gefühle »einzufrieren« und nicht zu empfinden.

Wie die anderen Gruppenmitglieder und ich selbst entdeckte auch Ellie, daß Gefühle leichter auszuhalten sind, wenn sie erst einmal ausgesprochen sind. Wer seine Gefühle beschrieben hat, kann anders als vorher (wie immer das gewesen sein mag) mit ihnen umgehen und sich nach und nach von ihnen befreien. Zugleich entdeckt man, daß Gefühle nicht statisch sind. Ellie wurde sich selbst gegenüber toleranter und sogar einfühlsamer, als ihr klar wurde, daß sie einen ganzen Brocken von sich ständig verändernden Gefühlen in sich trug: Sorge, Zorn, Angst, Ungeduld, den Wunsch nach Ruhe – für ihre Mutter und für sich selbst. Sie begriff nicht nur, daß sie ihre Trauer erleben mußte, sondern daß sie mit einer Vielzahl von Gefühlen kämpfte und viel mehr empfand, als sie wahrgenommen hatte. Als sie nun diese Gefühle in Worte faßte, konnte sie eine neue Beziehung zu sich selbst aufnehmen und leichter mit dieser schwierigen Phase in ihrem Leben umgehen. Damit erweiterte sich auch ihr Selbstbild. Sie erkannte, daß sie eine komplexere Persönlichkeit mit mehr emotionalen Ressourcen war, als sie sich zugetraut hatte.

Ellies Tagtraum war aber (wie alle Tagträume) noch reichhaltiger in seiner Bedeutung. Wie mein Bild von dem Kind im Meer enthielt auch Ellies Bild von dem frischgefallenen Schnee nicht nur ihre eigenen ungefühlten Gefühle, sondern auch ihre Reaktionen auf nicht zum Ausdruck gebrachte Emotionen in ihrer Umgebung – in diesem Fall ihrer Mutter und ihrer Kinder. »Keiner von uns ist wirklich bereit, sich mit all dem auseinanderzusetzen«, sagte sie mir. »Gestern abend hörte ich, wie meine Tochter in ihrem Zimmer weinte. Mein erster Impuls war, einfach an ihrer Zimmertür vorüberzugehen. Ich dachte, ich könnte ihren und meinen Schmerz nicht aushalten. Doch dann erinnerte ich mich an meine Vorstellung von der kalten, frischen Luft. Ich atmete tief durch und ging in ihr Zimmer. Wir sprachen lange über alles mögliche: meine Mutter, den Tod, was mit den Kindern wäre, wenn ich sterben würde. Wir umarmten einander und weinten – und es war lange nicht so schlimm, wie ich befürchtet hatte. Ich frage mich, ob ich versuchen sollte, mit meiner Mutter zu reden ... Ich fürchte mich davor, sie weinen zu sehen ..., aber ich weiß, daß sie darüber sprechen will. Jedesmal, wenn sie davon anfängt, sage ich: ›Mama, du weißt doch, daß du noch ewig lebst.‹ Vielleicht bin ich ihr gegenüber nicht fair. Und vielleicht hätte ich selbst ein besseres Gefühl – eine Art Erleichterung, wie als ich über meine eigenen Gefühle gesprochen habe.«

Das Bild des Schnees in Ellies Tagtraum hätte natürlich auch noch anders gedeutet werden können. Doch für Ellie war klar: Der Schnee und die frische, kalte Luft eröffneten ihr den Zugang zu Gefühlen – ihren eigenen und denen anderer Menschen –, die sie zuvor nicht zugelassen hatte.

Verbale und nonverbale Symbole verbinden

Obwohl der Schwerpunkt dieses Kapitels darauf lag, Tagträume auf verborgene Gefühle – Ihrer selbst und Ihrer Umgebung – hin zu untersuchen, kann (wie Sie schon in den Übungen weiter oben entdeckt haben werden) eigentlich alles in Ihren Tagträumen auftauchen. Jede Übung in diesem Buch soll Ihnen helfen, Ihren eigenen Gedanken und Gefühlen freien Lauf zu lassen. Mit der nächsten Übung sollen Sie ein besseres und tieferes Verständnis davon gewinnen, wie Bilder und andere sinnliche Wahrnehmungen sich mit Sprache verbinden können, um in Tagträumen einige außerordentliche, verdichtete Botschaften zu vermitteln – genau wie bei Isabel Allendes eingestickten Ungeheuern.

Übung

Geben Sie dem Gefühl einen Namen

Sie brauchen Ihr Tagtraum-Tagebuch, einen Stift und Ihre Lieblingszeitschrift (wenn Sie wollen, auch Klebstoff und Schere).

1. Nehmen Sie Ihr Tagtraum-Tagebuch, aber öffnen Sie es noch nicht.
2. Blättern Sie Ihre Zeitschrift durch, bis Sie auf ein Bild stoßen, das Sie interessiert. Konzentrieren Sie sich nicht auf das Bild, sondern lassen Sie Ihren Blick und Ihre Gedanken schweifen, bis etwas Ihre Aufmerksamkeit fesselt.
3. Geben Sie auf einer neuen Seite Ihres Tagebuchs eine kurze Beschreibung des Bildes, oder schneiden Sie es aus und kleben es in Ihr Tagebuch. Lassen Sie unter dem Bild oder Ihrer Beschreibung ein paar Zeilen frei.
4. Notieren Sie hier vier oder fünf Wörter zu dem Bild. Denken

Sie nicht lange darüber nach, ordnen Sie auch nicht Ihre Gedanken, und zensieren Sie sich nicht selbst. Schreiben Sie einfach die Wörter auf, die Ihnen spontan einfallen.

Deborah beispielsweise, die schwanger werden wollte und kaum mehr an etwas anderes denken konnte, schnitt ein Bild von einer schwangeren Frau und einer Werbung für Babyausstattungen aus. Darunter schrieb sie: Liebe, etwas ganz Besonderes, küscheln, glücklich, schmerzvoll, traurig.

5. Betrachten Sie die Wörter, die Sie aufgeschrieben haben. Achten Sie besonders auf diejenigen Wörter, die ein Gefühl zum Ausdruck bringen. Inzwischen wissen Sie ja schon, daß einige der wichtigsten Hinweise auf die Bedeutung von Tagträumen in den Gefühlen liegen, die sie zum Ausdruck bringen oder in sich bergen.

6. Schreiben Sie auf, welche anderen Wörter, Geschichten oder Bilder Ihnen einfallen, wenn Sie über die Wörter nachdenken.

Deborah wollte schwanger werden, ein Kind in sich heranwachsen fühlen, ein Baby lieben und kuscheln können. Sie stellte sich vor, sie wäre etwas ganz Besonderes für ihr Kind. »Denn«, so sagte sie oft, »eine Mutter ist schließlich etwas ganz Besonderes.«

Aber was war mit den Wörtern »schmerzen« und »traurig«? Deborah befürchtete, daß sie das Baby, das sie sich so sehnlich wünschte, nicht würde bekommen können. Obwohl sie erst seit einem Monat versuchte, ihren Kinderwunsch zu verwirklichen, sagte sie sich, sie dürfe nicht allzu zuversichtlich sein, weil sie sonst doch enttäuscht werde. Dieser Gedanke knüpfte an viele ihrer vergangenen Erfahrungen an, denn Deborah hatte dieses Gefühl nicht nur im Hinblick auf ihren Kinderwunsch: Diese grundlegende Überzeugung prägte die meisten ihrer Erfahrungen. Sie rechnete damit, enttäuscht zu werden, erwartete es geradezu. Tatsächlich besagte eine ihrer organisierenden Geschichten, an denen sie sich in ihrem Leben weitgehend orientierte: »Das einzige, womit man im Leben sicher rechnen kann, sind Enttäuschungen.«

Deborah versuchte, sich vor Enttäuschungen zu schützen,

indem sie sich von vornherein darauf einrichtete und gewissermaßen erprobte, wie sich die Enttäuschung anfühlen würde, wenn sie unweigerlich eintraf. So würde sie wenigstens nicht unvorbereitet getroffen.

Deborahs Tagtraum enthielt eine weitere Geschichte, in der es darum ging, wie sie sich selbst als Mutter sah. Unter einen Zeitungsausschnitt von einer Mutter und ihrem Baby schrieb sie »gut« und »liebevoll«. Was sie damit meinte, wurde deutlich, als sie ihre Assoziationen formulierte: »Ich werde eine gute und liebevolle Mutter sein. Ich werde gern für mein Baby sorgen.« Deborah hatte immer die Befürchtung gehabt, sie könnte »allzu selbstsüchtig und egoistisch« sein – Eigenschaften, die sie bei anderen Menschen und bei sich selbst besonders negativ beurteilte und ablehnte.

In den Tagträumen, in denen Deborah sich vorstellte, wie sie als Mutter wäre, entwarf sie ein anderes Selbst. Sie wäre das genaue Gegenteil einer selbstsüchtigen Mutter, nämlich liebevoll, immer bereit zu geben, immer für ihr Baby da. Ich fragte, was ihr spontan einfiel, wenn sie die Worte »gut«, »liebevoll« und »selbstlos« hörte. »Eine perfekte Mutter«, antwortete sie unwillkürlich. Da Deborah sehr unter der Vorstellung litt, sie könnte vielleicht doch nicht ganz so »selbstlos« sein, bleute sie sich immer wieder die Verpflichtung ein, eine solche vollkommene Mutter zu werden – als könne eine vollkommene Mutter nicht auch andere (weniger akzeptable) Gefühle haben.

Deborahs Assoziationen zeigen (manchmal sogar, indem sie gerade das Gegenteil ausdrücken) einige ihrer tiefsten Ängste. Wir gebrauchen unsere Tagträume (bewußt und unbewußt) auch als eine Art Talisman, der uns vor allem Unglück schützen soll – entweder indem wir uns mit unseren Tagträumen auf ein schlimmes Ende vorbereiten (wie Deborah mit ihrer Überzeugung, daß sie ja doch enttäuscht werde) oder indem wir beharrlich an einem »guten« Ende festhalten, in dem wir uns selbst als die vollkommenen Menschen sehen, die wir meinen, sein zu müssen. Deborah begann zu erkennen, daß sie fürchtete, einfach sie selbst zu sein sei nicht gut genug – sie würde nicht die Mutter sein, die sie sich erträumte.

Erwarten Sie nicht, daß Ihre eigenen verborgenen Ängste sich urplötzlich zeigen, wenn Sie den Assoziationen zu den von Ihnen ausgesuchten Bildern freien Lauf lassen. Am besten wäre es, Sie würden diese Übung mehr als einmal machen. Wiederholen Sie die Übungen wie Ihre Morgengymnastik – denn Übung macht den Meister. Achten Sie jedesmal auf die Worte und Sätze, die Ihnen einfallen. Fragen Sie sich dann, welche Geschichten zu diesen Gefühlen passen und warum Ihnen diese Geschichten gerade in diesem Augenblick in den Sinn kommen.

Es ist sicher nicht leicht, diese Fragen zu beantworten. Aber mit jedem Mal werden – wie beim Konditionstraining – die Muskeln Ihrer Gefühle und Ihrer Phantasievorstellungen ein wenig stärker. Sie werden nach und nach auch merken, daß die Formulierung Ihrer Geschichten Ihre Fähigkeit erhöht, unbewußte – und hochbedeutsame – innere Mitteilungen zu entdekken und alte, nutzlose Grundüberzeugungen auszusortieren und abzulegen.

Der Mond reflektiert das Licht der Sonne: Zusammenhänge zwischen Tagträumen und Nachtträumen

Nachdem Sie nun begonnen haben, Ihre Tagträume zu erkunden, denken Sie wahrscheinlich auch vermehrt über Ihre Nachtträume nach. Gibt es da einen Zusammenhang?

Die meisten Menschen meinen sicher, ihre Nachtträume seien ausgefallener, seltsamer und interessanter als ihre Tagträume, die – wie wir gesehen haben – von so banalen Dingen wie Milch, Papiertaschentüchern und Eiern handeln können, die wir abends noch im Supermarkt holen müssen. Nachtträume sind normalerweise voller Bilder, Symbole und Zeichen, die auf grundlegende unbewußte Bedeutungen verweisen. Dagegen erscheinen Tagträume oft höchst gewöhnlich. Inzwischen wissen Sie jedoch, daß diese Wahrnehmung und Einschätzung von Tagträumen falsch ist.

Unsere Nachtträume haben uns seit Urzeiten die Erfüllung unserer Wünsche und Hoffnungen vorgegaukelt. Im Altertum glaubten die Menschen, ihre Träume seien Botschaften der Götter. Und nur wenige waren auserwählt, diese Botschaften zu deuten. Im Alten Testament beispielsweise deutet Joseph seinen eigenen Traum und den Traum des Pharaos, um die vor Ägypten liegenden Jahre der Fülle und des Hungers zu prophezeien. Das Orakel von Delphi im alten Griechenland deutete den Traum, in dem geweissagt wurde, daß Ödipus seinen Vater töten und seine Mutter zur Frau nehmen würde. In neuerer Zeit postulierte Freud, daß Träume den Schlüssel zur Selbsterkenntnis enthalten. Jung stützte seine ganze Psychologie auf die Traumdeutung und die Archetypen, die er in ihnen erkannte. Die psychologische Literatur zur Deutung von Nachtträumen nimmt immer noch zu – und setzt damit eine Tradition fort, die wahrscheinlich begann, als die ersten Menschen in ihrer Höhle erwachten und sich fragten, was die seltsamen und obskuren Bilder zu bedeuten hatten, die sie in der Nacht gepeinigt hatten.

Die heutige Forschung gelangt jedoch zu der Erkenntnis, daß unsere Nachtträume weitaus weniger rätselhaft sind, als Mystiker und viele Psychoanalytiker uns weismachen wollen. Dr. Harry Fiss ist Psychologe und beschäftigt sich an der University of Connecticut mit der Untersuchung von Träumen. Er behauptet, die verwirrenden Bilder und Geschichten unserer Nachtträume seien das Ergebnis neurologischer und physiologischer Veränderungen im Schlaf. Aufgrund dieser physiologischen Veränderungen unterscheidet sich unser Denken im Schlaf von unserem Denken im Wachzustand. Das führt dazu, daß die Symbole unserer Nachtträume sehr viel weniger logisch und eindeutig, sehr viel lebhafter und seltsamer sind als die Symbole unserer Tagträume. Viele unserer Tagträume erscheinen eindeutig deshalb so zusammenhängend und banal, weil unsere Denkprozesse im Wachzustand einfacher, kohärenter und geordneter sind als im Schlaf.

Das ändert aber nichts daran, daß unsere Träume – ob am Tag oder in der Nacht – randvoll mit Bedeutung sind. Beide Arten von Träumen enthalten symbolische und verschlüsselte indirekte Botschaften. Selbst wenn neurologische und physiologische Veränderungen den Symbolen unserer Nachtträume eine ganz besondere Note geben, ist es doch häufig so, daß unsere Psyche uns im Tagtraum wie im Nachttraum eine ganz bestimmte Botschaft vermitteln will und wir uns im Traum mit Problemen und Herausforderungen unseres Lebens auseinandersetzen.

Präziser gesagt: Unabhängig davon, ob unsere Nachtträume (wie bei dem Geizhals Ebenezer Scrooge in Charles Dickens' Weihnachtsgeschichte) durch eine »unverdaute, halbgare Kartoffel« verursacht sind oder nicht, haben die Assoziationen zu diesem Traum, wenn wir dann wieder wach sind, immer eine Bedeutung, genauso wie unsere Assoziationen zu allem, was wir im Wachzustand erleben, eine Bedeutung haben. Letzten Endes ist es gleichgültig, ob die »Ursache« unserer Träume in der Biologie oder in der Psychologie zu suchen ist. Entscheidend ist, was wir daraus machen, wenn wir wach sind.

Tatsächlich gleichen sich Tagträume und Nachtträume in vielerlei Hinsicht. Dr. Rosalind Cartwright, die sich an der auf Schlafstörungen spezialisierten Klinik des Rush Presbyterian Hospital in Chicago mit der Untersuchung von Träumen beschäftigt, hat festgestellt, daß einige der Hirnströme bei Tag- und Nachtträumen vergleichbar sind. Dr. Fiss und seine Kollegen haben herausgefunden, daß beide Arten von Träumen sich in dem Bereich des Gehirns abspielen, der von der körperlichen Aktivität abgekoppelt ist. Daher lösen sie in der Regel auch keine unmittelbaren, mit dem Traum zusammenhängenden Aktivitäten aus. Wir werden im folgenden besprechen, warum das gute Gründe hat und was passiert, wenn wir auf einen Tagtraum reagieren, ohne zuvor einige seiner weniger offensichtlichen Bedeutungen herauszufinden.

Doch kehren wir zum Vergleich von Tagträumen und Nachtträumen zurück: Dr. Stephen Salker, einer der ersten Wissenschaftler, die diesen Vergleich anstellten, berichtet von signifikanten Ähnlichkeiten in dem, was er als Traumstil bezeichnet, das heißt, in der Art, in der unsere Träume unsere Gefühle repräsentieren. Mit anderen Worten, wenn Ihre Nachtträume Ängste symbolisieren, wird es bei Ihren Tagträumen wahrscheinlich ebenso sein. Und wenn Sie in Ihren Tagträumen depressive Gefühlen verarbeiten, werden Sie das in Ihren Nachtträumen auch tun.

Tagträume und Nachtträume können einander erklären

Angesichts der Ähnlichkeiten zwischen Tagträumen und Nachtträumen lassen sich auch beide Arten von Träumen mit denselben Mitteln erklären. Und da Sie selbst die Urheber dieser Träume sind, gibt es natürlich auch einen Zusammenhang zwischen den Themen, mit denen Sie sich in einer bestimmten Zeit in

Ihren Tagträumen und in Ihren Nachtträumen auseinandersetzen. Daraus ergibt sich, daß sie Ihre Tagträume heranziehen können, um Ihre Nachtträume zu deuten – und umgekehrt.

Nehmen wir einmal an, Sie sind mit Ihrer Arbeit nicht besonders glücklich. Sie wissen nicht, was Sie tun könnten, um das zu ändern, haben aber häufig Tagträume, in denen Sie sich einen neuen Job suchen, im Lotto gewinnen oder einen reichen Mann oder eine reiche Frau heiraten. Oder Sie stellen sich vor, Sie seien ein brillanter, von seinen Auftraggebern gehätschelter und protegierter Wissenschaftler, dessen kreatives Genie so hoch bewertet wird, daß er nie gezwungen ist, an langweiligen Sitzungen teilzunehmen, und nie kritisiert wird. Oder Sie stellen sich vor, Sie bekämen einen Job als Flugbegleiter und wären damit befreit von Ihrem fordernden Chef und Ihren schwierigen Kindern.

In einem Nachttraum zur selben Zeit sind Sie gefangen in einem Raum ohne Türen und Fenster. Sie fürchten sich. Sie sehen keinen Ausweg. Plötzlich fliegen Sie oben aus dem Raum hinaus. Geschafft! Sie sind frei und in Sicherheit. Und nicht nur das: Das Gefühl zu fliegen, über den Dächern zu schweben, ist berauschend. Sie fühlen sich frei, leicht, lebendig und voller Energie.

In dieser Situation handeln sowohl Ihr Tagtraum als auch Ihr Nachttraum vom Ausbrechen aus einer Situation, in der Sie sich gefangen fühlen. Sie wissen, daß Sie nicht so wie in Ihrem Nachttraum handeln und einfach davonfliegen können. Ihre Tagträume jedoch scheinen realistischer. Sie fragen sich, ob Sie nicht tatsächlich aus der Stadt wegziehen, sich einen neuen Job suchen, etwas Interessantes, anderes, ein wenig Verrücktes tun sollten.

Sind Tagträume tatsächlich realistischer als Nachtträume? Sie stehen offensichtlich eher für etwas, das man in seinem Leben auch verwirklichen könnte. Aber würde ein Ortswechsel – ohne Ihre Familie – wirklich Ihr Problem lösen? Meinen Sie wirklich, daß das Leben eines Flugbegleiters, eines Piloten oder eines berühmten Wissenschaftlers Ihnen die Befriedigung geben würde, die Sie gegenwärtig in Ihrem Leben vermissen?

Wenn ja, sollten Sie sich zunächst ein paar Fragen beantworten. Was genau würde Ihr Leben und Ihre Gefühle verändern? Was wäre anders? Warum können Sie das, was anders wäre, nicht auch in Ihrem jetzigen Leben haben? Sie sollen sich nicht etwa einreden, daß es in Ihrer Kleinstadt besser sei als im Land Ihrer Träume und daß eigentlich alles, was Sie jemals wollten, in Ihrem Hinterhof liege. Die Möglichkeiten, die Ihnen Ihre Tagträume aufzeigen, können tatsächlich den Weg in ein neues Leben weisen – vielleicht sogar als Wissenschaftler oder als Flugbegleiter. Nur sind Ihre Tagträume selten wegen ihres oberflächlichen Inhalts wichtig, der von den Psychologen als »manifester« Trauminhalt bezeichnet wird. Wichtig sind sie vielmehr wegen der Assoziationen, Gefühle und Bedeutungen, die ihr Inhalt in Ihnen wachruft. Tagträume und Nachtträume – ob sie nun phantastisch sind oder realitätsnah – können oft erklären, was in der jeweils anderen Art von Traum vor sich geht. Das zeigt auch unser Beispiel vom ersehnten Ausbruch aus der unbefriedigenden Arbeit. Der Wunsch nach Freiheit, Anerkennung und Kreativität zeigt sich sowohl in dem Nachttraum vom Fliegen als auch in dem Tagtraum von dem brillanten Wissenschaftler. Doch erst das tiefere Verständnis des Träumers, das er aus seinen nachfolgenden Gedanken und Vorstellungen gewinnt, hilft ihm zu begreifen, wie er unbewußt sein Leben organisiert, welche seiner Empfindungen sich selbst und anderen gegenüber ihn in seiner gegenwärtigen Situation »festhalten« und den Wunsch nach Flucht ihn ihm wecken und was er tun kann, um seine Situation zu verändern.

Sowohl in Tagträumen als auch in Nachtträumen ist viel mehr enthalten, als auf den ersten Blick zu erkennen ist. In James Thurbers Erzählung *Walter Mittys Geheimleben* überläßt sich die Hauptperson meistens ihren Tagträumen. Im »wirklichen Leben« ist Walter Mitty ein passiver, mit einer anspruchsvollen und überkritischen Frau verheirateter Intellektueller. Was immer er anpackt, geht schief; ständig steckt er in Schwierigkeiten. Doch in seinem geheimen Leben, seiner Traumwelt, ist er ein mächtiger, sogar gefährlicher Mann, der von anderen bewundert, geachtet und gefürchtet wird. Einmal stellt er sich vor, er sei ein begnadeter Chirurg, der nicht nur das Leben eines Patienten rettet, den die anderen Ärzte aufgegeben haben, sondern auch ein kompliziertes Anästhesiegerät repariert, was niemand sonst bewerkstelligt hätte. In einer anderen Situation stellt er sich vor, er sei der furchtlose Pilot eines Kampfflugzeugs, der der Gefahr gefaßt und mit gelassenem Fatalismus ins Auge sieht. Und in all diesen Tagträumen sieht Walter Mitty sich als starken, kompetenten und angesehenen Mann – genau das Gegenteil offenbar von dem, was er im wirklichen Leben ist.

Wenn ich Walter Mitty als Klienten hätte, würde ich gerne wissen: Warum hat er gerade diese Phantasien? Warum ist er Chirurg oder Pilot eines Kampfflugzeugs? Welche Menschen fallen ihm ein, wenn er an diese Personen denkt? Was bedeuten sie für ihn? Gelingt es ihm in seinen Phantasien, die Anerkennung seiner Frau zu erhalten? Warum sieht sie ihn so kritisch? Warum verhält er sich ihr gegenüber so passiv? Fürchtet er sich vor ihr? Warum? Und ebenso wichtig: Ärgert sich seine Frau über seine Tagträume? Ist das vielleicht sogar einer ihrer indirekten Zwecke? Wird seine Frau wütend, wenn er so in seine Tagträume versunken ist, daß er alles vergißt, was er erledigen soll? Wahrscheinlich hat er nicht die Absicht, sich mit ihr anzulegen, aber unbewußt rächt er sich vielleicht doch durch seine Tagträume.

Leider kennen wir keinen von Mittys Nachtträumen und keine von seinen Assoziationen, mit der wir arbeiten könnten. Wahrscheinlich aber hätten seine Nachtträume dieselben Themen wie seine Tagträume und würden zusammengenommen einige meiner Fragen beantworten.

Doch wie stellen wir die Verbindung zwischen unseren Tagträumen und unseren Nachtträumen her? Wie können wir aus beiden etwas über uns erfahren, und wie tragen die einen zur Deutung der anderen bei?

Die fünfunddreißigjährige Kathryn, die an einem meiner Workshops über Tagträume teilnahm, hatte ihre Tagträume nicht weiter beachtet, bis sie schließlich eine Reihe von Nachtträumen hatte, deren Bedeutung ihr nicht klar war. Sie sagte: »Über mehrere Monate hinweg träumte ich immer wieder, daß ich wichtige Papiere in einem Schließfach verwahrte und dann den Schlüssel nicht wiederfand. Oder ich hatte zwar noch den Schlüssel, konnte mich aber nicht an die Nummer des Schließfachs erinnern. Manchmal fiel mir die richtige Schließfachnummer wieder ein, und der Schlüssel war auch da, aber die Papiere nicht mehr. Ich befand mich in großer Gefahr, weil diese Papiere sehr wichtig waren – wenn sie in die falschen Hände fielen, würde etwas Schreckliches passieren.

Beim Aufwachen versuchte ich immer wieder herauszufinden, wofür der Schlüssel stand. Ich wußte, daß ein Schlüssel in einem Schloß angeblich ein sexuelles Symbol ist, aber das paßte meines Wissens zu gar nichts in meinem Leben. Als ich diese Träume schon als irgendeine merkwürdige Ausgeburt meines Unterbewußtseins abtun wollte, dämmerte mir, daß das Entsetzen, das ich in meinen Träumen verspürte – die Angst, etwas Wichtiges zu verlieren –, in übertriebener Form das wiedergab, was ich auch im Wachzustand empfand.

Monatelang war ich wie benommen herumgelaufen. In meiner Familie wurde schon darüber gelacht, daß ich so oft sagte: ›Ich weiß nicht, wo mir der Kopf steht.‹ Meine vierjährige Tochter fragte schließlich meinen Mann, warum ich denn meinen Kopf nicht finde und ob sie mir nicht dabei helfen könne.

Ich war in meinem Job überfordert und völlig überarbeitet. In meinen Tagträumen kündigte ich, flog in die Karibik und suchte am Strand nach allerlei Verwertbarem. Doch ich sagte mir immer wieder: ›Solche Phantasien hat jeder. Hör mit deinen Tagträumen auf, und tu deinen Job.‹

Jetzt erkannte ich, daß meine Tagträume und meine Nachtträume zusammenhingen. Wichtig waren nicht das Schloß und der Schlüssel, sondern das Gefühl des ›Verlierens‹, für das sie standen. Ich hatte nicht nur das Gefühl, nicht zu wissen, wo mir der Kopf steht, sondern auch den Eindruck, emotional etwas zu ›verlieren‹. Dauernd verlor ich die Beherrschung, und zu meinem Mann und unseren Freunden sagte ich, daß ich glaubte, den Verstand zu verlieren!

Sobald mir das klar war, beschloß ich, daß ich wirklich Hilfe brauchte. Ich konnte einfach nicht mehr so weitermachen. Ich war schrecklich hin und her gerissen, weil ich unablässig versuchte, eine ›Supermutter‹ zu sein und zugleich in meinem Beruf alles super zu bewältigen. Mit meinem Mann besprach ich, was ich wirklich brauchte und wollte – ich wollte mehr zu Hause sein und gleichzeitig in meinem Beruf weiterarbeiten. Mein Mann ist ein sehr engagierter Partner, aber Kinder und Haushalt waren letzendlich doch immer meine Verantwortung.

Nach unserem Gespräch passierte zu Hause und an meinem Arbeitsplatz dreierlei: Mein Mann war damit einverstanden, dreimal die Woche Essen zu kochen und eine Reihe anderer Hausarbeiten zu übernehmen. Mein ältester Sohn bot ebenfalls an, einige zusätzliche Aufgaben im Haushalt zu erledigen, und inzwischen bereitet auch er einmal die Woche abends das Essen zu. All dies hat mir nicht nur den Freiraum verschafft, den ich brauche, um auch einmal Arbeit vom Büro mit nach Hause zu nehmen, sondern ich kann auch besser entspannen – mit meinen Kindern Zeit verbringen und einfach mehr Spaß haben. Mit meiner Chefin habe ich besprochen, daß ich eine Assistentin brauche. Ich habe ihr alle meine Gründe dargelegt und darauf hingewiesen, daß damit nicht nur meine Belastung sinken, sondern die Produktivität der ganzen Abteilung zunehmen würde. Zu meiner Überraschung gab sie mir recht!

Für mich hat sich etwas Entscheidendes verändert. Die Nachtträume von Schließfächern und Schlüsseln sind vorüber. Und tagsüber träume ich nur noch gelegentlich von der Karibik. Mein Leben ist immer noch verrückt und überfordert mich oft, aber es ist wieder zu bewältigen. Und wenn es wieder einmal so sein sollte, wie es war, weiß ich besser Bescheid und kann schneller herausfinden, was ich unternehmen muß.«

Kathryn sagte, sie habe mehrere Monate gebraucht, um den Zusammenhang zwischen den Inhalten ihrer Tagträume und ihrer Nachtträume zu erkennen. Danach erst konnte sie das Problem angehen, von dem sie wußte, daß es der Stoff ihrer Tagträume und ihrer Nachtträume gewesen war. Und da sie aufgrund der Botschaften ihrer Träume erkannt hatte, was ihr eigentliches Problem war, konnte sie auch besser damit umgehen. Eine solche Verhaltensänderung ist aber nicht das Hauptziel der Analyse von Tagträumen und Nachtträumen und ihren Gemeinsamkeiten. Vielmehr geht es um größere Klarheit, um eine bewußtere Wahrnehmung der Dämonen, mit denen Sie ringen und die in Ihren Tagträumen und Nachtträumen in unterschiedlichen Verkleidungen auftreten. Auch hier wieder kann es sehr befriedigend sein, die wahre Natur dessen, was Sie belastet, in Worte zu fassen, weil Ihnen Ihr Problem dann leichter lösbar erscheint. Manchmal ist allein diese Erkenntnis schon ausreichend, weil man sich ruhiger fühlt, wenn man genauer weiß, womit man innerlich wie äußerlich zu kämpfen hat.

Nur scheinbar einfach: Wie knacke ich den »Kern« meiner Tagträume und Nachtträume?

Ein gutes Beispiel ist die Geschichte von Martin, Anwalt und Familienvater in den Fünfzigern, dem durchaus bewußt war, daß er mit der Angst vor dem Älterwerden kämpfte, der aber zunächst keinen Zusammenhang zwischen diesem Konflikt und seinen Träumen erkannte, auch wenn er irgendwie den Verdacht hatte, daß es da eine Verbindung gab.

Besonders verwirrend fand Martin einen ganz einfachen, aber eindrucksvollen Traum, den er in der Nacht vor unserem Gespräch hatte. Er träumte, er gehe eines Nachts Hand in Hand mit seiner Freundin aus der High School den Strand entlang. Die Stimmung war sehr friedlich, und er empfand ein tiefes Gefühl der Befriedigung, weil er einfach mit dem Mädchen spazierengehen und in der warmen, dunklen, sternenklaren Nacht dem leisen Rauschen der Brandung lauschen konnte.

Martin sorgte sich, daß er etwas mit seiner Ehe zu tun haben könnte. »Wir haben die üblichen Kabbeleien, die in jeder Ehe vorkommen«, sagte er, »aber eigentlich sind wir ganz glücklich miteinander. Ich liebe meine Frau sehr, und ich weiß, daß sie mich auch liebt.« Verunsichert fuhr er fort: »Ich habe jahrelang nicht an das Mädchen gedacht. Keine Ahnung, warum ich von ihr träume.«

Ich wies darauf hin, daß er seinen Nachttraum vielleicht besser verstehen würde, wenn er seine Tagträume mit einbeziehen würde. Tagträume reflektieren die Problematik im Hier und Jetzt oft genauer. Da er den Traum mit dem Mädchen in der Nacht vor unserem Gespräch hatte, fragte ich ihn, welche Bilder und Gedanken ihm spontan dazu einfielen.

»Ich war letztes Wochenende in meiner Heimatstadt, um meine Mutter zu besuchen. Dort habe ich das Mädchen aus meinem Traum vor dreißig Jahren kennengelernt. Meine Frau kannte ich damals noch nicht. Ich fuhr an dem Krankenhaus vorbei, in dem mein Vater behandelt wurde, als er das erste Mal Probleme mit dem Herzen hatte – das Mädchen arbeitete dort, und dort lernte ich sie auch kennen. Jetzt fällt mir auch wieder ein, daß ich im Vorbeifahren kurz an sie dachte.« Solche Informationen werden von Traumforschern als »Tagesresiduen« bezeichnet – Erfahrungen im Wachzustand, aus denen einige der Gedanken oder Bilder des Traums hervorgehen.

Dr. Singer, der Pionier der Tagtraumforschung,vertieft diese Theorie. Er nimmt an, daß Nachtträume tatsächlich aus Tagträumen entstehen. Dahinter steht die Überlegung, daß die Ablenkungen des Tages uns daran hindern, auf unsere Tagträume zu achten, und daß wir uns deshalb erst im Schlaf richtig darauf konzentrieren können. Auch wenn nicht alle Traumforscher diese Meinung teilen, besteht doch Einigkeit darüber, daß Tag- und Nachtträume dieselben Auslöser haben – nämlich all das, was uns im Wachzustand beschäftigt.

Ich bat Martin, mir mehr von seinen Gedanken und Gefühlen am Wochenende zu erzählen. »Es war ein schwieriger Besuch. Meine Mutter war früher immer sehr selbständig. Seit dem Tod meines Vaters hat sie allein gelebt. Aber was wir alle befürchtet haben, ist jetzt eingetreten. Sie kann nicht mehr allein in ihrer Wohnung bleiben. Sie vergißt alles. Und sie ißt auch nicht genug – ihr Kühlschrank und ihre Schränke waren fast leer. Sie kann auch nicht mehr Auto fahren, so daß zumindest jemand kommen muß, um sie zum Einkaufen zu fahren. Aber vor allem scheint sie auch zu vergessen, wenn etwas auf dem Herd kocht. In einigen ihrer Töpfe war irgend etwas eingebrannt, und als ich sie darauf ansprach, lachte sie einfach. Früher ist das nie passiert, und ich habe Angst, daß sie irgendwann das Haus in Brand setzt und darin umkommt.

Meine Schwester und ich müssen jetzt eine Entscheidung treffen, mit der meine Mutter in keinem Fall einverstanden sein wird – ob nun jemand ganztags bei ihr im Haus bleibt oder ob wir sie in irgendein Heim geben. Das wird nicht einfach.«

Dies alles waren Assoziationen zu Martins Traum, obwohl ihm das nicht gleich bewußt wurde. Durch diese Assoziationen konnten wir uns der symbolischen Bedeutung, der verschlüsselten Botschaft seines Traumes annähern.

Martin hatte gesagt, daß er sich während des Besuchs bei seiner Mutter an vieles erinnert hatte. Auf der Fahrt durch die Stadt kam er an einigen Marksteinen seines Lebens vorbei. Er ging über den Campus der High School, die er und seine Schwester besucht hatten. Er fuhr an dem Haus vorbei, in dem sie aufgewachsen waren. Er sah das Geschäft, in dem er seinen ersten Job hatte, und das Basketball-Feld, auf dem er und seine Freunde unzählige Male zusammen gespielt hatten. Und er kam an dem Krankenhaus vorbei, in dem sein Vater seine letzten Tage verbracht hatte. Martin sagte: »Dort habe ich das Mädchen aus dem Traum kennengelernt. Ich war nicht lange mit ihr zusammen. Ich war aus dem College zurück und besuchte meinen Vater im Krankenhaus – nachdem er seinen ersten Herzinfarkt hatte. Sie machte in dem Krankenhaus eine Ausbildung als Krankenschwester und legte ihm den Zugang für seine Infusionen. Ich fragte spaßeshalber, ob sie das denn auch wirklich weiß, wie das geht, und sie ging auf meine Frotzelei ein. Wir trafen uns öfter, solange ich zu Hause war, und dann noch ein paar Mal, als ich zu Besuch kam. Dann schrieb sie mir, sie wolle sich verloben. Unsere Geschichte war nie sehr ernsthaft gewesen, deshalb war ich auch nicht verärgert oder enttäuscht. Aber ich fand es gut, daß sie mir gegenüber so ehrlich war und mir schrieb. Schließlich hätte sie auch warten können, bis ich sie anrief, wenn ich das nächste Mal kam. Ich fand es nett von ihr, daß sie mich vorwarnte.«

»Sie haben ihr gegenüber also ein gutes Gefühl?« fragte ich.

»Ja, sie half mir durch eine schwere Zeit. Und sie war auch

später noch nett – als mein Vater nicht mehr im Krankenhaus lag.«

Ich wiederholte seine Worte: »Sie half Ihnen durch eine schwere Zeit – und sie war auch später noch nett.« Martin schwieg. »Kann es sein, daß Sie sich nach jemandem sehnen, der das auch jetzt für Sie tut?«

»Komisch, daß Sie das so sehen. Ich glaube, genau das will ich.« Martin machte in der Tat eine schwierige Zeit durch, nicht nur wegen der Probleme mit seiner Mutter, sondern auch, weil er sich damit auseinandersetzen mußte, daß er älter wurde. Das war ihm erst klargeworden, als er seine eigenen Worte gehört hatte und sie unmittelbar auf das Hier und Jetzt und auf das bezogen hatte, was er gerade empfand: Sein Traum zeigte ihm in verschlüsselter Form, wonach er sich sehnte – nämlich danach, daß sich jemand um ihn kümmerte, wie es die junge Frau vor so vielen Jahren getan hatte.

Erst als ich Martins Worte wiederholte, konnte er diesen Zusammenhang herstellen. Doch er merkte bald, daß er – wir wir alle – auch selbst seine Worte wiederholen und damit aufschlußreiche Assoziationen zu den Gefühlen in seinem jetzigen Leben entwickeln konnte. Dies ist einer der größten Vorteile davon, seine Gedanken auszusprechen. Manchmal genügt es schon, sich einfach zuzuhören, und schon wird einem klarer, was einen eigentlich beschäftigt. Dasselbe gilt für die Niederschrift von Gedanken: Plötzlich erscheinen sie einem anders, klarer und bedeutungsvoller.

Natürlich kommt es auch vor, daß wir unsere eigenen Worte nicht so klar »hören« oder »lesen« können und daß wir jemanden brauchen (in diesem Fall war das ich als Martins Therapeutin, es könnte aber ebenso gut ein Freund oder Kollege gewesen sein), der für uns wiederholt, was wir gesagt haben. Die Entschlüsselung unserer eigenen Worte gelingt oft nur annähernd und unvollkommen. Wir alle haben unsere blinden Flekken, und so kann es durchaus sinnvoll sein, eine von außen kommende Sichtweise mit einzubeziehen.

Da Martin nun begonnen hatte, einige der symbolischen Bedeutungen seines Nachttraums in Worte zu fassen, konnte er auch die schmerzlichen Gefühle und Gedanken zulassen, die er während des Besuchs bei seiner Mutter zu verdrängen versucht hatte.

Es ist nicht ungewöhnlich, mehr als ein Gefühl aus unserem Bewußtsein auszublenden, deshalb sind in einem Tagtraum oder Nachttraum mehrere unangenehme Gefühle symbolisiert. Martin erzählte, daß er bei der Rückkehr zu seiner High School an seine Triumphe auf dem Basketball-Feld gedacht hatte, an seine Tage in dem Geschäft, in dem er gearbeitet hatte, und an seinen Stolz darauf, daß er zum ersten Mal Geld verdient hatte und sparen konnte. Angesichts der Assoziationen, die ihm schon im Zusammenhang mit dem Nachttraum von seiner Freundin in den Sinn gekommen waren, erkannte er nun, daß er in seinen Tagträumen wie in seinen Nachtträumen um seine verlorene Jugend trauerte. Anders gesagt: Martin war es in seinen Tagträumen und seinen Nachtträumen gelungen, die Uhr vorübergehend zurückzudrehen – zurückzukehren in eine Zeit, in der er noch jung war, in der sein Vater noch lebte und seine Mutter noch vital und gesund war. Martin konnte so wenigstens vorübergehend die unangenehmen und problematischen Gefühle vermeiden, die er im Hinblick auf die Zukunft seiner Mutter und auf seine eigene Zukunft hatte.

Der Traum von der Krankenschwester/Freundin symbolisierte ein anderes Gefühl, das Martin zu vermeiden suchte. In unserem Gespräch wurde uns beiden klar, daß er sich über seine Frau und seine Schwester ärgerte, weil sie sich nicht mehr um seine Mutter sorgten und ihn zuwenig unterstützten. Obwohl er seine Frau liebte und sie normalerweise ganz gut miteinander zurechtkamen, war er doch verletzt und verärgert, weil seine Frau sich so wenig in ihre Schwiegermutter einfühlen konnte. Durch seinen Traum rächte sich Martin indirekt und unbewußt, indem er sich in diesem Traum mit der anderen Frau zusammentat, von der er glaubte, sie könne sich besser in seine schlimme Lage versetzen.

Unsere Tagträume und unsere Nachtträume enthalten eine Fülle von Informationen über uns selbst. Wie wir bei Martin gesehen haben, müssen wir uns selbst gegenüber geduldig sein und gelegentlich auch Hilfe von außen annehmen, um diese Informationen von den oft irreführenden Traumsymbolen trennen zu können, in die sie verstrickt sind. Manchmal – und das erscheint zunächst vielleicht verwirrend – erkennen wir, daß unsere Träume negative Gefühle uns selbst gegenüber verstärken. Dieses Phänomen wollen wir weiter unten eingehender besprechen. Da es aber durchaus passieren kann, daß Sie relativ rasch, nämlich schon während der ersten Übungen in diesem Buch und beim Nachdenken über die Bedeutung Ihrer Tagträume und Ihrer Nachtträume, auf solche Selbstvorwürfe stoßen, wollen wir doch gleich ein paar Worte darüber verlieren.

Evelyns Geschichte, die einer berufstätigen Frau Mitte Vierzig, ist ein anschauliches Beispiel für dieses Phänomen. Nachdem sie eine unerfreuliche Scheidung und einen anstrengenden Umzug hinter sich gebracht hatte, hatte sie ihr Leben wieder in geordnete Bahnen gelenkt und fühlte sich stärker und sogar zufriedener als jahrelang zuvor. Dann hatte sie eines Nachts den folgenden Traum: »Ich ging auf eine Party. Die Anwesenden ignorierten mich alle. Ich fühlte mich total abgelehnt. Anschließend mußte ich zur Arbeit. Die Party war nun in meinem Büro, und ich mußte mitten durch die Anwesenden hindurch, um zu meinem Schreibtisch zu gelangen. Ich fühlte mich schrecklich. Ich dachte: ›Egal, dann tue ich eben meine Arbeit, und die anderen können weiterfeiern.‹ Daraufhin hatte ich irgendwie ein besseres Gefühl, und ich konzentrierte mich auf meine Arbeit.«

Evelyns erster Gedanke zu diesem Traum war: »Ich finde nie neue Freunde. Ich werde mich immer ausgeschlossen fühlen.« Aber sie hatte sich schon früher mit ihren Träumen beschäftigt und hatte gelernt, die entscheidenden Fragen zu stellen: »Warum ist mir gerade diese Geschichte eingefallen?« Sie ließ die Gefühle zu, die der Traum in ihr wachgerufen hatte, und war dann selbst überrascht über die plötzliche Erkenntnis, die sie daraus gewann. »Abgelehnt zu werden ist ein Gefühl, das mir sehr vertraut ist. Es erscheint mir ganz natürlich.« Dennoch konnte Evelyn dieses Gefühl nicht mit ihrer neuen Lebenssituation in Verbindung bringen. Sie hatte sich in letzter Zeit, wie sie sagte, viel selbstsicherer gefühlt, viel zufriedener und enger verbunden mit den Menschen in ihrer Umgebung, und zwar sowohl, was ihre Familie, als auch, was ihre Kollegen anging – also gerade das Gegenteil von »abgelehnt«. »Mir kommt es vor, als habe man mir eine neue Persönlichkeit transplantiert. Ich bin einfach nicht daran gewöhnt, akzeptiert zu werden. Wahrscheinlich frage ich mich, wo dieses neue Selbst herkommt.« In ihrem Traum dagegen hatte Evelyn eine Realität entworfen, die schmerzlich, aber vertraut war – eine Realität, die irgendwo der »Wahrheit« über sie zu entsprechen schien. Ihre Formulierung von der »transplantierten Persönlichkeit« war äußerst aufschlußreich: Evelyn fühlte sich, als habe man ihr ihre Zufriedenheit von außen aufgepflanzt und als sei dies gar nicht die wahre Evelyn.

Ich vermutete, daß sie in ihrem Traum beschlossen hatte, zu ihrem alten Selbst zurückzukehren, das sie offenbar beruhigte. Sie stimmte zu und erkannte plötzlich, daß sie sich mit dieser »Zufriedenheit« in ihrem neuen Leben irgendwie nicht wohl fühlte. »Erst gestern habe ich gedacht: ›Laß bloß die Bäume nicht allzu hoch in den Himmel wachsen!‹ Wahrscheinlich habe ich mit meinem Traum einfach versucht, mich wieder auf den Boden der Tatsachen zu holen.« Evelyn erkannte, daß das ein Tagtraum war; sie hatte einen flüchtigen Augenblick lang gemeint, sie nehme sich zu wichtig, sei allzu vertrauensselig und dumm. Ihre Tagträume und ihre Nachtträume griffen ineinander: Sie veranschaulichten ihren Impuls, zu ihrem schmerzlichen, aber vertrauten (und deshalb beruhigenden) alten und »abgelehnten« Selbst zurückzukehren. Diese Erkenntnis brachte Evelyn auf einen anderen Gedanken: Sie stellte fest, daß sie im Kopf durchspielte, welchen Preis sie zu zahlen haben würde, wenn sie allzu glücklich wäre. »Mir fiel ein, daß es schon einmal übel ausgegangen war, als ich zugelassen hatte, daß ich allzu glücklich war. Am Ende kam die große Enttäuschung!«

Sowohl Evelyns Tagträume als auch ihre Nachtträume waren Reaktionen auf das ihr wenig vertraute Gefühl, mit sich selbst zufrieden zu sein. Sie fühlte sich befreit und glücklich, aber auch verletzbarer. Ihre innere Warnung, sich lieber nicht allzu sehr zu freuen, erinnerte sie daran, daß ihr gutes Gefühl sie auch schutzloser machte und daß sie besser auf der Hut sein sollte. Der erste warnende Hinweis in ihrem Tagtraum funktionierte offenbar nicht ganz, denn sie war an diesem Tag auch weiterhin zufrieden. Dennoch blieb ihre Angst, und so verstärkte sich in ihrem Nachttraum der Konflikt, der sie nicht nur darauf hinwies, daß sie irgendwann ja doch wieder abgelehnt werden würde, sondern der ihr auch das Gefühl gab, daß sie mit dieser Ablehnung ganz gut leben konnte, weil dieses abgelehnte Selbst die »wahre« Evelyn war.

Als Evelyn klar wurde, daß ihre Tagträume und ihre Nachtträume eine Art Selbstschutz waren, sagte sie sich: »Also gut, ich weiß jetzt, daß ich Angst davor habe, verletzt zu werden. Aber wenn ich mich abgelehnt fühle, bin ich auch verletzt! Jetzt arbeite ich einfach mal daran, mich nicht mehr *schlecht* und verletzlich, sondern *gut* und verletzlich zu fühlen.« Evelyns Träume zeigten, welche Schwierigkeiten sie hatte, neue Gefühle in ihr Selbstbild zu integrieren. Doch sie waren auch Vorboten einer Veränderung: Der Konflikt, den sie zum Ausdruck brachten, war eigentlich das Zeichen einer neuen und interessanten Entwicklung von Evelyns Persönlichkeit.

Träume als Versuch der Problembewältigung

Gefühle, mit denen wir uns nicht unmittelbar auseinandersetzen wollen, tauchen oft verschlüsselt in unseren Tagträumen und unseren Nachtträumen auf. Wie wir bei Martin und Evelyn gesehen haben, können wir diesen Schutzmechanismus des Verschlüsselns aber auch als einen Versuch unserer Psyche sehen, mit schwierigen Gefühlen umzugehen und emotionale Konflikte zu lösen. Dr. Fiss hat festgestellt, daß Nachtträume und Tagträume uns helfen, schwierige Situationen durchzuarbeiten, mit anderen Menschen umzugehen, uns unbewußte Informationen über uns selbst zu vermitteln und inakzeptable Gefühle zum Ausdruck zu bringen. Zweitens hat er herausgefunden, daß Nachtträume ebenso wie Tagträume meistens von Situationen und Konflikten handeln, die uns auch im Wachzustand beschäftigen. Er und seine Kollegen kamen in verschiedenen Studien zu dem Ergebnis, daß nicht nur unser Selbstbewußtsein wächst, sondern auch unsere Fähigkeit, Probleme zu lösen und mit den Schwierigkeiten in unserem Leben fertigzuwerden, wenn wir uns mit unseren Nachtträumen auseinandersetzen.

Gibt es eine Möglichkeit, dieses Konfliktlösungspotential in unseren Träumen bewußter zu machen? Können wir die in unseren Träumen enthaltenen Informationen so wie Evelyn dazu nutzen, unsere Probleme zu lösen?

Die folgende zweiteilige Übung wird Ihnen dabei helfen.

Übung

Nachtträume nutzen, um Probleme zu lösen

Teil I

Legen Sie Ihr Tagtraum-Tagebuch und einen Stift auf Ihren Nachttisch oder neben Ihr Bett. Notieren Sie eine Woche lang jeden Morgen, an welche Träume Sie sich erinnern. Machen Sie sich nichts daraus, wenn Ihnen nur Bruchstücke einfallen, oder wenn Sie sich ein- oder zweimal an gar nichts erinnern. Wenn Sie vorhaben, sich an Ihre Träume zu erinnern und Ihre Erinnerungen aufzuschreiben, werden diese Erinnerungen schließlich regelmäßiger und detaillierter sein.

Meinen Sie nicht, Sie müßten nun seitenlange Traumberichte schreiben. Ein paar Sätze, oder auch nur ein paar Worte, mit denen Sie die wichtigsten Vorstellungen festhalten, reichen aus. Wenn Sie mitten in der Nacht aufwachen und sich an einen Traum erinnern, sollten Sie ihn sofort aufschreiben – glauben Sie nicht, Sie würden sich am nächsten Morgen noch daran erinnern (in neun von zehn Fällen klappt das nämlich nicht).

Wenn Sie nicht gern schreiben, sollten Sie einen Kassettenrecorder neben Ihr Bett stellen und Ihre Erinnerungen auf Band sprechen. Sprechen Sie möglichst jeden Tag mit einem anderen Menschen über Ihre Träume. Bitten Sie Ihren Freund/Ihre Freundin, Ihre Träume nicht zu analysieren: Es geht für Sie zunächst lediglich darum, Ihre Träume in Worte zu fassen, so daß Sie die wesentlichen Inhalte besser behalten.

Teil II

1. Vielleicht stellen Sie fest, daß das Aufschreiben, Aufnehmen oder Erzählen Ihrer Träume Ihnen bereits eine neue Perspektive eröffnet. Manchmal zeigen sich schon erste Deutungsmöglichkeiten, wenn man seine Träume einfach in Worte faßt.

Um Ihre Traumsymbole besser zu verstehen, sollten Sie jedoch sämtliche Elemente Ihres Traums (ein Bild, eine Person, eine Frage oder Aussage) aufschreiben, die Ihnen irgendwie merkwürdig erscheinen oder auffallen. Notieren Sie dann alle Gedanken und Überlegungen, die Ihnen im Zusammenhang mit diesen Elementen einfallen.

2. Stellen Sie sich die Fragen, die Sie sich im Zusammenhang mit Ihren Tagträumen auch gestellt haben:

a. Welche Geschichte erzähle ich mir in diesem Traum?
b. Warum erzähle ich mir gerade diese Geschichte? Was will ich damit erreichen?
c. Warum erzähle ich mir diese Geschichte gerade jetzt? Was in meinem derzeitigen Leben gibt ihr ihre Bedeutung?

Wie bei Ihren Tagträumen sollten Sie auch jetzt alles aufschreiben, was Ihnen einfällt. Wahrscheinlich fallen Ihnen keine einfachen und endgültigen Antworten auf diese Fragen ein. Aber selbst, wenn Ihnen Ihre Antworten abwegig erscheinen, sollten Sie sie aufschreiben und darüber nachdenken. Lassen Sie alle Gedanken zu, und bemühen Sie sich, nichts zu zensieren, was Ihnen zunächst vielleicht albern vorkommt.

In welcher Weise kann all das dazu beitragen, Ihre Probleme zu lösen? Wenn Sie Ihre Tagträume und Nachtträume in Worte fassen und sich die entsprechenden Fragen stellen, fangen Sie an, den Bezug zu den zugrunde liegenden, indirekten oder verzerrten Bedeutungen dieser Mitteilungen zu entdecken. Und je mehr Übung Sie darin haben, Ihren Gedanken in dieser Weise freien Lauf zu lassen, desto interessantere Ideen fallen Ihnen ein – und desto eher erkennen Sie den Zusammenhang zwischen Ihren Träumen (bei Tag und bei Nacht) und Ihrem Alltag. Diese Erkenntnisse können dazu beitragen, daß Sie Ihre Entscheidungen und Ihr Verhalten eindeutiger an dem orientieren, was Sie als Ihre wahren Bedürfnisse erkennen. Das muß nicht immer in konkretes Handeln resultieren. Martins Erkenntnis beispielsweise, daß er sich vor dem Älterwerden fürchtete und daß er seiner Frau böse war, weil sie sich so wenig um seine Mutter kümmerte, ermöglichte ihm einfach, besser zu verstehen, was er tatsächlich empfand. Es ging eigentlich gar nicht darum, sein Verhalten zu ändern, sondern um die Erkenntnis, daß er mehr empfand, als er sich eingestand. Allein durch diese Einsicht haben seine Ängste nachgelassen. Nachdem einige beunruhigende Gefühle ans Licht gekommen sind, über die er zuvor gar nicht nachzudenken wagte, erlebt er nun ein Gefühl der Ganzheit, ja sogar eine gewisse innere Heiterkeit und Abgeklärtheit seinen Alltagsproblemen gegenüber. Evelyn dagegen setzte ihre neuen Erkenntnisse in ein neues Verhalten um, und ganz sicher veränderte sie auch ihre Einstellung. Sie kann sich inzwischen bewußter dafür entscheiden, sich »gut und verletzlich« anstatt »schlecht und verletzlich« zu fühlen. Sie entwickelt sich jetzt – dank ihrer Tagträume und Nachtträume – organischer, weil sie mehr über ihre »ungedachte« Angst vor Veränderungen weiß, die ihre unbewußte Verhaltensrichtschnur gewesen war.

Wenden wir uns nun einigen spezifischen Arten von Tagträumen zu, um festzustellen, in welcher Weise sie zu einer größeren Selbsterkenntnis beitragen können. Denken Sie daran, daß Sie jede meiner Fragen auch sich selbst stellen können, um so den Entwicklungsprozeß jeder von mir beschriebenen Person nachzuvollziehen und auch die Botschaften zu erschließen, die in ihren inneren Monologen enthalten sind.

Zweiter Teil

Einleitung

Inzwischen haben Sie ein Gespür dafür entwickelt, wie Ihre Tagträume – die Fenster zu Ihrer Psyche – funktionieren. Sie wissen, daß Ihre Tagträume Ihnen helfen, Erfahrungen zu verarbeiten und zu organisieren, Probleme zu lösen und sich auf zukünftige Ereignisse vorzubereiten, daß sie das oft im stillen tun, ohne daß Sie es bemerkten oder bewußt daran teilhätten, und daß sie Ihnen einiges über die unerkannten Grundüberzeugungen vermitteln können, in deren Rahmen sich Ihr Verhalten, Ihr Denken und Ihre Entscheidungen bewegen.

Wie nun können Sie dieses neugewonnene Wissen einsetzen, um Probleme in Ihrem Alltag zu lösen? Wie können Ihre Tagträume auf Ihren Job, Ihre Freundschaften, Ihr Liebesleben, Ihr Familienleben Einfluß gewinnen? Mit diesen Fragen wollen wir uns als nächstes beschäftigen. In den folgenden Kapiteln werden Sie weiter in die Welt der Selbsterkenntnis reisen, und Ihre Tagträume sollen Ihnen dabei zugleich Fahrzeug und Fahrbahn sein. Die authentischen Beispiele und Übungen in diesen Kapiteln werden Ihnen helfen, die faszinierenden Signale aus Ihrem Innenleben zu erkennen und zu nutzen. Bedenken Sie dabei aber auch, daß Ihre eigenen Erfahrungen ganz spezifisch sind: Obwohl Ihre Bilder und selbst Ihre Probleme identisch sein mögen mit den dargestellten Beispielen, sind die Symbole Ihrer Tagträume doch Ihre eigenen. Ich habe durchgängig darauf hingewiesen, daß ein und dasselbe Symbol für verschiedene Menschen ganz unterschiedliche Bedeutungen haben kann. Sie sind inzwischen vertraut mit der grundlegenden Technik, Ihre Gedanken frei schweifen zu lassen und die Geschichten und Themen dieser Gedankenreisen zu entdecken. Mit den Übungen in diesem Buch werden Sie noch besser in der Lage sein, die besondere Bedeutung der Bilder in Ihren Tagträumen herauszufinden.

In einigen Ihrer Tagträume kommen Ihre wahren Ziele zum Ausdruck; diese Tagträume zeigen Richtungen auf, in die Sie gehen und Leistungen, die Sie vollbringen wollen. Doch wir wissen inzwischen auch, daß diese Ziele sich nicht immer ohne weiteres erschließen. Im folgenden wollen wir daher verschiedene Tagträume nach verschlüsselten Hinweisen auf die eigentlichen Ziele und den Weg dahin absuchen. Außerdem wollen wir feststellen, in welcher Weise Sie Ihrem eigenen Fortschritt im Wege stehen, wie Sie sich immer wieder selbst ein Bein stellen und wie Sie sich an genau dem hindern, was Sie eigentlich erreichen wollen. Wir werden herausfinden, wie sich solche Probleme mit Hilfe unserer Tagträume lösen lassen und wie wir uns gleichzeitig unseren wirklichen Zielen annähern können. Das alles ist nicht leicht, deshalb verändern wir unsere Persönlichkeit auch selten von heute auf morgen. Doch mit der wachsenden Selbsterkenntnis, die wir durch die Analyse unserer Tagträume gewinnen, können wir das Prisma ein klein wenig weiterdrehen; und diese leichte Verschiebung in der Wahrnehmung unserer eigenen Erfahrung und unserer Verhaltensmuster kann unser Leben entscheidend verändern.

Aus heiterem Himmel: Wie wir unsere Tagträume für unsere Arbeit nutzen können

Rachel, die jahrelang eine progressive Grund- und Hauptschule geleitet hatte, war auf die unkonventionellen Lehrmethoden ihrer Schule immer stolz gewesen. Die Kinder wurden nicht nur nach ihrem Alter oder ihrer »Leistung« eingestuft, sondern nach ihren Fähigkeiten und Interessen. Sie waren allesamt richtige Energiebündel. Man hatte den Eindruck, daß sie sich nie auch nur eine Minute langweilten; sie waren ständig mit irgend etwas beschäftigt und in irgend etwas vertieft. Eines Tages kam ein berühmter Schauspieler in die Klasse seiner Tochter. Er wandte sich an die Lehrerin und sagte: »Irgendwie beunruhigt es mich zu sehen, daß die Kinder sich so sehr auf ihre Schulaufgaben konzentrieren.« Die Lehrerin starrte ihn entgeistert an: Die Energie und das Engagement der Kinder waren doch gerade der Pluspunkt ihrer Schule! Der Schauspieler fuhr fort: »Als Kind habe ich mich in der Schule zu Tode gelangweilt. Ich träumte unentwegt vor mich hin. Und aus diesen Tagträumen schöpfe ich heute noch die meisten Inspirationen für meine Arbeit.«

Was der Schauspieler sagte, war durchaus auch ernst gemeint. In seinen Äußerungen kommt die Überzeugung zum Ausdruck, daß Tagträume Augenblicke sind, in denen man sich nach innen wendet, mit sich selbst kommuniziert, verschiedene Gedanken und Gefühle und sogar verschiedene Identitäten erprobt. In unseren Tagträumen können wir die Realität auf den Kopf stellen und das Innerste nach außen kehren. Wir können über das nachdenken, was wir gar nicht wissen, uns etwas nie Gefühltes vorstellen und erkunden und die Dinge aus einer anderen, ungewöhnlichen Perspektive betrachten.

Diese Verschiebung der Wahrnehmungsperspektive ist die Grundlage für das, was Sozialpsychologen als »kreatives Problemlösen« bezeichnen: die Fähigkeit, unsere Gedanken in zufällige und manchmal verwirrende Bahnen zu lenken, bis sich daraus die Lösung eines Problems ergibt. Kreatives Problemlösen setzt voraus, daß man eine Situation gelegentlich auf den Kopf stellt oder von der Seite betrachtet, um aus dem dann völlig veränderten Blickwinkel zu einer bis dahin nicht erkannten Lösung zu gelangen.

Manche Berufe sind ohne kreatives Problemlösen gar nicht denkbar; aber haben Sie schon einmal überlegt, daß Sie in Ihrem Job genau dasselbe tun? Weisen Sie das nicht gleich von sich, nur weil Sie meinen, Ihr Job sei öde und langweilig. Weiter unten in diesem Kapitel werden Sie feststellen, daß Sie vielleicht gerade deshalb kein Interesse an Ihrer Arbeit haben, weil Sie bestimmte Aspekte Ihres kreativen Potentials abwehren und weil umgekehrt Ihr mangelndes Interesse dazu beiträgt, Ihre Kreativität zu blockieren. Wir werden uns in diesem Kapitel unter anderem damit beschäftigen, wie Sie Ihre Tagträume nutzen können, um dieses schwer faßbare – und faszinierende – kreative Potential für Ihre Arbeit anzuzapfen.

Zunächst einmal muß Ihnen klar sein, daß Sie unabhängig von Ihrem Beruf – ob Sie nun Sekretärin oder Buchhalter, Börsenmakler oder Lehrerin, Kassiererin, Anwalt oder Hausfrau sind – Tag für Tag die unterschiedlichsten Probleme lösen. Vielleicht sind diese Probleme nicht besonders groß, und Sie haben auch noch nie daran gedacht, daß man besonders kreativ sein muß, um sie lösen zu können. Dennoch verfügen Sie über diese Fähigkeit. Und sobald Sie wissen, wie Sie diese vorhandene Fähigkeit steuern, können Sie sie auch nutzen, um mit Hilfe Ihrer Tagträume Probleme zu lösen, die über Ihre bisherigen Fähigkeiten hinausgehen.

Das Unterste zuoberst kehren: Wie man Probleme löst, indem man seine Perspektive verändert

Jennifer war Mitte Vierzig und erfolgreiche Programmiererin bei einem großen Finanzdienstleister. Das Unternehmen war dabei, Stellen zu streichen, und Jennifers Job sowie der Job ihres unmittelbaren Vorgesetzten waren gefährdet. Sie hatte sich von ihrem Chef nie besonders unterstützt gefühlt, doch in dieser kritischen Situation verhielt er sich noch schlimmer. Jennifer erklärte: »Er steht extrem unter Druck. Für uns alle ist das eine harte Zeit, aber ich glaube, er sorgt sich noch mehr als wir. Ich mache mir natürlich auch Sorgen – schließlich bin ich bei uns in der Familie die Haupternährerin. Aber ich kann meine Fähigkeiten wohl ganz gut verkaufen, und irgend etwas werde ich schon finden. Außerdem brauche ich kein männliches Ego aufrechtzuhalten. So wie der Markt derzeit aussieht, wird er sich schwertun, einen vergleichbaren Job mit einer vergleichbaren Entlohnung zu finden. Aber selbst wenn ich mich wirklich so aufregen würde wie er, würde ich mich nie so verhalten und es an den anderen auslassen. Er ist frustriert und aggressiv, ganz zu schweigen davon, daß er überhaupt nicht mit uns kooperiert.« Zu allem Unglück lief das Projekt, an dem sie arbeiteten, nicht besonders gut. Weder Jennifer noch ihre Mitarbeiter fanden heraus, wo das Problem lag. »Und außerdem«, sagte sie, »trägt mein Chef nicht das Geringste dazu bei, das Problem zu lösen. Was er sagt – und er sagt viel –, ist immer nur kritisch gemeint.«

Eines Morgens zwang sich Jennifer, vor der Arbeit zu joggen, obwohl sie dafür extra früh aufstehen mußte. Beim Laufen ließ sie ihre Gedanken schweifen: zuerst in den strahlend blauen Himmel und die glasklare Luft, dann zu dem befriedigenden Gefühl, so früh aufgestanden zu sein und zu joggen, noch bevor ihre Kollegen überhaupt wach waren, und schließlich zu einer kurzen Diskussion mit sich selbst darüber, ob sie sich, wenn sie so viele Kalorien verbrauchte, nicht doch anschließend einen gefüllten Doughnut leisten sollte. Ihre Gedanken wandten sich kurz dem vor ihr liegenden Arbeitstag zu, und dann, sie wußte auch nicht warum, fiel ihr ihre frühere Mitbewohnerin im Studentenwohnheim ein. Sie lief mit kurzen Atemstößen und mußte grinsen, als sie voller Vergnügen an die leichtsinnigen Eskapaden ihrer Jugend dachte. Vor allem eine dieser Aktionen hatte für recht viel Lärm gesorgt, als sie nämlich gemeinsam mit ihrer Mitbewohnerin lange nach Mitternacht die Möbel umgestellt hatte, um ihr vollgestopftes Studentenzimmer gemütlicher zu machen – wobei sie beide völlig vergessen hatten, daß die Aufseherin des Wohnheims unmittelbar unter ihnen wohnte. Am Tag darauf wurden sie ins Büro des Heimleiters gebeten und aufgefordert, einen Entschuldigungsbrief zu schreiben. Jennifer grinste noch ein bißchen breiter, als sie sich an das Gelächter erinnerte, mit dem sie ihren ersten (keineswegs entschuldigenden und später auch nicht abgeschickten) Brief entworfen hatten.

Später an diesem Tag fiel Jennifer der Vorfall noch einmal ein. Sie fing an, auf die Gedanken zu achten, die mit dieser Erinnerung zusammenhingen. Dabei fiel ihr ein wichtiges Thema auf, das sich durch viele ihrer Assoziationen zog. Sie erkannte, daß der Tagtraum, der zunächst »aus heiterem Himmel« zu kommen schien, einen wichtigen Hinweis auf die Lösung ihres Problems am Arbeitsplatz enthielt. Erstens wurde ihr klar, daß die Lösung offensichtlich war, sobald sie einige der Elemente des Problems neu arrangierte (so wie sie gemeinsam mit ihrer Zimmergenossin die Möbel umgestellt hatte). Zugleich erkannte sie, daß sie bis dahin eine andere entscheidende Assoziation übersehen hatte. »Es war wie das Spiel, das wir immer in der Grundschule gespielt haben. Mitten am Vormittag sagte unsere Lehrerin irgendwann: ›Jetzt wird das Unterste zuoberst gekehrt‹, und wir mußten dann die Plätze wechseln. Es war jedesmal ein Chaos, aber so setzten wir uns neben Kinder, neben denen wir sonst nie saßen. Für uns war das einfach ein großer Spaß, und anschließend fiel es uns leichter, uns auf unsere Arbeit zu konzentrieren oder zuzuhören. Wenn ich die Dinge umkehrte, würde ich also den Status quo verändern – ich mußte offen meinem Chef entgegentreten, der davon überzeugt war, daß die Lösung in dem Konzept lag, das wir bereits fertig hatten. Ich weiß nicht warum, aber seitdem er in letzter Zeit mir gegenüber so kritisch ist, fällt es mir schwer, *ihn* zu kritisieren. Trotzdem weiß ich, daß ich recht habe. Wir müssen das Ganze auf den Kopf stellen, um zu einer Lösung zu gelangen.«

Ich bat Jennifer, mir zu berichten, welche Bilder ihr zuerst in den Sinn gekommen waren, als sie daran dachte, ihren Chef zu kritisieren. »Ich kann mir sein Gesicht lebhaft vorstellen. Er wird peinlich berührt und vielleicht sogar gedemütigt aussehen.« Sie kicherte und sah dann plötzlich ernst drein: »Wissen Sie, ich bin nicht nachtragend« – vielleicht wollte sie sich selbst genauso beruhigen wie mich –, »aber er verdient es einfach. Es wäre noch untertrieben zu sagen, er habe mich nicht unterstützt.« Sie schwieg einen Augenblick lang und sagte dann: »Mir ist gerade unsere Aufseherin im Studentenwohnheim wieder eingefallen. Bisher habe ich nie darüber nachgedacht, aber sie war eine überkritische Person. Meine Zimmergenossin und ich hätten sie nicht absichtlich gestört, aber ich habe mich auch nicht wirklich darum gekümmert, ob unser kleiner Streich in der Nacht sie wecken könnte. Sie hat es fast irgendwie verdient, weil sie alles, was wir taten, nur ablehnte und kritisierte.«

Jennifer hatte fast dieselben Worte gebraucht, um das Verhalten ihres Chefs zu beschreiben. Als sie erkannte, wie ähnlich ihre Gefühle den beiden Personen gegenüber waren, erfuhr sie auch über sich selbst etwas, das ihr gar nicht so angenehm war: Offensichtlich hatte sie doch eine »nachtragende« Ader. Das verdrängte Bedürfnis, ihrem Chef eins auszuwischen, hatte mit dazu geführt, daß ihr keine Problemlösung eingefallen war: Denn ihre Lösung war auch eine kleine Rache. Als sie sich diese unterdrückte Facette ihrer Persönlichkeit eingestanden hatte, konnte sie ihr gesamtes Selbst in den Problemlösungsprozeß einbringen und eine kreative Lösung finden.

Dies ist einer der Vorteile – und eine der »Gefahren« – der

Analyse von Tagträumen. Sie werden vieles über sich selbst herausfinden, aber was Sie erkennen, wird Ihnen nicht immer gefallen. Bedenken Sie immer: Wir alle haben verschiedene Wesenszüge, von denen manche liebenswert sind, manche aber auch nicht. Geraten Sie nicht in die Falle, sich über einen einzigen Charakterzug zu definieren. Je mehr Facetten Ihres Selbst Sie bewußt zulassen können, desto mehr Verhaltensalternativen und Lösungen stehen Ihnen zur Verfügung.

In ihrer komplexen Art verbergen und enthüllen Tagträume unser multidimensionales Selbst. Wir haben eben dargestellt, wie wir beängstigende oder verstörende Gefühle in Schach halten, um uns vor problematischen, schmerzlichen oder überwältigenden Empfindungen zu schützen. Diese verdrängten Gefühle können sich auf etwas beziehen, das uns beschämend erscheint oder peinlich ist – wie Jennifers Rachsucht. Aber für die Unkenntnis von Gefühlen, die wir uns nicht eingestehen wollen, müssen wir einen hohen Preis zahlen: Wir schränken nicht nur, so wie Jennifer, unsere Verhaltensalternativen in jeder Problemlösungssituation ein, sondern auch unsere Fähigkeit, unsere eigentlichen Träume zu erkennen und zu verwirklichen.

So haben Sie vielleicht immer schon davon geträumt, Medizin zu studieren, aber immer kam irgend etwas dazwischen. Jetzt sagen Sie sich, Sie haben sich beruflich schon zu sehr auf einen anderen Beruf festgelegt, Ihre Familie sei Ihnen zu wichtig und Sie seien zu alt. Vielleicht aber haben Sie gar nie wirklich den Versuch unternommen, weil nämlich Ärzte viel Macht besitzen und Sie sich davor gefürchtet haben, beziehungsweise die Vorstellung nicht zulassen konnten, daß Sie selbst so viel Macht haben könnten. Leicht ist diese Erkenntnis allerdings nicht zu finden: In Wirklichkeit müssen Sie der langen und gewundenen Spur Ihrer zufälligen (aber beziehungsreichen) Gedanken folgen, um auf sie zu stoßen. Einmal angekommen, haben Sie dafür Zugang zu anderen Tagträumen über Ihre eigene Macht – und Ohnmacht. Sie können dann anfangen, Ihre Konflikte im Zusammenhang mit Macht und Ohnmacht weiter zu erforschen. Und wenn Sie dann Ihre eigenen Ängste und inneren Konflikte besser verstehen, können Sie im Hinblick auf

Ihre Ziele auch neue Entscheidungen treffen. Sie können eher mit Möglichkeiten spielen, die Ihnen zuvor nie in den Sinn gekommen wären. Vielleicht beschließen Sie, auch in Ihrem Alter noch Medizin zu studieren. Oder es fallen Ihnen andere berufliche Möglichkeiten ein, die Sie noch befriedigender finden und die Sie leichter verwirklichen können.

Eine andere Fähigkeit, die eingeschränkt bleibt, solange uns nicht unser ganzes Selbst zur Verfügung steht und wir Eigenschaften oder Gefühle oder Aspekte unseres Selbst unter Verschluß halten, ist die Fähigkeit, uns wirklich für unsere Arbeit zu interessieren. Ein andauerndes Desinteresse an der eigenen Arbeit, gepaart mit der Unfähigkeit, etwas dagegen zu tun, kann durchaus ein Signal dafür sein, daß man einen Aspekt seines Selbst vor sich verbirgt.

»Wer nicht wagt, der nicht gewinnt«

Andrea ist eine große, schlanke Frau, deren zarte Haut und langes, seidiges Blondhaar sie jünger als ihre neununddreißig Jahre erscheinen lassen. Andrea hat nie eine Arbeit gefunden, die sie wirklich interessiert hätte. Als ich sie kennenlernte, verkaufte sie Schuhe, sie hatte aber nach ihrem College-Abschluß auch schon im Verlagswesen, bei einer Bank und als Immobilienhändlerin gearbeitet. Sie haßte ihren derzeitigen Job. »Meine Chefin ist ständig hinter mir her«, ärgerte sie sich. »Sie will, daß ich mehr arbeite, aber ich arbeite jetzt schon mehr als alle anderen in diesem Mistladen. Ich reiße mir die Beine aus, aber sie erkennt das einfach nicht an.«

Andrea wollte den Job aufgeben, aber sie wußte nicht, was sie dann tun sollte. »Mein Gott, ich gehe auf die Vierzig zu. Ich muß jetzt endlich etwas Richtiges finden«, sagte sie. »Was meinen Sie, was ich tun sollte?«

Als ich sie nach ihren Tagträumen fragte, antwortete sie barsch: »Ich habe keine.«

Ich ließ nicht locker: »Denken Sie nicht darüber nach, was Sie gern machen würden oder in welche Richtung Sie suchen wollen, wenn Sie Ihren jetzigen Job aufgeben? Überlegen Sie nicht, ob Sie erst Ihren Job aufgeben und dann nach etwas Neuem suchen, oder erst Arbeit suchen und dann kündigen wollen?«

»Nein. Wenn sie mich weiter so mies behandeln, dann schmeiße ich die Brocken hin, ob ich eine neue Arbeit habe oder nicht. Etwas anderes finde ich immer. Das ist kein Tagtraum, sondern eine Tatsache.«

»Überlegen Sie manchmal, wie man in Ihrer Firma darauf reagieren würde?« fragte ich.

»Nee. Ist denen doch egal. Solche wie mich gibt's im Dutzend. Denken sie jedenfalls. Das wird ihnen noch leid tun, wenn sie feststellen, daß niemand so viel von ihrer Scheißarbeit erledigt wie ich. Aber das ist auch kein Tagtraum, sondern eine Tatsache.«

Obwohl Andrea diese Überlegungen als »Tatsachen« bezeichnete, hatte sie mir in Wirklichkeit mehrere Tagträume erzählt. Neben dem sich selbst erfüllenden Tagtraum oder Plan, daß sie sich irgendwann fürchterlich ärgern und den Job einfach hinschmeißen würde, träumte Andrea auch davon, daß ihre Chefin schließlich doch sehen würde, wie hart sie arbeitete.

Andrea widerstrebte die Vorstellung, daß ihre Überlegungen nur eine Version einer möglichen Wirklichkeit waren (und genau das ist ja ein Tagtraum). Doch ich hatte den Verdacht, daß dieser Widerstand mit dafür verantwortlich war, daß sie keine Arbeit finden konnte, die sie interessierte. Ich fragte mich, warum sie so eingeschränkte Vorstellungen von ihrem Leben hatte. Ihre Tagträume, die ihr hätten helfen können, ihre Arbeit interessanter zu finden, waren ihr völlig unzugänglich. Doch bevor wir die Schlüssel zu ihrer inneren Welt finden konnten, mußten wir erst herausfinden, warum sie sich so sehr dagegen wehrte – sich vielleicht sogar fürchtete? –, ihre Phantasien auch nur kennenzulernen. Ich fragte sie, was sie von Tagträumen hielt und welche Assoziationen sie zu dem Begriff hatte.

»Ich habe keine Tagträume«, beharrte sie. »Ich werde doch

nicht über etwas nachdenken, das ja doch nicht wahr wird. Warum sollte man sich das antun?«

»Sich das antun?« hakte ich nach, weil ich es interessant fand, daß sie den Tagtraum so definierte.

»Ja. Ich meine, warum sollte man sich damit überhaupt abgeben?« fragte sie. »Da ist man am Schluß doch nur enttäuscht.« Diese Reaktion – ein wertvoller Hinweis – sagte mir, daß für Andrea Tagträume und Enttäuschungen miteinander zusammenhingen. Ich fragte sie, was ihr einfiel, wenn sie an Enttäuschungen dachte.

»Ganz einfach«, antwortete sie. »Ich weiß noch, wann ich dieses Gefühl zum letzten Mal zugelassen habe. Ich denke oft daran, damit mir so etwas nie wieder passiert. Meine Eltern ließen sich scheiden, als ich acht Jahre alt war. Ich war froh. Bei uns zu Hause war die Hölle los gewesen, solange sie sich stritten. Ich dachte, jetzt würden wir endlich Ruhe haben.« Sie lachte bitter. »Wie sehr man sich doch täuschen kann. Sie hatten richtig Spaß daran, sich zu hassen. Und das übertrug sich auch auf uns Kinder. Oder vielleicht haßten sie auch einfach jeden, uns eingeschlossen. Jedenfalls nahm mein Vater eines Tages mich und meinen Bruder so wie jede Woche für einen Tag zu sich. Er hatte uns einen Ausflug in ein Spielwarengeschäft versprochen, und wir hatten uns schon die ganze Woche darauf gefreut. Mein Bruder baute und sammelte Modellflugzeuge und wußte genau, welches Modell er haben wollte. Ich wartete noch ab. Ich wollte erst sehen, was es alles gab, in den verschiedenen Möglichkeiten schwelgen und mich dann erst entscheiden. Wir kamen also in das Geschäft, und mein Bruder ging zielstrebig auf die Modelle zu und suchte sich eines aus. Ich ging herum und sah mir die Kuscheltiere, die Puppen und die Puzzles an. Ich fand es wunderbar, aber nach einer für mein Gefühl unglaublich kurzen Zeit hatte mein Vater keine Lust mehr und sagte mir, ich müsse mich jetzt entscheiden – und zwar sofort. Ich war schon fast so weit: Ein wunderbarer dicker Pandabär gefiel mir besonders gut. Aber ich entschied mich nicht schnell genug, und mein Vater schrie mich an, daß ich zu lange brauchte und deshalb gar nichts bekommen würde. Er sagte, ich hätte die Chancen für uns beide verspielt, nun würde er auch das Flugzeug für meinen Bruder nicht mehr kaufen. Er zog uns hinter sich her aus dem Geschäft hinaus. Mein Bruder war leichenblaß und sagte kein Wort, ich weinte und bettelte den ganzen Heimweg lang. Das war das Grauenhafteste, was ich je in meinem Leben erlebt habe. Ich weiß nicht, ob Sie sich das vorstellen können ... aber damals habe ich beschlossen, mich auf nichts – und niemanden – mehr zu verlassen. Und das habe ich auch getan.«

Diese schmerzliche Erinnerung war ein Beispiel für das, was Freud als »Deckerinnerung« bezeichnete, ein Bild, das mehr darstellt als nur eine Erinnerung. Nicht jeder hält schmerzliche Erfahrungen so lebendig wie Andrea, aber wenn wir es tun, ist das oft ein Versuch, uns vor den problematischen Gefühlen zu schützen, die diese Erfahrungen widerspiegeln. (Manchmal hilft es auch, solche Erfahrungen zu vergessen.) Andrea hatte ihre Enttäuschung in den ganzen Jahren nach dem Vorfall wohl tatsächlich empfunden, aber sie benutzte ihre Erinnerung auch als bewußte Mahnung daran, daß sie von anderen Menschen nichts erwarten durfte.

»Das klingt ja furchtbar«, sagte ich, als sie geendet hatte. »Auch wenn die Version Ihres Vaters von dieser Geschichte vielleicht etwas anderes aussagen würde – etwas, das Sie als Kind gar nicht wissen konnten. Aber ich kann trotzdem verstehen, warum Sie sich nie wieder so fühlen wollen.«

Wir sprachen noch ein wenig darüber, wie Andreas Ablehnung aller Bedürfnisse sie davor schützte, das schreckliche Gefühl aus der Kindheit noch einmal zu erleben, doch dann wies ich darauf hin, daß ihr Schutzmechanismus nicht immer funktionierte. Tatsächlich bewirkte genau der Mechanismus, den sie einsetzte, um Enttäuschungen von sich abzuhalten, daß sie ständig unzufrieden war. »Was meinen Sie damit?« fragte sie. Ich erklärte, daß sie aus demselben Grund, aus dem sie keine Tagträume zuließ, auch kein Interesse an irgend etwas anderem zuließ – eben weil sie keine Enttäuschungen erleben wollte –, daß sie damit aber auch jedes Engagement und jede innere Beteiligung verhinderte.

Andrea schien nicht besonders beeindruckt, doch ich ermutigte sie, meine Überlegungen in sich nachwirken zu lassen. Einige Wochen später sagte sie: »Ich habe über das nachgedacht, was Sie gesagt haben – daß ich nämlich eigentlich *immer* enttäuscht bin. Und ich frage mich, wie sich das anfühlt. Wie weiß ich, wann ich enttäuscht bin? Und wie werde ich damit fertig?«

Andrea fing an, sich mit einem der Gefühle auseinanderzusetzen, die sie ihr ganzes Leben lang von sich gewiesen hatte. Der erste und wichtigste Schritt dahin – das haben wir bei Ellie gesehen, als sie um ihre sterbende Mutter trauerte – ist oft der Versuch, diese Gefühle in Worte zu fassen. Das ist allerdings nicht so einfach, wie es klingt, denn diese Gefühle verschwinden dadurch nicht einfach. Wie Dr. Demos in ihrer Arbeit mit Kindern feststellte, können Gefühle zunächst sogar noch schlimmer erscheinen, wenn man sie benennt. Oft lösen sie sich aber auf, wenn man einfach nur dasitzt und ein Gefühl, das man in Worte gefaßt hat, in sich nachwirken läßt. Wir werden häufig gerade dann ein Gefühl nicht mehr los, wenn wir versuchen, es möglichst schnell wegzuschieben. Andrea erkannte, daß sie ihr ganzes Leben lang ihre Enttäuschung ertragen hatte, auch wenn sie sich hatte einreden wollen, daß sie sie nie empfand.

Damit sah sie ihr altes Problem aus einem neuen Blickwinkel. Kurze Zeit nach unserem Gespräch hatte Andrea mehrmals einen neuen Tagtraum. »Ich spüre, wie ich mich damit auseinandersetze«, sagte sie. »Ich habe das Gefühl, wieder in den Spielzeugladen zurückversetzt zu sein. Dort fange ich an zu überlegen, was ich gerne hätte. Und dann haue ich mir irgendwie auf die Hand und sage mir: ›Du dummes Kind. Da freust du dich immer mehr, willst dann schließlich etwas und hast am Ende gar nichts.‹«

Als Andrea mit ihrer Angst vor Enttäuschungen kämpfte, fiel ihr ein, daß sie eigentlich in ihrem Leben eine ganze Reihe von Enttäuschungen zugelassen hatte. Ich fragte sie, was sie tun würde, wenn sie jetzt plötzlich tief und traumatisch enttäuscht würde. Spontan antwortete sie: »In diese Lage würde ich mich gar nicht erst begeben.« Nach einer Weile aber entwarf sie verschiedene Szenarien. Etwas überrascht von ihren eigenen Vorstellungen sagte sie: »Wahrscheinlich gibt es doch einen gewaltigen Unterschied zwischen mir als kleinem Mädchen und mir, so wie ich jetzt bin. Ich kann viel eher darüber bestimmen, was mit mir geschieht. Ich kann mich am eigenen Schopf aus dem Sumpf ziehen und eine andere Richtung einschlagen. Ich kann anderen – sogar meinem Vater – sagen, sie sollen mich in Ruhe lassen. Und ich kann mir sogar jeden Panda kaufen, den ich will. All das konnte ich als Kind nicht tun.«

Andrea öffnete langsam und vorsichtig das Tor zur Welt ihrer Tagträume. Sie stellte sich vor, sie kehrte in den Spielzeugladen ihrer Kindheit zurück und kaufte sich einen Panda. »Ich muß das nicht wirklich tun«, sagte sie eines Tages zögernd, »aber ich muß wissen, daß ich es tun könnte, wenn ich wollte. Ist das ein Tagtraum?«

Für Andrea war dieser Tagtraum der Beginn einer neuen Art, mit Enttäuschungen umzugehen und ihre eigenen Interessen zu erkunden. Sie träumte davon, ein eigenes Geschäft zu eröffnen, »aber ich müßte meinen Vater bitten, mir bei der Finanzierung zu helfen, und ich habe keine Lust, das Theater mit ihm zu erleben. Vergiß es.«

Ich fragte sie, ob sie sich am Tagträumen hinderte, weil sie Angst vor Enttäuschungen hatte.

Sie lächelte und nickte. »Absolut. Aber als Sie mich gerade gefragt haben, ist mir ein anderer Tagtraum durch den Kopf geschossen. Vielleicht brauche ich ja meinen Vater gar nicht um Geld zu bitten. Mein Bruder gibt mir sicher ein Darlehen. Und meine Mutter leiht mir vielleicht auch etwas.«

Wie wir wissen, stützt sich unser Verhalten oft auf Überzeugungen, von denen wir gar nicht wissen, daß wir sie haben – auf stillschweigende Annahmen, die unser Verhalten steuern und unsere Entscheidungen beeinflussen. Andreas Vermutung, daß sie enttäuscht werden würde, war zwar nicht stillschweigend, dafür aber ihre Überzeugung, daß sie dieses Gefühl nicht würde aushalten können. Wie Patricia, die den Familienmythos, daß niemand gern mit anderen Menschen zusammen sei, nie in Frage gestellt hatte, begriff nun auch Andrea, daß keine ihrer Annahmen ausnahmslos richtig war: Sie wurde nicht grundsätzlich enttäuscht, aber wenn es doch einmal vorkam, war dieses Gefühl nicht so verheerend wie in ihrer Kindheit. »Es erschien mir immer so gewaltig – und endgültig. Ich habe nie gedacht, daß ich mich enttäuscht fühlen und trotzdem weitermachen könnte. Aber jetzt weiß ich es. Ich sage mir ›Du bist also enttäuscht. Na gut. Nichts ist deshalb zu Ende. Geh weiter und sieh zu, was du als nächstes empfindest‹.«

Wenn Sie selbst in einem ungeliebten Job feststecken, weil Sie Angst vor Enttäuschungen haben, sollten Sie sich dieselbe Frage wie Andrea stellen: »Wie kann ich mit diesem Gefühl besser umgehen?« Als Andrea feststellte, daß sie durchaus mit Enttäuschungen leben konnte, ohne gleich am Boden zerstört zu sein, bemerkte sie auch, daß sie sich bei ihrer Arbeit mehr engagierte. »Ich hatte nicht gedacht, daß ich noch mehr arbeiten könnte, aber inzwischen weiß ich, daß mir meine Arbeit deshalb immer so schwergefallen ist, weil ich mich selbst irgendwie zurücknahm, um nicht enttäuscht zu werden. Ich brachte den Kunden auch dann möglichst wenig Schuhe zur Anprobe, wenn ich genau wußte, wonach sie suchten, weil ich das Gefühl hasse, daß ich immer wieder laufe und neue Schuhe hole und der Kunde dann doch geht, ohne etwas gekauft zu haben, und mich auf meinen Schachteln sitzenläßt.« Da das Gefühl der Enttäuschung für Andrea jetzt nicht mehr so beängstigend war, konnte sie auf die Kundenwünsche auch besser eingehen. Sie steigerte ihre Verkaufszahlen und bekam positivere Rückmeldungen von ihrer Chefin. »Ich habe nicht vor, mein ganzes Leben lang Schuhe zu verkaufen«, sagte sie entschieden, »aber ich lerne einiges dabei: Und all das kann ich brauchen, wenn ich mein eigenes Geschäft eröffne.«

Es ist gar nicht sicher, daß Andrea ihren Traum von einem eigenen Geschäft tatsächlich verwirklicht. Nachdem ihr nun aber die Welt ihrer Tagträume zugänglich ist, läßt sich gar nicht abschätzen, welche anderen Vorstellungen oder Möglichkeiten sich noch auftun. Allein schon die Tatsache, daß sie nun selbst entscheiden kann, daß sie Möglichkeiten sieht, wo sie früher keine sah, hat sie sehr verändert: Sie interessiert sich jetzt für ihre Arbeit und engagiert sich in einer Weise, die sie sich früher nie hätte vorstellen können.

Andreas Ziele waren vage und entsprachen nicht ihren innersten Wünschen, sondern waren oft eine Reaktion auf ihre Ängste oder auf unangenehme und problematische Situationen. Als sie nun ihre Ängste zuließ, gewann sie auch Einsicht in ihre Wünsche, so daß sie anfangen konnte, einige ihrer Tagträume zu realistischen Zielen zu entwickeln. Manchmal meint man, seine Ziele genau zu kennen, und wundert sich, daß man sie trotzdem nicht zielstrebig angeht. Unsere Tagträume scheinen uns gelegentlich sogar an der Verwirklichung unserer Ziele zu hindern. Doch wenn Sie einige der bisher dargestellten Grundsätze anwenden, wenn Sie also auf die verschiedenen Komponenten Ihrer Tagträume achten und in scheinbar »frei fließenden« Gedanken nach Themen und Geschichten suchen, können Sie auch herausfinden, woher solche Beeinträchtigungen kommen. Sie werden freier auf die Verwirklichung Ihrer Träume hinarbeiten können oder aber neue, bis dahin ungeahnte Ziele entdecken. Vielleicht verändern Sie die Richtung und verfolgen andere Träume, die Ihnen zwar komplizierter erscheinen mögen – doch diese Komplexität war eigentlich immer schon vorhanden. Solange Sie sie nicht erkennen, bleibt das Leben flach. Erkennen und beschäftigen Sie sich hingegen mit der Komplexität Ihrer Gefühle, Wünsche, Ziele – und auch Tagträume –, so gewinnt Ihr Leben an Fülle. Zudem fühlen Sie sich stärker: Es mag zwar sein, daß Sie mehr Entscheidungen treffen müssen, doch diese Entscheidungen sind klarer, und Sie stehen sich zumindest nicht mehr im Wege, wenn Sie sich sinnvolle Ziele setzen, Möglichkeiten erkunden, vorangehen und sogar neue Richtungen einschlagen.

Tagträume von der eigenen Vollkommenheit

Ed war ein großgewachsener, stämmiger Mann mit einem glänzenden, kahlen Schädel. Er hatte nahezu zwanzig Jahre lang in einer staatlichen New Yorker High-School Englisch unterrichtet. Er engagierte sich sehr für seine Arbeit und hatte hin und wieder sogar den Eindruck, bei einigen seiner Schüler etwas bewirken zu können. Und doch hatte er einen heimlichen Traum: Er wollte gern Drehbücher schreiben. Sein Kopf war voller Tagträume, von denen er einige für ganz gute Skripts hielt. Aber irgend etwas schien ihn immer am Schreiben zu hindern. Er sagte: »Ich habe lauter gute Ausreden – ich muß korrigieren, die Wohnung sauber machen, mich um meine eigenen Kinder kümmern, etwas mit meiner Frau unternehmen – aber ich vertrödle auch viel Zeit, in der ich eigentlich schreiben könnte.«

Ich fragte Ed, ob er ein paar Ideen aus seinen Tagträumen in einem Notizbuch festhalten könnte. Er war sich nicht sicher, aber er meinte, das könne er schon, solange er keine vollständige Geschichte aufschreiben müsse. Dieser Plan schien ganz gut, denn ein Tagtraum-Tagebuch besteht ja nur aus Notizen und nicht aus ganzen Geschichten. Eds Tagträume umfaßten das ganze Spektrum von Filmdrehbüchern, die er schreiben wollte, bis hin zu den Schauspielern, die in diesen Filmen mitwirken sollten. Er träumte sogar von seinem ersten Oscar und hatte schon die Rede entworfen, die er bei der Verleihung halten würde, und sich überlegt, wem er danken würde.

Eine von Eds Schwierigkeiten zeigte sich damit ganz deutlich. Seine Erwartungen waren allzu hoch, so hoch, daß er sie unmittelbar gar nicht verwirklichen konnte. Er nahm seine Vollkommenheitsträume so wörtlich, daß sie ihn lähmten. Er hatte keine Ahnung, wie er sein erstes Drehbuch beginnen sollte, weil ja jedes Wort preisverdächtig sein mußte. Er ließ keinen Raum für Fehler, konnte nicht mehr menschlich (und damit per definitionem unvollkommen) sein. Wie sollte er unter einem solchen Druck auch nur eine seiner Vorstellungen zu Papier bringen?

Ich schlug ihm vor, ein Experiment zu machen. Könnte er nicht ein Anfänger-Drehbuch schreiben, eines, das nie produziert würde? »Sie meinen, ich soll mit kleinen Schritten anfangen und nicht gleich das große Ganze in Angriff nehmen?« fragte er. »Komisch, das sage ich meinen Schülern doch immer. Ich weiß auch nicht, warum ich selbst es nicht so mache.«

Die Aufgabe war dann doch nicht so einfach, wie sie schien, aber Ed ließ nicht locker. Gleichzeitig führte er sein Tagtraum-

Tagebuch weiter. Schließlich legte er mir ein Drehbuch über einen Mann vor, der davon träumte, Drehbücher zu schreiben. Und mit der Fertigstellung seines Skripts kam die Erkenntnis: »Ich habe das mit einem Augenzwinkern geschrieben. Mein Autor entwirft in seinem Kopf ständig Filmdrehbücher und verliert sich dann in jedem Szenario. Der Film ist eine Aneinanderreihung von Phantasievorstellungen. Er hat keinen sehr guten Plot, ich würde ihn nirgendwo vorlegen. Aber ich habe ihn zu Ende gebracht! Und beim Schreiben ist mir auch klar geworden, daß es interessant wäre, über das zu schreiben, was ich *wirklich* sehe und erlebe.« Ed hatte zuvor immer an Action-Filme in der Art der James-Bond-Filme oder des *Paten* gedacht, doch nun sagte er: »Ich könnte einen Film über das Leben eines Lehrers in einer öffentlichen Schule von New York schreiben. Auf den Straßen hier ist genug los. Schließlich haben wir einen Metalldetektor am Eingang der Schule, um die Schußwaffen und Messer zu entdecken, die die Kids mit in die Schule bringen. Das sagt doch genug über das Gewaltpotential hier, oder nicht? Außerdem laufen da auch viele subtile und anrührende Geschichten. Ich kenne die Kids in- und auswendig. Ich sehe ihren Schmerz, ihren Zorn und ihre Frustration jeden Tag. Und ich weiß, was es heißt, sie trotz all dem noch zu erreichen. Da passiert genug, über das ich schreiben könnte.« Er hielt inne und lächelte unbeholfen. »Solange es nicht wieder mit mir durchgeht. Kürzlich habe ich einen Artikel über Kevin Costner gelesen, den ich sehr bewundere. Er ist kein besonders guter Schauspieler oder Regisseur, aber er bleibt trotzdem immer dran. Er scheint einfach an der Arbeit als solcher Spaß zu haben. Er geht Risiken ein und entwickelt sich dabei weiter, weil es ihm nicht darauf ankommt, ›Erfolg‹ zu haben oder sogar bewundert zu werden. In dem Artikel sagte er, wer zwanghaft auf ein Ziel hinsteuere, verpasse achtzig Prozent der Erfahrungen, die er machen könnte. Das ist es, was ich mir merken muß: Ich muß klein anfangen, nur an den Anfang denken, das Schreiben selbst genießen und mir noch keine Gedanken über meine Oscars machen.«

Natürlich ist es wichtig, ein Ziel vor Augen zu haben. Wir müssen schon wissen, worauf wir hinarbeiten, auch wenn wir uns unterwegs anders besinnen. Wenn wir uns aber nicht über einzelne Schritte freuen können, bleiben wir ewig unzufrieden. Ed begriff – und das werden Sie selbst auch feststellen, wenn Sie Ihre Tagträume und Geschichten erkunden –, daß sich manche Ziele nicht erreichen lassen, weil ihnen andere im Wege stehen. Das zeigen in gewisser Weise sämtliche Beispiele dieses Kapitels – in allen geht es um widersprüchliche, einander ausschließende Tagträume. Bei Jennifer kollidierte der Wunsch, nicht rachsüchtig zu sein, mit ihrem Wunsch, die Probleme an ihrem Arbeitsplatz zu lösen. Bei Andrea beeinträchtigte der Tagtraum, sich nie mehr enttäuscht fühlen zu müssen, ihre Fähigkeit, überhaupt Tagträume zuzulassen – was sie wiederum daran hinderte, sich wirklich für ihre Arbeit zu interessieren. Und Ed ließ sich durch den Wunsch, berühmt, erfolgreich und angesehen zu sein, vom Schreiben und damit von der Erfüllung seiner Wünsche abhalten.

Zwar wäre es allzu einfach und falsch zu sagen, sämtliche Konflikte am Arbeitsplatz ließen sich auf Konflikte zwischen widersprüchlichen Zielvorstellungen zurückführen. Und doch ist es im Hinblick auf eine Lösung ein lohnenswerter Anfang, einige dieser Konflikte aufzudecken und zu klären.

Genau dazu soll die folgende Übung beitragen. Sie bringt sicherlich keine unmittelbare Lösung, doch sie kann Ihnen einige aufschlußreiche Einblicke in Ihre Probleme verschaffen und einige Lösungswege aufzeigen.

Übung

Probleme kreativ lösen

1. Schlagen Sie in Ihrem Tagtraum-Tagebuch eine leere Seite auf. Notieren Sie Uhrzeit, Datum und Aufenthaltsort. Schreiben Sie möglichst auch auf, wie Sie sich fühlen. Jennifer bei-

spielsweise befand sich an ihrem Arbeitsplatz, es war mitten am Nachmittag, sie hatte Kopfschmerzen und fühlte sich innerlich leer.

2. Beschreiben Sie das Problem, das Sie lösen wollen. Fassen Sie sich kurz: Zwei oder drei Sätze, die den Kern des Problems erfassen, sollten genügen. Jennifer schrieb zwei Zeilen über die Schwierigkeiten mit ihrem Projekt.

3. Notieren Sie unter dieser kurzen Problemdarstellung die nächsten fünf oder sechs Worte, Satzfetzen oder Vorstellungsbilder, die Ihnen in den Sinn kommen. Wie immer sollten Sie sich nicht um einen logischen Zusammenhang oder einen Bezug zu dem dargestellten Problem kümmern. Versuchen Sie auch nicht, vollständige Sätze zu formulieren. Halten Sie einfach Schlüsselbegriffe fest. Jennifer beispielsweise schrieb:

> Bob ist ein Schweinehund
> keine Orientierung, keine Unterstützung
> wenn ich bloß schon zu Hause wäre
> so was Dummes
> ich hasse es, mich frustriert, hilflos, wertlos zu fühlen
> ich nehme zu, Zeit für eine Diät
> bin nicht gut in meinem Job
> stimmt nicht, weiß aber nicht, was los ist, das ist alles
> mir tut alles weh
> wir müßten es zurückstellen, später darauf zurückkommen
> ich brauche eine Massage
> heute abend alle zu einem Drink einladen, vielleicht ins Kino?

Kurze Zeit, nachdem Jennifer all das notiert hatte, beschloß sie, am folgenden Morgen vor der Arbeit joggen zu gehen. Sie hatte Rückenschmerzen, sorgte sich wegen ihres Gewichts und brauchte Bewegung. Im Rückblick wurde ihr auch bewußt, daß sie, wie sie sagte, »wieder einen klaren Kopf bekommen« mußte. Zum damaligen Zeitpunkt hatte sie allerdings noch keine Ahnung, daß ihr das morgendliche Joggen helfen würde, ihr Problem am Arbeitsplatz zu lösen.

Auch Sie werden vielleicht feststellen, daß allein schon die Aufmerksamkeit, die Sie Ihren Assoziationen widmen, Ihnen den Freiraum für eine oft unerwartete – und manchmal scheinbar unzusammenhängende – Verhaltensänderung verschafft. Achten Sie möglichst genau auf die widersprüchlichen Botschaften in Ihrem Gedankenfluß und stellen Sie sicher, daß Sie nicht die destruktiven Aspekte ausagieren. Für Jennifer war es beispielsweise eine »gesunde« Reaktion, morgens joggen zu gehen. Bob zu sagen, daß er ein Schweinehund sei, wäre keine so gute Reaktion gewesen, auch wenn Jennifer das kurzfristig in Erwägung zog.

4. Schließen Sie Ihr Tagebuch und legen Sie es vorläufig beiseite. Damit verschaffen Sie sich ein wenig Distanz zu Ihrem Tagtraum und den damit verbundenen Überlegungen. Diese Distanz eröffnet eine neue Perspektive, einen anderen Blickwinkel und damit die Voraussetzung für eine kreative Problemlösung.

5. Schlagen Sie einige Stunden später noch einmal dieselbe Seite auf. Lesen Sie durch, was Sie zu Ihrem Tagtraum aufgeschrieben haben. Versuchen Sie herauszufinden, welche Themen besonders deutlich werden.

Jennifer erkannte später drei Grundthemen: ihren Zorn auf Bob, ihren Zorn auf sich selbst (im Zusammenhang mit ihrem Gewicht und ihrer Unfähigkeit, das Projekt zu einem guten Ende zu bringen) und schließlich das wachsende Bewußtsein, daß sie sich selbst zu Unrecht für etwas verantwortlich machte, das gar nicht ihr Fehler war, und daß sie sich innerlich von dem Problem lösen mußte, um sich wieder besser zu fühlen.

Einige Ihrer Grundthemen werden Ihnen bekannt vorkommen, andere werden überraschend auftauchen. Es hilft vielleicht, diese Gefühle aufzuschreiben oder sie ausdrücklich zu formulieren – sie also in Worte zu fassen, die Sie selbst lesen oder hören können. Wieder andere Themen bringen Einstellungen zum Ausdruck, die Sie sich selbst und anderen gegenüber haben. Achten Sie auf Überlegungen dazu, wie Sie »immer« reagieren oder wie andere Menschen sich »immer« verhalten (dieses »immer« ist ein deutlicher Hinweis auf eine grundlegende Überzeugung, eine organisierende Geschichte).

Wie wir schon wissen, sah Jennifer sich gern als großzügig, offen und verständnisvoll – das Gegenteil von rachsüchtig – und hatte doch große Lust, sich an Bob zu rächen. Gleichzeitig erinnerte sie sich an die Situation, in der sie und ihre Freundin im Studentenwohnheim die Möbel umgestellt hatten – ein Tagtraum, in dem es ebenfalls um (unbewußte) Rache und Veränderung ging. Welche Themen erkennen Sie in Ihren Tagträumen? Wollen Sie sie nicht wahrhaben, genau wie Andrea? Welche Ängste kommen in Ihnen hoch? Welche Konflikte? Andrea und Ed taten sich gleichermaßen schwer, bewußt im Hier und Jetzt zu leben, sich auf das einzulassen, was sie gerade taten, anstatt ein weit entferntes Ziel zu fixieren. Ist das auch eine Ihrer Schwierigkeiten? Welche Hindernisse stellen Sie sich in den Weg? Es macht nichts, wenn Sie das noch nicht sagen können. In den folgenden Kapiteln geht es um unterschiedliche Arten von solchen Beeinträchtigungen – unter denen vielleicht auch Sie einige erkennen werden, die Sie daran hindern, sich weiterzuentwickeln.

Und sie lebten glücklich bis an ihr seliges Ende: Tagträume von Liebe und Romantik

Tagträume von Liebe und Romantik: ein ganz besonderer Mensch, zauberhafte Augenblicke, die man für immer im Herzen bewahrt ... Solche Phantasien, die unsere ganze Kultur durchdringen, prägen auch unsere Erwartungen an Beziehungen zwischen Erwachsenen. Leider enden sie in Enttäuschung und Frustration, wenn sie dann doch nicht wahr werden. Aber unsere Tagträume von Liebe und Romantik enthüllen nicht nur unsere Erwartungen und die darin enthaltenen Verletzungen, sondern sie sagen auch viel mehr über uns aus als unsere übrigen Tagträume. Wie kommt das? Und wie können solche romantischen Sehnsüchte uns helfen, in unserem Liebesleben mehr Befriedigung zu finden?

Sie wissen, daß viele Ihrer Tagträume Ihre tiefsten Hoffnungen und Sehnsüchte zugleich verbergen und enthüllen, daß sie viel mehr aussagen, als die oberflächliche Geschichte, die sie erzählen, und daß sie den Weg zu Ihrem Ziel oft verstellen und doch auch eröffnen. Ihre Tagträume von Liebe und Romantik sind komplexe Metaphern für viele unterschiedliche Aspekte Ihres Innenlebens und damit auch Ihrer inneren Konflikte. Es mag allzu nüchtern und unromantisch erscheinen, wenn wir im Reich der Liebe und der Romantik von widersprüchlichen Zielen sprechen, aber wenn wir in diesem Kapitel einen Teil des Materials entschlüsseln, das unsere Tagträume in sich bergen, werden Sie feststellen, wie sich in diesen strahlenden Juwelen der Phantasie einige Ihrer tiefsten und widersprüchlichsten Lebensziele zeigen. Auch hier wieder werden Ihre eigenen Symbole und Konflikte und die dargestellten Beispiele nicht unbedingt identisch sein. Dennoch können Sie mit Hilfe der nach und nach deutlicher werdenden grundlegenden Konzepte Ihre ganz persönlichen Hoffnungen und Konflikte klären und Ihre Tagträume nutzen, um Ihr eigenes Liebesleben produktiver zu gestalten.

Wenn Tagträume Alternativen ausschließen

Mona ist eine sehr stämmige Frau, deren sackartige Kleidung ihre Korpulenz eher hervorhebt als verbirgt. Als ich sie kennenlernte, trug sie kein Make-up und verbarg ihr – wie sich später zeigte, wunderbar dichtes goldblondes – Haar in einem festen Knoten im Nacken. Sie beschrieb sich selbst als eine entsetzlich einsame und unglückliche Frau, die sehnsüchtig von einem »ganz besonderen Mann« träumte. »Inzwischen ist es so schlimm«, sagte sie, »daß ich bei jedem Mann, den ich kennenlerne, gleich ans Heiraten denke. Ich plane schon meine Hochzeit und stelle mir vor, wie ich durch das Kirchenschiff auf ihn zugehe. Früher habe ich immer auf Glockengeläut oder ein Erdbeben gewartet – auf irgendein Zeichen, das verkündet, daß ich gerade von Amors Pfeil getroffen worden bin. Inzwischen tue ich das nicht mehr. Jetzt reicht es mir schon, wenn er keinen Ehering trägt.«

Sie hielt einen Augenblick lang inne. »Es ist mir peinlich, überhaupt nur daran zu denken. Eigentlich müßte ich eine emanzipierte Frau sein, selbständig und in meinem Beruf engagiert – und nicht auf der Suche nach einem Mann, der mich ergänzt. Aber in Wahrheit mag ich einfach nicht mehr allein sein. Na ja«, fuhr sie fast ärgerlich fort, »Sie denken sich jetzt wahrscheinlich. ›Wer soll sich denn überhaupt für sie interessieren? Kein Mann will eine so fette Frau.‹« Sie wollte etwas anderes sagen, aber ich unterbrach sie.

»Glauben Sie wirklich, daß ich das denke?« fragte ich.

Sie sah mich mißbilligend an. »Sie und alle anderen in unserer Gesellschaft. Und sagen Sie mir nicht, ich hätte unrecht, das glaube ich Ihnen nicht. Sehen Sie mich doch an. Ich bin ein Schlachtschiff, einssechzig groß und fast zwei Zentner schwer. Dabei habe ich viel Humor. Bei der Arbeit halten mich alle für eine Ulknudel. Die Leute kommen zu mir, damit ich sie aufheitere und sie sich besser fühlen. Aber die Männer verabreden sich nicht mit mir, und keiner denkt auch nur im Traum daran, sich in mich zu verlieben.«

Dann erzählte mir Mona eine ihrer organisierenden Geschichten (die wir beide bis dahin nicht kannten). »Wenn ich endlich abnehmen würde, wäre ich zufrieden.« Als ich sie bat, den Tagtraum weiterzuspinnen, antwortete sie irritiert, das sei kein Tagtraum: Sie sei sich ganz sicher, daß sie einen Mann kennenlernen und eine erfüllende und befriedigende Partnerschaft aufbauen könnte, wenn sie nur endlich schlank wäre. »Ich hätte auch mir selbst gegenüber ein besseres Gefühl und wäre nicht immer so wütend und deprimiert wie jetzt, sondern einfach zufrieden.«

»Das darf einfach nicht so sein!« schrie sie geradezu. »Es stinkt mir wirklich, daß unsere Kultur die Vorurteile von Männern gegenüber fülligen Frauen auch noch fördert. Wir gelten gar nicht als Menschen und schon gar nicht als attraktive Frauen ... Wissen Sie, mein Gewicht macht mich nicht automatisch zum Monster, aber die Leute denken, wer übergewichtig ist, hat mehr Probleme als alle anderen. Man hält uns für antriebslos und willensschwach. Es ist, als trage man alle seine Probleme deutlich sichtbar mit sich herum, und jeder meint, er könne daraus seine Schlüsse ziehen und auch noch einen Kommentar abgeben. Vor einiger Zeit zum Beispiel besaß eine Frau, die ich jeden Morgen im Lift treffe, die Unverschämtheit, mir zu sagen, ich solle doch eine Diät machen! Die klassische Situation: ›Sie haben so ein hübsches Gesicht‹, sagte sie, ›nur schade, daß sie es ruinieren.‹« Monas Stimme klang verbittert, als sie die Frau nachmachte.

Mona redete annähernd fünfundvierzig Minuten lang, ohne mir Raum für eine Äußerung zu lassen oder auch nur eine Frage zu stellen. Am Ende der Sitzung sagte ich ihr, daß ich eine Fülle von Material aus ihren Tagträumen gewonnen hatte, und fragte sie, ob sie nicht ein Tagtraum-Tagebuch führen wolle.

Sie seufzte. »Okay«, antwortete sie. »Ich glaube ja nicht, daß das hilft, aber ich habe schon alles mögliche andere versucht. Dann kann ich's auch mal damit probieren.«

Als Mona zur nächsten Sitzung kam, hatte sie kein einziges Wort zu Papier gebracht. »Sieht so aus, als hätte ich gar keine Tagträume«, murmelte sie zutiefst beschämt.

»Vielleicht wissen Sie einfach nicht, wie man sie herausfindet«, entgegnete ich freundlich. »Das geht am Anfang vielen so.« Ich schlug vor, unser Gespräch fortzusetzen und ihr dabei zu helfen, einige ihrer Tagträume zu entdecken. Beim Zuhören fiel mir dann allerdings auf, daß die meisten von Monas Tagträumen von ihrem alles überlagernden Wunsch abzunehmen verdeckt wurden. Zugleich wurden sie Tag für Tag von ihrem zwanghaften Eßverhalten abgeblockt und sabotiert. Ich wies darauf hin, daß sie sich vielleicht – wie viele andere Menschen auch – durch das zwanghafte Essen von einer tieferen Selbsterkenntnis abhielt.

»Warum sollte ich das tun?« fragte sie eher verärgert als neugierig. Aber sie beugte sich vor und hörte genau zu, als ich ihr erklärte, daß Tagträume Gefühle und Gedanken enthalten können, die einem höchst unangenehm sind. Als ich fertig war, lehnte sie sich seufzend zurück. »Wenn ich erstmal eine Diät machen muß, um herauszufinden, was meine Tagträume sind, wird es schwierig. Ich kann zur Zeit keine halbe Stunde Diät halten.«

Ich schlug vor, sie solle anstelle einer Diät auf alle Gedanken achten, die sie unmittelbar vor einem Freßanfall hatte. Vorläufig sollte sie in ihrem Tagtraum-Tagebuch einfach aufschreiben, wo sie war und was sie tat, kurz bevor sie wieder ans Essen dachte. Für Mona war das keine leichte Aufgabe: Ihr Eßverhalten war wie ein automatisches Absperrventil, das sämtliche Gefühle und Gedanken, die nichts mit dem Essen zu tun hatten, zurückhielt. Im Lauf der Zeit aber gelang es Mona – wenn auch in der Regel erst, nachdem sie schon viel mehr gegessen hatte, als sie eigentlich »wollte« –, die näheren Umstände kurz vor ihrem Freßanfall zu beschreiben. Und eines Tages, als sie bereits eine halbe Schachtel Doughnuts in sich hineingestopft hatte, fiel ihr plötzlich der Tagtraum ein, der diesen Freßanfall ausgelöst hatte. Sie beschrieb ihn folgendermaßen:

»Ich kehrte in Gedanken zu dem Augenblick kurz vor meinem Freßanfall zurück. Und da fiel mir auf, daß ich ihn eigentlich schon vorher geplant hatte – wie wahrscheinlich sonst auch oft. Ich kehrte also in Gedanken bis dahin zurück, wo ich den Plan gefaßt hatte, mich wieder mit Essen vollzustopfen. Es war bei der Arbeit. Ich weiß noch, daß Rick, der mir schon lange sehr sympathisch ist, an meinen Schreibtisch kam und ein Gespräch mit mir anfing. Als mir klar wurde, daß ich in dem Moment meinen Freßanfall plante, dachte ich zunächst: ›Na und?‹ Und dann fiel mir auch alles andere wieder ein: Mein Herz fing nämlich an, wie wild zu schlagen, und ich war plötzlich total nervös. Ich weiß nicht warum, der Kerl hat doch nur mit mir *geredet.*«

»Ist es schlimm, wenn Sie Angst haben?« fragte ich ruhig.

»Ich weiß nicht.« Sie schien ein wenig verwirrt. »Wahrscheinlich nicht. Aber in dem Moment habe ich angefangen, über Doughnuts nachzudenken ... wo ich sie kaufen wollte, was für welche es sein sollten, wann ich sie kaufen wollte und ob ich sie im Auto auf dem Heimweg essen oder bis zu Hause warten und vielleicht ein Glas Milch dazu trinken würde – also wenigstens so tun könnte, als sei ich ein normaler, zivilisierter Mensch.«

Ich wies Mona darauf hin, daß sie nicht nur ihren Ängsten gegenüber äußerst kritisch war, sondern auch ihrer »Methode«, diese Ängste ruhigzustellen.

»Das würden Sie doch auch tun, wenn Sie so dick wären wie ich«, antwortete sie verärgert. »In Wirklichkeit sitzen Sie doch da und denken sich, was für ein haltloses Schwein ich doch bin ...« Sie schwieg kurz. »Genauso habe ich mich an dem Tag auch gefühlt. Ich weiß noch, wie ich mich geärgert habe. Ich dachte, Rick fragt sich sicher, wie ich es zulassen kann, daß ich so fett werde. Und dann dachte ich: ›Er ist doch auch nicht besser. Er kriegt eine Glatze, und einen Bauch hat er auch.‹ Vielleicht habe ich ihn so heruntergemacht, weil ich damit rechnete, daß er mich ablehnen würde – eine Art Selbstschutz vielleicht. Aber«, fuhr sie zögernd fort, »da ist wohl noch etwas anderes. Ich bin nämlich selbst so überkritisch ... Wahrscheinlich war das der Hauptgrund für das Ende meiner letzten Beziehung.« Sie sah mich an. »Ich hatte tatsächlich eine Beziehung, auch wenn man sich das kaum vorstellen kann. Er hieß Steve. Aber er konnte mir nichts recht machen. Mir gefiel weder seine Kleidung noch sein Haarschnitt noch auch nur sein Beruf.«

Monas Eß-Tagebuch entwickelte sich allmählich zu einem Tagtraum-Tagebuch. Als sie die Assoziationen zu ihren Tagträumen notierte, entdeckte sie ein weiteres wichtiges Thema.

»Wissen Sie«, sagte sie, »ich halte meine Gefühle nicht nur durch das viele Essen von mir fern. Meine überkritische Art hat denselben Zweck – ich schließe mich ab und halte andere Menschen von mir fern. Aber warum tue ich das nur? Ich *will* doch jemandem nahe sein ... Warum halte ich dann andere Menschen auf Distanz?«

Die Antwort auf diese Frage war nicht leicht, aber als Mona auch weiterhin ihre Tagträume und ihre Gedanken davor und danach notierte, fielen ihr doch ein paar Erklärungen ein. »Wahrscheinlich kann ich mir nicht vorstellen, daß jemand, den ich mag, mich auch so mögen könnte, wie ich bin; ich will zwar abnehmen, aber ich schaffe es einfach nicht. Auf mich paßt der alte Witz von Groucho Marx: Ich würde niemals Mitglied in einem Club werden, der mich aufnehmen würde. So verhalte ich mich nämlich nicht nur Männern gegenüber, sondern auch gegenüber Frauen. Vielleicht befürchte ich, daß man nicht nur meinen – unübersehbaren – körperlichen Makel, sondern auch meine Charakterfehler entdecken könnte ...«

Mona sorgte sich, daß andere Menschen ihr gegenüber so kritisch sein könnten, wie sie es anderen Menschen gegenüber war. Nur führte das zu einem Teufelskreis: »So bleibe ich immer allein: Ich lasse niemanden an mich heran, damit mich keiner kritisiert, aber dann fühle ich mich einsam und ausgeschlossen und verhalte mich anderen gegenüber überkritisch.«

Ich ermutigte Mona, in ihrem Tagtraum-Tagebuch auch Situationen festzuhalten, in denen sie sich selbst oder anderen gegenüber überkritisch reagierte – genauso, wie sie zuvor die

Situationen beschrieben hatte, in denen sie ihr Heißhunger überkam. So erkannte sie nach und nach den Zusammenhang zwischen ihrem Wunsch nach Nähe und ihren überkritischen und zornigen Gedanken, die jede Möglichkeit einer Beziehung ausschlossen. Im Lauf der Zeit gelang es ihr dann auch, neue Reaktionen auf alte Situationen auszuprobieren, anfänglich nur in ihren Tagträumen, dann aber auch in der Realität.

»Ich spüre oft – beispielsweise wenn Rick zu mir an den Schreibtisch kommt, um sich mit mir zu unterhalten –, wie ich ganz angespannt werde und ihn *und* mich mit meinem überkritischen Blick betrachte. Gleich darauf denke ich ans Essen. Aber irgendwie ist es richtig komisch. Ich merke jetzt nämlich, daß ich allein dieses Skript verfasse. Rick scheint mich gar nicht so zu beurteilen, wie ich mich – und ihn – beurteile.«

Diese Erkenntnis führte zu einem neuen Tagtraum, den Mona nicht ohne weiteres zulassen konnte. »Ich frage mich, ob ich meine kritische Haltung ein wenig aufbrechen könnte. Eigentlich ein faszinierender Gedanke ... Andererseits lasse ich mich dann womöglich vollends gehen ... Wahrscheinlich würde ich bei dreihundert Kilo enden.«

Mona hatte einen weiteren entscheidenden Grund für ihre Einsamkeit entdeckt. Durch ihre Selbstkritik wollte sie verhindern, daß sie die Kontrolle verlor, aber diese Haltung verhinderte auch – ebenso wie Monas überkritische Art anderen Menschen gegenüber –, daß sie irgend jemanden an sich heranlassen konnte. Und Monas Kritik an anderen schützte sie davor, verletzt und zurückgewiesen zu werden, aber sie machte sie auch einsam.

Als Mona sich mit diesen Überlegungen auseinandersetzte, machte sie noch eine neue Erfahrung. Sie sagte: »Gestern kam Rick wieder zu mir an den Tisch. Und diesmal dachte ich: ›Du kannst die Doughnuts ja immer noch essen. Aber gib dem Mann eine Chance.‹ Ich hörte ihm bewußt zu und stellte fest, daß es durchaus interessant war, was er zu sagen hatte. Außerdem konnte ich mich tatsächlich eine Minute lang entspannen!«

Ruhig und nachdenklich fuhr sie fort: »Wir hatten ein richtig gutes Gespräch. Er verabredete sich nicht mit mir, aber – Sie können mich ruhig für verrückt halten – ich glaube, er wird es noch tun. Und das nehme ich dann auch an. Er ist nicht vollkommen, und ich will ihn auch nicht gleich heiraten. Aber vielleicht, vielleicht können wir einfach eine schöne Zeit miteinander haben.«

Es war nicht leicht für Mona, aber als sie feststellte, daß die Kritik, die sie auf sich gerichtet sah, gar nicht nur von außerhalb kam, setzte sie sich mit den manchmal schmerzhaften und oft überraschenden Konsequenzen des Widerspruchs auseinander, der daraus entstand, daß sie einerseits »vollkommen« sein wollte und sich andererseits nach einer echten (und damit per definitionem unvollkommenen) Beziehung sehnte. Ganz allmählich nahm sie neue Möglichkeiten wahr, öffnete sie ihr unvollkommenes Selbst für unvollkommene Beziehungen zu unvollkommenen Menschen und erschloß sich eine reichere und komplexere Erfahrungswelt.

Zu Monas anfänglicher Überraschung und schließlich auch Freude veränderte sich auch der Inhalt ihrer Tagträume. Zunächst gestand sie sich ein, daß sie tatsächlich Tagträume hatte. Als sie sich näher mit ihnen befaßte, stellte sie fest, daß sich ihr Inhalt wandelte. So wollte sie zwar immer noch abnehmen, erwartete aber nicht mehr von sich, daß sie »so schlank wie ein Model« sein müßte. »Ein schöner Traum«, sagte sie, »aber nicht meine Wirklichkeit.« Sie begriff, daß ihr Traum vom Schlanksein nichts anderes war als eine verschlüsselte Form ihrer ganzen Selbstkritik: »So wie ich bin, bin ich nicht gut genug.« Gelegentlich hatte sie auch andere Tagträume: »Ich stelle mir manchmal vor, daß mich die anderen so mögen könnten, wie ich bin. Das ist so ein erleichterndes Gefühl ...«

In unserer Kultur streben wir danach, unsere Träume zu verwirklichen, uns unseren Träumen entsprechend zu verhalten, oft bevor wir wirklich wissen, was sie uns sagen. Wir vergessen leicht, wie wichtig es ist, innezuhalten, unsere Träume sich entwickeln zu lassen und sie eingehender zu untersuchen, bevor wir handeln. Unsere Tagträume haben uns aber viel mehr zu sagen als einfach, was wir tun sollten oder auch wollen. Monas Tagtraum vom Schlanksein hing eng mit ihrer Überzeugung zusammen, daß sich, so wie sie war, kein Mann jemals für sie interessieren würde. Sie erkannte zugleich, daß der Tagtraum von ihrem Hochzeitstag den gar nicht so sehr verdeckten Wunsch enthielt, so wie sie war, geliebt zu werden und zu lieben. Dieser Wunsch wurde jedoch verzerrt durch ihre kritische Haltung sich selbst und anderen gegenüber, die sie gerade von den Menschen ausschloß, zu denen sie eine Beziehung aufbauen wollte.

Mona hatte eine wichtige Lektion gelernt: Wer genau auf seine Tagträume hört, kann durchaus auch handeln; doch wer einen bestimmten Tagtraum zur Grundlage seines Handelns macht, behindert damit andere Tagträume und schränkt seine Möglichkeiten ein, noch bevor er weiß, daß sie überhaupt existieren.

Verfrühtes Handeln kann aber nicht nur Tagträume verhindern, sondern auch Gefühle im Zaum halten, die manchmal unerträglich, verwirrend, beängstigend oder bedrohlich sind. Wie wir gesehen haben, versuchen wir häufig, solche unerträglichen Gefühle durch unser Verhalten abzuwehren. Wenn wir nun unsere Tagträume untersuchen, fühlen wir uns häufig verwirrt und unsicher – Gefühle, die viele von uns, genau wie Mona, nur schlecht ertragen können. Aber allein schon die Tatsache, daß Sie Ihren Gefühlswirrwarr zulassen, bringt Sie dem goldenen Kern Ihrer Tagträume schon sehr viel näher.

Und das ist besonders wichtig: Solange Sie nicht akzeptieren können, daß Sie »nicht wissen«, können Sie auch nicht herausfinden, was Sie wissen. Mona stellte fest, daß die Fixierung auf ihren »unmöglichen Traum« von vollkommener Schlankheit sie frustriert und unzufrieden machte. Er hinderte sie auch daran, sich mit ihren Gefühlen auseinanderzusetzen, und schränkte ihre Fähigkeit ein, andere Bedürfnisse zu befriedigen oder auch nur zu erkennen.

Im nächsten Beispiel wird deutlich werden, wie man wertvolle Erkenntnisse über sich selbst gewinnen und wichtige Veränderungen in die Wege leiten kann, wenn man nicht übereilt handelt, sondern zunächst die verwirrenden Gefühle seiner Tagträume erforscht.

Erst wägen, dann wagen: Was Sie aus Ihrem Verhalten erfahren

Nancy ist eine lebhafte, rothaarige Schauspielerin, die sich, als sie auf die Vierzig zuging, von ihrer Liebe zu zwei Männern »innerlich zerrissen« fühlte. Sie suchte mich auf, weil sie sich nicht in der Lage sah, die schwierigste und weitreichendste Entscheidung in ihrem Leben zu treffen.

»Mein Mann David war der bezauberndste, aufregendste, bestaussehende Mann, der mir je über den Weg gelaufen ist«, erzählte sie. »Er bat mich genau einen Monat, nachdem wir uns kennengelernt hatten, ihn zu heiraten, und ich sagte sofort ›ja!‹. Er schien alles an mir zu mögen – selbst die Tatsache, daß ich so zerstreut und unorganisiert bin. Er bewunderte mich dafür, daß ich meine Schauspielerkarriere, die mir so wichtig war, so zielstrebig anging – auch wenn ich dafür ein völlig verrücktes und chaotisches Leben führen mußte.

Vielleicht hätte ich doch besser auf meine Freunde gehört. Sie mochten David von Anfang an nicht. Irgend etwas an ihm erschien ihnen gezwungen oder künstlich. Sie rieten mir, ihn erst einmal näher kennenzulernen, bevor ich ihn heiratete. Ich hielt das für puren Neid darauf, daß ich das Glück hatte, diesen wunderbaren Mann gefunden zu haben, der mich ebenso sehr liebte wie ich ihn.

Kurz nach unserer Heirat stellte ich fest, daß David ziemlich cholerisch war. Wenn ich etwas tat, was ihm nicht gefiel, schrie er mich an. Zuerst nahm ich es einfach hin. Das zeigte wenigstens, wie leidenschaftlich er war. Vor David war ich zwei Jahre lang mit einem »netten Kerl« zusammen gewesen, und was der tat, war so langweilig und vorhersehbar geworden, daß es mich schüttelte. Das Leben mit David dagegen war aufregend. Ich glaube, ich war in das Drama unseres Ehelebens verliebt. Wir hatten heftige Auseinandersetzungen, bei denen wir uns anbrüllten und hin und wieder auch mit Gegenständen warfen. Ein paarmal hatte ich Angst, daß er mich schlagen würde, und ein- oder zweimal packte er mich und schüttelte mich so wild, daß ich dachte, er bricht mir das Genick. Aber am schlimmsten waren die schrecklichen und grausamen Dinge, die er sagte. Er brach mir das Herz. Manchmal fing ich an zu weinen, lief die Treppe hoch und schloß die Schlafzimmertür ab. Dann rannte er hinter mir her, schlug mit der Faust gegen die Tür und drohte, sie einzutreten. Aber in dieser Anfangszeit endete jeder Streit damit, daß wir uns weinend in den Armen lagen. Er entschuldigte sich und sagte mir, wie sehr er mich liebe. Wir hatten wunderbaren Sex zusammen und fühlten uns einander näher denn je.

Aber als wir dann etwa sechs Jahre lang zusammen waren, wollte ich eine Familie gründen. Zuerst wich er mir einfach aus. Dann sagte er, ich sei zu zerstreut, um Kinder haben zu können. Das tat richtig weh. Was war aus dem Mann geworden, der früher einmal gesagt hatte, er liebe mich so, wie ich bin? Wir hatten einige heftige Auseinandersetzungen zu diesem Thema. Und dann wurden auch die anderen Streitereien – über meine Qualitäten als Hausfrau oder über seine Knauserigkeit – immer schlimmer. Sex und Romatik verflüchtigten sich. Wenn wir miteinander schliefen, was nicht mehr oft vorkam, war es nur noch das übliche ›rein, raus, fertig‹.

Dann – ich weiß nicht wie, denn ich fühlte mich ziemlich niedergeschlagen – bekam ich eine Rolle in einer Seifenoper. Nichts Großartiges oder Interessantes, aber eine richtige Rolle – und ich wurde dafür bezahlt! David schien stolz auf mich zu sein, und unsere Beziehung wurde wieder besser. Wir hatten ein paar schöne und vertraute Abende zusammen. Wir schliefen wieder miteinander, auch wenn von einem Kind nicht die Rede war. Unser Leben wurde ein wenig besser. Aber wahrscheinlich war das nicht genug. Ich sehnte mich immer noch nach dem David, der mich anbetete. Ja, und dann habe ich vor einiger Zeit Alex kennengelernt. Alex findet mich großartig, er hält mich für brillant und für eine fabelhafte Schauspielerin. Er bringt mir jeden Tag ein kleines Geschenk. Er ist einfach der süßeste, netteste, liebevollste Mann, den ich jemals kennengelernt habe. Ich sagte mir, wir sind nur Freunde, aber dann wollte er mit mir feiern, daß ich schon sechs Monate in dieser Serie spiele. David hatte keine Zeit. Also ging ich allein. An dem Abend begann unsere Affäre. Und jetzt bin ich in der Zwickmühle. David liebe ich immer noch – aber ich liebe auch Alex. Ich möchte mit beiden zusammen sein.«

Nancys Tagträume kreisten um realitätsfremde Lösungen für ihr »Dilemma«. Sie wollte mit David zusammenbleiben, wenn er doch nur etwas von Alex hätte. Und sie wollte mit Alex zusammensein, wenn sie dafür nur David nicht verlassen müßte. In diesen Wünschen spiegelten sich ihre heftig widerstreitenden Gefühle, sie trugen aber nicht dazu bei, ihre Situation zu klären oder sie einer realistischen Entscheidung näherzubringen. Anders als Andrea, die ihren Tagträumen einen Riegel vorschob, um die schmerzliche Enttäuschung nicht mehr erleben zu müssen, an die sie sich aus ihrer Kindheit erinnerte, wußte Nancy, daß sie tagträumte – tatsächlich hatte sie überwältigend viele Phantasievorstellungen. Doch diese Flut an Tagträumen hatte denselben Zweck wie Andreas nicht vorhandene Phantasien: Sie bewahrte sie davor, etwas über sich selbst in Erfahrung zu bringen. Wie Andrea fiel es auch Nancy schwer, mit ihren Tagträumen zu spielen: Entweder hatte sie welche, oder sie hatte keine. Sie hatte das Gefühl, sie könne ihre Tagträume nicht kontrollieren.

»Spielen« mag eine seltsame Bezeichnung dafür sein, die widersprüchlichen und oft schmerzlichen Gefühle zu erforschen, mit denen sowohl Nancy als auch Andrea kämpften. Im weitesten Sinne ist das Spielen jedoch ein nützliches Konzept für die Arbeit, mit der wir uns befassen. Im Spiel lernen Kinder sich selbst und die Welt, in der sie leben, kennen. Es ist kein Zufall, daß auch der britische Kinderarzt und Psychologe D. W. Winnicott diesen Begriff gebrauchte, um zu beschreiben, was wir tun, wenn wir unsere innere Phantasiewelt erkunden. Wie viele Kinderspiele ist auch diese Art zu spielen ein entscheidender Schritt auf dem Weg zur Selbsterkenntnis und zum authentischen Selbstausdruck, und genau dazu forderte ich Nancy nun auf: Sie sollte sich Zeit nehmen, um über ihre ganz persönlichen Träumereien nachzudenken, so daß sie – bevor sie handelte – genauer wußte, was sie sich selbst eigentlich zu sagen versuchte. Als Nancy nun lernte, ihre Gedanken zu sichten, mußte sie sich tatsächlich mit Aspekten ihrer Persönlichkeit auseinandersetzen, die sie bis dahin nicht beachtet hatte.

Eines Tages sagte sie: »Kürzlich habe ich mich mit David über O. J. Simpson unterhalten, und wir diskutierten darüber, ob es irgendeine Rechtfertigung dafür gibt, einen anderen Menschen zu töten. David sagte, er findet es in Ordnung, wenn ein Mann seine Frau umbringt, weil sie ständig fremdgeht.« Nancys Augen füllten sich mit Tränen. »Ich wußte nicht, was ich davon halten sollte. Heißt das, David würde mich umbringen, wenn er wüßte, daß ich eine Affäre habe?«

Ich bat Nancy, mir zu sagen, was sie selbst dazu meinte. Immer noch mit Tränen in den Augen antwortete sie: »Ich glaube, er wollte mir drohen. Wahrscheinlich weiß er nichts von Alex, aber er spürt vielleicht, daß da etwas ist. Und außerdem ..., ich weiß nicht ..., aber ich kann mir vorstellen, daß er mich umbringen könnte. Danach würde er sich entsetzlich fühlen, das weiß ich, aber dann wäre es ja schon zu spät.«

Diesen Tagtraum konnte ich nicht auf die leichte Schulter nehmen. Zugleich konnten wir aber auch nicht einfach den Schluß ziehen, daß David tatsächlich zum Mörder werden würde – oder daß er auch nur dazu in der Lage wäre. Nancys Tagtraum konnte unbewußte Erkenntnisse über David widerspiegeln, aber ebenso konnte er ein Abbild von Nancys unbewußten Gefühlen im Hinblick auf seine verbale Gewalttätigkeit sein – etwas, das sie tendenziell herunterspielte oder gar nicht beachtete. Außerdem konnte der Tagtraum weitere Informationen über die Dynamik ihrer Beziehung sowie über Gefühle und Gedanken enthalten, die Nancy nicht unmittelbar zugänglich waren.

Manchmal ist es äußerst schwierig, die Risiken in einer Beziehung selbst einzuschätzen. Wenn Sie den Verdacht haben, daß Ihr Partner gewalttätig werden könnte, sollten Sie grundsätzlich professionelle Hilfe von außen suchen, um herauszufinden, was genau Sie sich damit sagen wollen und ob Sie in Gefahr sind oder nicht. Manchmal läßt sich Ihre Situation leichter klären, wenn Sie Ihre Tagträume erforschen und Ihren Assoziationen freien Lauf lassen.

Da Nancy weiterhin behauptete, Davids verbale Aggressionen seien unbedeutend, konzentrierten wir uns auf die Frage seiner Gewalttätigkeit in der Vergangenheit und auf die derzeitigen Probleme in ihrer Beziehung. »Ich weiß, daß ich dazu neige, alles zu dramatisieren«, sagte Nancy schließlich. »Ich meine, David hat mich immer höchstens ein bißchen geschüttelt. Ich wußte, daß das nicht gut war, aber er wurde nicht wirklich gewalttätig. Und er hat mich jahrelang nicht angefaßt. Tatsächlich geht er jetzt immer weg, wenn er sich ärgert. Ich glaube eigentlich nicht, daß er mir weh tun würde.«

Anders als manche Frauen mit gewalttätigen Partnern hatte Nancy nicht das Gefühl, daß sie es verdiente, verletzt zu werden, und sie schien auch nicht zu leugnen, daß Davids Reaktionen und Verhalten in der Vergangenheit wie in der Gegenwart durchaus problematisch waren. Doch ihre Phantasien und ihr Wunsch, mit David trotz seines »gewalttätigen Potentials«, wie sie manchmal sagte, zusammenzubleiben, enthielten noch andere Bedeutungen. Um an diese Informationen heranzukommen, forderte ich Nancy auf, ein wenig weiter in den Tagtraum einzudringen, in dem es darum ging, was David tun würde, wenn er herausfand, daß sie eine Affäre hatte.

»Ich bin ziemlich sicher, daß er keine Ahnung hat«, sagte Nancy, »obwohl ich mir denken könnte, daß er es unbewußt irgendwie spürt. In einem meiner Tagträume bedroht er mich wahrscheinlich deshalb, ohne zu wissen, was er tut, weil er mich unbewußt doch verdächtigt ... Aber – das ist doch nicht mehr normal – wahrscheinlich meinen Sie das, wenn ich meine Tagträume weiterspinnen soll, aber ich will gar nicht glauben, daß ich so denken könnte ...« Sie holte tief Atem und fuhr dann fort. »Ich scheine eine krankhafte Lust daraus zu ziehen, mir vorzustellen, David würde gewalttätig.«

Wie Andreas Weigerung, überhaupt Tagträume zuzulassen, und wie Monas Freßanfälle, war auch Nancys Bewertung ihres Tagtraums als »krankhaft« eine Möglichkeit, einige der Gefühle und Gedanken zurückzuhalten, vor denen sie sich fürchtete. Dieser Widerstand war, wie bereits erwähnt, durchaus normal. Wir passen uns auf diese Weise inneren und äußeren Konflikten an. Eine solche Selbstzensur schränkt jedoch unsere

Fähigkeit ein, unsere Tagträume zu erforschen und uns damit besser zu verstehen. Der daraus resultierende Mangel an Selbsterkenntnis hindert uns wiederum daran, die Veränderungen in die Wege zu leiten, die uns am wichtigsten sind.

Ich fragte mich, wie Nancy diese Tagtraum-Gedanken verstehen würde, wenn sic sie nicht als »krankhaft« bezeichnete. »Können Sie sich auch eine nicht wertende Beschreibung dieser Gefühle vorstellen?«

Nachdem Nancy eine Weile überlegt hatte, sagte sie: »Wahrscheinlich würde ich sagen, daß ich Probleme habe – obwohl sich das wie eine Untertreibung anhört. Und ...« Sie wirkte überrascht von ihren eigenen Gedanken. »Vielleicht ist die Vorstellung, daß David mich umbringen könnte, eine Art Lösung des Konflikts. Denn wenn er gewalttätig würde, hätte ich keine Wahl. Dann *müßte* ich gehen. Ich meine, ich würde nicht zulassen, daß er mich noch einmal so schüttelt ...«

In den folgenden Wochen notierte sich Nancy ihre Tagträume über Davids potentielle Gewalttätigkeit. Sie achtete genau auf das, was unmittelbar vor ihrem Tagtraum geschah, und sie notierte auch ihre ersten Gedanken nach dem Tagtraum. Ein Thema tauchte immer wieder auf. Sie bezeichnete es als das »Baby-Problem«. »Zum Donnerwetter, ich bin jetzt schon fast vierzig. Ich will nicht mit David zusammenbleiben und dann in einem Jahr eines Morgens aufwachen und merken, daß es zu spät ist, um einen anderen Mann kennenzulernen und mit *ihm* eine Familie zu gründen. Ich bin mir aber auch nicht sicher, ob Alex die Lösung ist ... Ich habe Tagträume, in denen ich mit ihm zusammen bin und sogar ein Baby von ihm habe, aber ich weiß nicht, ob ich ihn heiraten will. Manchmal stelle ich mir vor, ich habe ein Baby, bei dem ich gar nicht weiß, wer von beiden der Vater ist, manchmal bleibe ich mit beiden befreundet, ohne mit einem von ihnen zusammenzuleben, und manchmal verlasse ich beide. Vielleicht sollte ich wieder zu meinen Eltern ziehen. Sie würden sich um mich kümmern, aber dort würde ich in ein paar Tagen verrückt. Vielleicht könnte ich mir auch ein kleines Studio mieten und allein leben. Dann würde ich mir eine Katze oder einen Hund – oder beides – zulegen.« Ihre Gedanken und Worte überschlugen sich. »Aber wenn die Show eingestellt wird oder ich meine Rolle verliere, bekomme ich Probleme. Ich will nicht, daß Alex mich finanziell unterstützt, und David würde mir keinen Pfennig Unterhalt bezahlen.«

Als Nancy diesen Tagträumen weiter nachging, gelangte sie über ihre Assoziationen zu weiteren, bis dahin nicht erkannten Wahrnehmungen. »Manchmal stelle ich mir vor, daß David mir sagt, er bedauere es sehr, aber er habe eine andere Frau kennengelernt.« Sie schwieg, aber sie hatte Tränen in den Augen. »Allein der Gedanke daran verletzt mich zutiefst. Aber gleich danach ... fällt mir etwas anderes ein. Ich habe noch einen geheimen Tagtraum. Normalerweise hindere ich mich daran, ihn ›laut‹ – in meinem Kopf – zu denken. Und dann vergesse ich ihn auch wieder. Wenn ich gerade von krankhaften Gedanken rede ...« Sie zögerte und zwang sich dann offensichtlich, auch den Rest zu sagen. »Das ist auch ein Teil des Tagtraums, in dem ich mir vorstelle, daß David mich schlägt: Ich glaube, ich sehne mich regelrecht danach, daß David gewalttätig wird. So, jetzt ist es heraus ... In letzter Zeit habe ich angefangen, darüber nachzudenken. Wenn ich mir ansehe, was ich nach diesem Tagtraum aufschreibe, erscheint mir die Bedeutung offensichtlich. Ich glaube, ich habe seine Gewalttätigkeit als Zeichen seiner Liebe betrachtet. Und genau das will ich eigentlich – wissen, daß er mich liebt, sich für mich interessiert und mich braucht.«

Nancys Tagträume waren kein Hinweis darauf, daß sie wirklich wollte, daß David gewalttätig wurde. Aber erst, als sie die mit ihren Tagträumen verbundenen Assoziationen erforschte, knackte sie die Tür zu dem bis dahin nicht erkannten Zusammenhang. Ihr Leben veränderte sich nicht von heute auf morgen. Aber schon diese kleine Öffnung veränderte ihre Selbstwahrnehmung und führte zu einer völlig veränderten Perspektive und zu weitaus mehr Verhaltensalternativen.

Daß Nancy einige der komplexen Bedeutungen ihrer Tagtraum-Bilder verstand, befähigte sie noch nicht, sofort einen Ausweg aus dem schmerzlichen Dilemma ihrer Liebe zu zwei Männern zu finden. Im Lauf der Zeit wurde ihr jedoch klar, daß Alex sie an den »netten Kerl« erinnerte, mit dem sie vor ihrer Ehe mit David zwei Jahre lang zusammen gewesen war. »Noch schüttelt es mich nicht vor Langeweile – noch nicht«, sagte sie. »Aber die Leidenschaftlichkeit in meiner Ehe mit David ist mir wohl doch lieber. Ich frage mich nur, ob das nicht auch mit weniger Aggressionen ginge und ohne das Gefühl, daß ich – körperlich oder seelisch – in Gefahr bin. Ich weiß nicht, wie wir das Baby-Problem lösen können, aber jetzt müssen wir einfach mal klären, ob von unserer alten Leidenschaft noch etwas übrig ist und ob wir uns wirklich gut verstehen, und dann, ob wir unsere Beziehung noch einmal neu beleben können.«

Der Psychologe und Autor Dr. Stephen Mitchell aus New York City beschreibt Nancys Zwiespalt als relativ häufig: Konflikte in der Liebe sind oft ein Versuch, das Bedürfnis nach Leidenschaft und das Bedürfnis nach Sicherheit miteinander zu vereinbaren. Für Nancy war eine stabile Beziehung ohne ein gewisses Risiko und ein gewisses Maß an Aufregung letztendlich langweilig. Obwohl ihr Verhalten verschiedene Bedeutungen hatte, erkannte sie nun, daß ein Aspekt ihrer Affäre mit Alex und vielleicht sogar ihres Kinderwunsches das nicht erkannte Bedürfnis war, ihre Beziehung zu David interessanter zu machen.

Vielleicht entsteht Ihre Leidenschaft aus der tiefen Bindung einer sanfteren, aber sichereren Beziehung. Vielleicht beenden Sie auch häufig alte Beziehungen und nehmen neue auf, weil Ihnen die Geburtswehen einer neuen Leidenschaft eher als die Sicherheit einer langen Beziehung das Gefühl geben, lebendig zu sein. Vielleicht streben Sie auch danach, beides miteinander zu verbinden, um in einer langfristigen, sicheren Partnerschaft Leidenschaftlichkeit zu finden. In jedem Fall aber können Ihre Tagträume einen Hinweis auf Ihre Präferenzen geben, auf die Konflikte, die damit einhergehen und auf die Möglichkeiten einer Veränderung. Vergessen Sie nicht, daß es hier keine allein richtige Lösung gibt. Die Sehnsüchte, Befriedigungen und Konflikte in Ihrem Liebesleben sind hochkomplex. Die für Sie passende Lösung zu finden setzt Selbsterkenntnis und Selbstakzeptanz voraus und keine Selbstkritik oder von außen übergestülpte Wertvorstellungen. Selbsterkenntnis läßt sich nur langsam gewinnen. Haben Sie Geduld, wenn Sie Ihre Blockierungen angehen: Es sind Mechanismen des Selbstschutzes, die Sie entwickelt haben, um mit überwältigenden oder verstörenden Gefühlen, verwirrenden Wünschen und widersprüchlichen Bedürfnissen fertigzuwerden.

Im nächsten Beispiel werden Sie sehen, wie »inakzeptable« Tagträume Hinweise darauf enthalten können, daß man sich vor einer tiefen Bindung fürchtet. Denken Sie beim Weiterlesen an Ihre eigenen inakzeptablen Tagträume, und versuchen Sie, die Themen dieser Tagträume nachzuzeichnen, ohne gleichzeitig ihren Inhalt zu bewerten.

Der Junggeselle, der nicht zu haben ist: Tagträume und emotionale Bindungen

Als erstes fiel mir an Larry auf, wie gut er aussah. Dann, daß er unglaublich charmant war. Das schien er auch alles selbst zu wissen, doch wie er sagte, war das ein Teil des Problems. »Ich werde von meinen Freunden und Bekannten zu jeder Party eingeladen. Man verkuppelt mich ständig mit wunderschönen, interessanten Frauen, und ich tue mich auch nicht schwer, selbst Frauen anzusprechen. Ich bin fünfunddreißig und der begehrteste Junggeselle der Stadt.

Das klingt vielleicht nicht nach einem Problem, aber es ist eines. Ich würde gern seßhaft werden und eine Familie gründen. Ich meine, zur Zeit bin ich mit einer wunderbaren Frau zusammen. Sie ist schön, liebevoll, intelligent. Sie ist zehn Jahre älter als ich, aber das stört mich nicht, auch wenn sie manchmal damit Probleme hat. Darüber sprechen wir dann auch – wir haben insofern eine wirklich offene, wunderbare Beziehung. Das Problem ist nur, daß ich davon träume, wahnsinnig in eine Frau verliebt zu sein, die ich keine Minute allein lassen kann und an der ich einfach alles liebe. Dieses Gefühl habe ich bei Joanna nicht. Ich liebe sie wirklich. Wir reden davon, daß wir heiraten und Kinder bekommen wollen oder, wenn sie keine mehr bekommen kann, daß wir welche adoptieren wollen. Ich *will* sie heiraten. Aber die alles überwältigende Leidenschaft ist einfach nicht da.

Ich muß mich jetzt entscheiden, weil ich sie einfach nicht mehr so hinhalten kann. Es ist ihr gegenüber nicht fair. Sie will eine feste Beziehung, und wenn ich nicht will, muß ich mich von ihr trennen, damit sie jemand anderen kennenlernen kann. Einerseits bin ich nicht bereit, mich endgültig an sie zu binden ..., andererseits halte ich den Gedanken nicht aus, daß wir nicht mehr zusammensein könnten.

Tatsache ist, daß ich sie sehr vermisse, wenn ich nicht mit ihr zusammen bin. Aber wenn ich dann mit ihr zusammen bin, freue ich mich in den ersten paar Stunden, und dann fange ich an, alle ihre Fehler und Schwächen zu sehen, alles, was ich nicht so sehr an ihr mag.

Mit dem Sex ist es ganz genauso. Wenn Joanna in einen Raum kommt, drehen sich alle Männer nach ihr um, weil sie so sexy ist. Es macht mich an, sie nur anzuschauen. Aber dann fällt mir auf, daß ihr Make-up verschmiert ist oder daß sie einen Pickel im Gesicht hat oder daß ich ihre Kleidung nicht mag. Wenn ich dann eine andere gutaussehende Frau entdecke, stelle ich mir vor, ich würde mit *ihr* ins Bett gehen. So wie kürzlich, als wir in unserem Lieblingsrestaurant waren und am Nebentisch zwei blendend aussehende Frauen saßen. Ich konnte es selbst kaum glauben, aber ich stellte mir tatsächlich vor, wie es wäre, mit beiden zusammen Sex zu haben.«

Ich fragte Larry, ob er mir mehr über seinen Tagtraum erzählen könnte. »Eigentlich denke ich nicht gern daran. Mein Vater hat meine Mutter jahrelang betrogen. Und meine Mutter war zutiefst verletzt. Ich hasse die Vorstellung, daß ich so sein könnte wie er. Das ist einer der Gründe dafür, daß ich mich nicht endgültig binde. Es wäre der Frau gegenüber einfach unfair.«

»Meinen Sie, es macht keinen Unterschied, ob man an etwas denkt oder es auch tatsächlich tut?« fragte ich ihn.

»Nein, so gesehen eigentlich nicht. Obwohl, ein bißchen schon, denn ich fühle mich immer schuldig, wenn ich solche Gedanken habe.« Kurz darauf fügte er hinzu. »Aber worüber soll ich nachdenken, wenn nicht über meine Tagträume? Irgendwie ist es mir unangenehm, mit Ihnen darüber zu sprechen – noch unangenehmer, als darüber nachzudenken.« Er grinste jungenhaft. »Sie haben vielleicht einen Job – müssen sich die sexuellen Phantasien anderer Leute anhören.«

Als wir zusammen lachten, ließ die Spannung ein wenig nach, und Larry fühlte sich bereit, die zutiefst privaten, oftmals peinlichen Ausdrucksmittel seines innersten Selbst, seine sexuellen Tagträume, zu erforschen. Sexuelle und romantische Tagträume hängen oft auf die unterschiedlichste Weise miteinander zusammen, die nicht immer offenkundig ist. Doch in der Regel ist es einfacher, über romantische Tagträume zu sprechen als über sexuelle Tagträume. Nach Freud liegt das daran, daß alle neurotischen Störungen in Konflikten begründet sind, die daraus entstehen, daß sexuelle und aggressive Triebe vom Ich nicht zugelassen werden können. Heinz Kohut dagegen, ein Psychoanalytiker, der in den siebziger Jahren mit der Freudschen Tradition brach, sieht oft einen umgekehrten Zusammenhang: Sexuelle Trauminhalte sind Symbole für Konflikte auf einer anderen Ebene. Mit anderen Worten, wir schrecken nicht nur davor zurück, sexuelle Tagträume zu analysieren, weil wir damit ein gesellschaftliches Tabu brechen würden, sondern auch, weil sie oft andere inakzeptable oder konfliktbesetzte heftige Gefühle und Gedanken über uns selbst und andere Menschen widerspiegeln, Bilder, die wir nie verarbeitet haben, weil sie nicht einmal unser innerstes Selbst zulassen kann.

Eine solche Sicht seiner Tagträume erleichterte es Larry, über die Gedanken zu sprechen, die er hatte, als er die beiden Frauen im Restaurant gesehen hatte. »Ich stellte mir vor, wie es wohl wäre, mit diesen beiden Frauen ins Bett zu gehen. Eine würde mich küssen und streicheln, und die andere würde *sie* küssen und streicheln. Dann stellte ich mir vor, wie sie sich beide mit mir beschäftigen würden, wobei ich einfach passiv dalag und sie machen ließ. Verstehen Sie mich nicht falsch. Sex mit Joanna ist für mich das Größte. Dabei sind wir beide aktiv, ich meine, ich bin normalerweise nicht sexuell passiv, aber manchmal habe ich Spaß daran, daß eine Frau die aggressivere Rolle übernimmt, so daß ich mich zurücklehnen und die passive Rolle spielen kann. Und Joanna macht das wirklich cool, obwohl es ihr auch gefällt, wenn ich die aggressivere Rolle übernehme. Sex mit Joanna ist wie Dynamit. Ich begreife nicht, warum ich nicht befriedigt bin.«

Ich bat Larry, mir seine Gedanken zu dem Bild des Sichzurücklehnens und Passivseins mitzuteilen.

Seine Augen verdunkelten sich. »Um Ihnen die Wahrheit zu sagen – mit diesem Tagtraum hat es mehr auf sich. Es ist mir wirklich unangenehm, darüber zu reden. Aber nachdem ich nun schon so weit gegangen bin ...« Er atmete tief durch. »Ich stelle mir vor, daß die Frauen mich fesseln. Sie spielen mit mir wie mit einem Instrument, streicheln mich, küssen mich, erregen mich immer mehr, lassen mich aber nicht kommen, bis ich das Gefühl habe, es nicht mehr auszuhalten. Dann setzt sich eine von ihnen auf meinen Penis, und die andere küßt mich auf den Mund, und ich komme. Ein Wahnsinnsgefühl.«

Larry war es zwar peinlich, aber er zeigte sich doch interessiert, als ich ihn fragte, welche Themen er in seinem Tagtraum erkannte.

»Na ja, das ist einmal dieses Thema Zurücklegen und Passivsein, über das wir schon gesprochen haben ...« Larry hatte gelernt, sich die Assoziationen zu seinen Tagträumen bewußtzumachen. Deshalb sagte er spontan: »Und zu dem Thema fiel mir das ›Gefesseltsein‹ ein. Genau so fühle ich mich immer bei Joanna. Sage ich damit, daß ich nur empfangen kann, wenn ich gefesselt bin?«

Larry hatte seinen eigenen Konflikt in Worte gefaßt: sein Bedürfnis danach und zugleich die Angst davor, daß jemand anderer die Kontrolle übernahm. »Wissen Sie, kürzlich fiel mir dazu etwas ein. Vielleicht bin ich mit einer älteren Frau zusammen, weil ich das Gefühl habe, ihr tatsächlich hin und wieder die Initiative überlassen zu können, ohne den ›Mann‹ spielen zu müssen. Aber jetzt merke ich, daß mir das auch höllisch angst macht.«

Ich schlug vor, Larry solle auf seinen nächsten Tagtraum mit anderen Frauen achten: »Versuchen Sie, in Gedanken unmittelbar vor die Phantasievorstellung zurückzugehen: was Sie tun, denken, fühlen und sagen und mit wem Sie zusammen sind.

Diese Gedanken könnten einige wichtige Hinweise auf Ihre Konflikte enthalten.«

In unserer nächsten Sitzung wollte Larry gleich über seine Tagträume sprechen. »Das ist wirklich interessant«, sagte er aufgeregt und strich sein dunkles Haar aus der Stirn. »Ich war mit Joanna zusammen. Wir saßen aneinandergekuschelt auf dem Sofa und sahen fern. Ich trank ein Bier. Da kam im Fernsehen ein Werbespot mit einer gutaussehenden Blondine im Badeanzug – ich weiß nicht einmal mehr, wofür. Sofort überlegte ich, wie diese Frau wohl im Bett wäre. Ganz kurz dachte ich auch daran, wie es wäre, wenn sie und eine andere Frau mich gemeinsam um den Verstand vögeln würden. Und dann versuchte ich, noch einmal zurückzugehen und mir zu überlegen, woran ich unmittelbar zuvor gedacht hatte. Mir fiel nur ein, daß ich mich total gemütlich, entspannt und liebevoll gefühlt hatte. Joanna hatte mir kurz zuvor das Bier gebracht und sich neben mich gekuschelt. Ich hatte gesehen, daß sie einen Pickel auf der Nase hatte. Und dann kam die Blondine.

Ich versuchte, mich genauer zu erinnern, und als mir einfiel, wie gemütlich es mit Jo zusammen gewesen war, wußte ich auch wieder, was ich mir sonst noch überlegt hatte – entweder, als der Werbespot anfing, oder aber kurz davor. Jedenfalls dachte ich vor dem Tagtraum, daß es eigentlich gefährlich war, sich so behaglich zu fühlen. Das habe ich schon oft gedacht, aber ich habe es nie mit meinen Tagträumen in Verbindung gebracht.«

Ich fragte ihn, was er mit diesem Gedanken anfangen wolle.

»Na ja, ich hatte immer die Sorge, daß ich mich allzu abhängig von einem Menschen machen könnte. Vielleicht stelle ich mir deshalb gern vor, daß ich Sex mit zwei Frauen habe – das ist meine Version von Safer Sex, als ob ich nicht alles auf dasselbe Pferd setzen wollte. Wenn eine von ihnen Mist macht, mich nicht befriedigt, mich irgendwie hängenläßt, käme ich immer noch gut dabei weg, weil mir ja die andere bleibt.«

»Was ist mit der Vorstellung, sie würden Sie ›um den Verstand vögeln‹?«

Er lachte. »Dann könnte ich nicht mehr nachdenken, müßte mir keine Sorgen mehr machen und könnte mich einfach treiben lassen.« Er schwieg eine Minute. »Wissen Sie«, fuhr er fort, »ich glaube, ich befürchte immer, von jemand fallengelassen zu werden, dem ich eigentlich vertraue. Vielleicht suche ich deshalb immer nach Fehlern bei Joanna, dann weiß ich auch, woher mir bei ihr Gefahr droht. Damit habe ich schließlich genug Erfahrung – mein Vater hat ja meine Mutter oft genug hängenlassen und sie dadurch sehr verletzt. Und mich hat er damit wahrscheinlich genauso verletzt, weil er ein so schlechtes Vorbild war und jemand, auf den ich mich nicht wirklich verlassen konnte. Ich habe immer gesagt, daß ich nicht so werden will wie er, aber es sieht so aus, als ähnelte ich ihm mehr, als ich dachte. Ich bin genausowenig bindungsfähig wie er.«

Ich fragte Larry, ob er glaube, sein Vater habe sich auch davor gefürchtet, von jemandem verletzt zu werden, auf den er sich einließ. Er schwieg einen Augenblick und antwortete dann: »Wissen Sie, ich habe mich immer geweigert, meinen Vater zu verstehen. Aber als Sie das gesagt haben, ist mir eingefallen, daß er vielleicht ebenso geliebt werden wollte wie ich, aber sich ebenso davor fürchtete. Und dann habe ich mir auch überlegt – ich weiß nicht, ob ich das überhaupt in Worte fassen kann –, daß es irgend etwas damit zu tun haben könnte, daß man sich in einem anderen Menschen verliert. Ich meine, wenn man die Kontrolle völlig aus der Hand gibt und sich dem anderen völlig hingibt, kann man da denn wieder zurück? Es ist, als verschmelze man mit ihm, und ich frage mich, ob man dann seine eigenen Konturen wiederfinden kann. Ich habe keine Ahnung, ob das die Befürchtung meines Vaters war, aber meine ist es ganz sicher!«

Larry hatte die Tür zu beeindruckenden Bildern und erstaunlichen Konflikten in seiner Psyche geöffnet. Seine romantischen und sexuellen Tagträume enthielten wichtige Hinweise darauf, daß er die Abhängigkeit einer emotionalen Beziehung zugleich suchte und fürchtete. Er erkannte nun, daß seine Scheu, sich zu binden, unmittelbar mit der Angst vor seinem bis dahin unerkannten Bedürfnis zusammenhing, die Kontrolle zu verlieren und jemand anderem das Steuer zu überlassen. Denn zugleich fürchtete er sich davor, daß, wenn dies einmal geschehen war, er sein eigenes, individuelles Selbst nicht mehr wiederfinden würde.

Die Aufdeckung dieser Konflikte bewirkte nicht, daß Larry nun urplötzlich in der Lage war, sich wirklich an Joanna zu binden, doch nun kannte er wenigstens einige seiner Dämonen. Wenn er wieder einmal von Joanna enttäuscht war oder in seinen Tagträumen mit anderen Frauen zusammen war, konnte er herausfinden, was diese Gefühle in ihm ausgelöst hatte. Nachdem er nun wußte, wonach er suchen mußte, wunderte er sich nicht mehr darüber, daß er oft gerade dann so reagierte, wenn er sich Joanna nahe fühlte. Bei Larry schien ein Gefühl der Nähe ein solches Bedürfnis nach Abhängigkeit auszulösen, daß er seine Identität schwinden sah. Larrys Tagträume mit anderen Frauen und seine kritische Haltung Joanna gegenüber förderten sein Selbstgefühl, hinderten ihn aber zugleich an der Erfüllung des Wunsches, sich vollständig an die Frau, die er liebte, zu binden. Als Larry diese Konflikte durchschaute, konnte er auch seine Verwirrung ertragen und hatte nicht mehr den Eindruck, er müsse »etwas unternehmen«. Er sagte: »Ich weiß, daß ich Joanna liebe. Ich weiß, daß ich mich davor fürchte, sie zu lieben. Aber wir haben darüber gesprochen, und sie findet es in Ordnung. Wenn Joanna damit leben kann, kann ich auch damit leben. Nachdem es jetzt ausgesprochen ist, fühle ich mich auch nicht mehr ganz so unter Druck ... vorläufig zumindest.«

Liebe, Sex und Nähe: Beziehungen aufbauen

In der Psychologie ist es ein Gemeinplatz, daß wir Menschen die Nähe anderer Menschen suchen. Das entspricht unserer Natur. Doch mit dem Wunsch nach Nähe kann auch die Furcht vor dem Verlust der Unabhängigkeit einhergehen: Wir wünschen und fürchten zugleich, mit einer anderen Person zu verschmelzen, was, wie Larry formulierte, uns das Gefühl unserer eigenen Individualität rauben würde. Unser Bemühen um ein akzeptables Gleichgewicht zwischen Gebundensein und Getrenntsein entscheidet wesentlich darüber, welche Gefühle wir uns selbst und anderen gegenüber hegen.

Erkennen Sie einen Zusammenhang mit Ihren eigenen romantischen und sexuellen Tagträumen? Auf der Bühne unserer sexuellen und romantischen Phantasievorstellungen und in unseren Beziehungen selbst spielen wir unser ganz individuelles Bedürfnis nach Nähe, unsere Ängste und Wünsche im Hinblick auf Gebundensein und Getrenntsein aus.

Es folgt eine Übung, die Ihnen helfen wird, wenn Sie Ihre Tagträume im Zusammenhang mit Liebe und Romantik und Sexualität erforschen, um etwas über Ihre Konflikte, Ängste, Befürchtungen und Sehnsüchte nach Nähe, Liebe und Intimität mit einem anderen Menschen in Erfahrung zu bringen.

Übung

Liebe und ... Was willst du wirklich?

1. Nehmen Sie einen Stift und Ihr Tagebuch, das Sie aber noch nicht öffnen. Schließen Sie zunächst einmal die Augen und denken Sie an den Liebesfilm, das Theaterstück oder den Liebesroman, der Ihnen am besten gefällt: das kann ein Klassiker sein wie *Stolz und Vorurteil* oder *Sturmhöhe* oder aber ein zeitgenössischer Liebesroman. Tauchen Sie ein in die Vorstellungswelt, die Geschichte, die Ausschnitte, die Sie am meisten lieben.
2. Öffnen Sie nun Ihr Notizbuch, und schreiben Sie die Gedanken auf, die Ihnen spontan in den Sinn kommen. Sie müssen nichts mit der Geschichte zu tun haben. Außerdem genügen einzelne Wörter oder Bruchstücke von Sätzen.

Monas Lieblingsfilm beispielsweise war *Schlaflos in Seattle*. Ihre Liste sah folgendermaßen aus:

süß
weiblich
selbständig
liebevoll, verletzbar
lustig
will lieben
Furcht

3. Betrachten Sie Ihre Liste, und wählen Sie ein Wort oder eine Formulierung aus, über die Sie nachdenken wollen, und einen Punkt, den Sie auslassen wollen.
4. Stellen Sie sich nun die folgenden Fragen zu den beiden von Ihnen ausgesuchten Stichworten:

Was fällt mir zu diesem Punkt ein?
Welche Gefühle löst dieses Wort in mir aus?
Was verbinde ich automatisch mit diesen Gefühlen? Warum?
Kann ich mir wenigstens eine alternative Sichtweise dieser Situationen vorstellen?

Es empfiehlt sich immer, die Antworten aufzuschreiben, weil man sie dann auch besser im Kopf hat. Auf jeden Fall aber sollte man das bisher Gelernte anwenden. Stecken Sie den Rahmen weiter. Entfalten Sie Ihre romantischen Phantasien. Finden Sie heraus, was sonst noch in Ihnen darauf wartet, erkannt zu werden.

Mona beispielsweise wählte die Wörter »süß« und »weiblich« aus, um sich Gedanken darüber zu machen. Sie sagte: »Ich habe immer gemeint, mein süßes, kleines, ›weibliches‹ Meg-Ryan-Selbst sei in meinem großen, fetten Selbst verborgen, und wahrscheinlich habe ich auch gedacht, irgendein Mann habe den Schlüssel, um es zu befreien. Langsam wird mir aber klar, daß Weiblichkeit nichts mit dem Gewicht zu tun hat oder damit, »süß« zu sein. Es geht um nichts anderes als um das Selbstbild, das man hat. Ich bin eine Frau und damit per definitionem weiblich. Als ich angefangen habe, mich zu verhalten wie jemand, der das auch weiß, fühlte ich mich ganz anders. Und erstaunlicherweise reagieren die anderen auch anders auf mich. Ich fühle mich freundlicher, also lächle ich die Männer auch an ... und sie lächeln zurück! Dann fühle ich mich noch besser und fange ein Gespräch an ... und sie scheinen mehr als zufrieden!«

Setzen Sie Ihre Überlegungen zu einem Liebesfilm oder einem Liebesroman immer wieder fort. Sie werden mit Hilfe Ihrer romantischen Tagträume ungeheuer viel über Ihre organisierenden Geschichten und Ihre grundlegenden Überzeugungen im Hinblick auf Sie selbst und auf andere Menschen erfahren. Achten Sie auf alle Details, die Ihnen aus irgendeinem Grund auffallen, und achten Sie auch auf alle Einzelheiten, die Sie am liebsten gar nicht wahrhaben wollen. Notieren Sie einige Ihrer Gedanken, und stellen Sie sich dann die oben aufgelisteten Fragen. Wenn Sie sie beantworten, werden Sie feststellen, daß die Details Sie zu den Geschichten führen, die sich dahinter verbergen. Einige werden Ihnen vertraut erscheinen, andere werden Ihnen zu überraschenden Erkenntnissen über Sie selbst und Ihre tiefsten Konflikte über die Nähe zu anderen Menschen verhelfen. Wie bei Mona und Larry könnte es auch bei Ihnen so sein, daß Ihre Tagträume von vollkommener Liebe dazu dienen, die Nähe zu Ihrem Partner nur so groß werden zu lassen, daß Sie noch damit umgehen können, daß Ihre Träume von »und sie lebten glücklich bis an ihr seliges Ende« tiefe Konflikte über Nähe, Autonomie oder sogar Verschmelzung mit dem anderen verbergen. Vielleicht schließen Sie Gefühle aus, die Sie mit dem anderen Geschlecht in Zusammenhang bringen; oder Sie erfahren – so wie Nancy – etwas über Ihr Bedürfnis nach mehr Spannung oder nach Stabilität, und einige Ihrer Konflikte verdecken dieses Bedürfnis. Vielleicht erfahren Sie auch etwas über Ihre Erwartungen an andere Menschen (oder das Fehlen solcher Erwartungen) oder über die Art, in der Sie sich vor möglichen Enttäuschungen und Verletzungen schützen.

Was immer Sie entdecken, welche Konflikte Sie im Zusammenhang mit Fragen der Nähe auch erleben – bedenken Sie immer, daß diese Konflikte ganz natürlich sind. Wenn Sie Ihre Tagträume analysieren, befreit Sie das nicht davon, das für Sie richtige Maß an Gebundensein und Getrenntsein herauszufinden.

Diese Expeditionen in Ihre innere Welt können Ihnen zu einem besseren Selbstverständnis verhelfen – zu einem besseren Verständnis Ihrer Ängste und Sehnsüchte, Ihrer Überzeugungen und automatischen Schutzmechanismen –, so daß Sie leichter und sicherer sowohl durch die wilden Wasser der romantischen Leidenschaft als auch durch die stillen, aber tiefen Wasser der in sich ruhenden Bindung gelangen.

Chaosfamilie versus heile Familie (oder: Ich muß als Baby im Krankenhaus vertauscht worden sein!)

Wie die meisten Kinder kennt auch mein sechsjähriger Sohn alle möglichen Tricks, um seinen Willen durchzusetzen. Im Supermarkt, wenn er vierzehn Packungen stark gezuckerte, künstlich gefärbte (und aromatisierte) Cerealien kaufen will, auf dem Spielplatz, wenn er mit seiner Riesen-Wasserpistole auf das doofe kleine Mädchen schießen will, das sich weigert, die Schaukel freizugeben (»Nur einmal, Mama«), oder im Spielzeuggeschäft, wenn er am liebsten alles haben will – hier und an unzähligen anderen Orten tut er sein Bestes, um mich von seinem Standpunkt zu überzeugen. Manchmal bettelt er, manchmal versucht er, mit mir zu handeln: »Ich räume auch *immer* mein Zimmer auf, wenn du mich läßt ...« Dann wieder versucht er, mich davon zu überzeugen, daß alle anderen Kinder das haben, was er so dringend braucht, und daß er, wenn er es nicht bekommt, von allen andern Sechsjährigen ausgelacht wird. Und manchmal setzt er natürlich auch seinen Charme ein und sagt mir, ich sei die beste Mama der Welt, und es wäre so schön, wenn ich ...

Aber manchmal, wenn alle seine Taktiken nichts nützen und ich es schaffe, standhaft zu bleiben, gerät er außer sich. Er wird vor lauter Wut ganz rot und schreit: »Du bist gar nicht die beste Mama, sondern die blödeste Mama der Welt! Ich lauf weg und such mir eine bessere Familie!«

So schmerzlich es auch ist, von unseren Kindern gesagt zu bekommen, daß wir die schlimmsten, gemeinsten, unfairsten Eltern sind, die jemals gelebt haben, so erinnern wir uns doch an Situationen aus unserer Kindheit, in denen wir unseren Eltern – unseren Brüdern und Schwestern, Großeltern, Onkeln, Tanten oder Cousins und Cousinen – gegenüber genau dasselbe empfanden. Selbst wenn Sie sich nicht mehr an solche Szenen erinnern, haben Sie die Gefühle, die Sie am meisten geängstigt und verwirrt haben, wahrscheinlich – so wie alle Kinder – zunächst in eine ungefährlichere Richtung gelenkt: Auf schreckliche Geschichten von bösen Stiefmüttern, die unschuldige Kinder ermorden wollten, bis diese schließlich von einem Zauberwesen gerettet wurden. Erinnern Sie sich, wie es war, als Dorothee im Zauberer von Oz einen Eimer voll Wasser über die böse West-Hexe schüttete – bis diese zusammenschrumpfte und wie Karamel dahinschmolz? Haben Sie nicht schon ein paarmal heimlich überlegt, ob dieser Eimer-Trick nicht auch bei jemand anderem funktionieren würde, vielleicht bei jemandem aus Ihrer Familie, der Ihnen Ihre Wünsche abschlug?

Von Kindheit an (auch wenn uns das nicht immer bewußt ist) haben die meisten von uns zwei gegensätzliche Familien, die in unserer Phantasie Tauziehen spielen: Da ist einerseits die fehlbare, manchmal glückliche, oft problematische und manchmal verletzende Familie unserer »Wirklichkeit«, und andererseits die liebevolle und fröhliche, konfliktfreie (vielleicht an den glücklichen Familien der Vorabendserien orientierte) Familie unserer Tagträume. Natürlich hören die inneren Kämpfe zwischen der idealen, wunderbaren Familie, die wir gern gehabt hätten, und unserer oft enttäuschenden eigenen Familie mit dem Erwachsenwerden nicht auf.

Unser ganzes Leben lang ist es eine adaptive Funktion unserer Tagträume, den Widerspruch zwischen diesen beiden Familien erträglich zu machen. Doch nicht immer sind diese Konflikte so leicht zu lösen. Auch wenn wir sie erfolgreich aus unserem Bewußtsein verbannt haben, reagieren wir immer noch auf sie und sind von ihnen ebensosehr motiviert wie damals, als wir uns zum ersten Mal vorgestellt haben, wie es wäre, wenn man sich seine Mutter, seinen Großvater, seine Tante oder seinen Vater selbst aussuchen könnte, oder wenn man seinen doofen Cousin mit dem Küchenboden verschmelzen könnte. Ein solches inneres (und manchmal auch äußeres) Tauziehen prägt nicht nur unsere Selbstwahrnehmung und die Art, wie wir unsere Familie wahrnehmen, sondern alle unsere Beziehungen.

Wir haben gesehen, wie einfach Tagträume uns unterschwellig helfen, uns an die Wirklichkeit anzupassen und unser inneres Leben mit unserem äußeren zu versöhnen. Unsere Psyche bemüht sich unablässig darum, jeden neuen Umstand, jede Person oder jede Erfahrung in einen Sinnzusammenhang zu bringen – und dabei sind Tagträume wichtige Werkzeuge. Tagträume über unsere Familie, unsere Herkunftsfamilie wie unsere heutige Familie, unsere Wunschfamilie wie unsere wirkliche Familie, stekken voller Bedeutung und sind aus diesem Grund oft schwer zu entschlüsseln. Vielleicht sind Sie sicher, daß Sie eine glückliche, sorglose Kindheit hatten, und entdecken dann auf der Reise durch Ihre Tagträume auch gemischte oder sogar unangenehme Gefühle aus dieser Zeit. Oder aber Sie erinnern sich an Ihre Kindheit als eine Reihe von schlimmen, unglücklichen Erfahrungen, und Ihre Tagträume enthüllen dann ganz sicher (wenn auch nicht unbedingt sofort) einige verborgene Glücksgefühle.

Solche gemischten Gefühle tauchen aus einem bestimmten Grund in jedem Fall auf: Keiner entgeht in der Zeit seines Heranwachsens irgendwelchen Konflikten mit seiner Familie. Von unseren frühesten Erfahrungen an existieren nebeneinander Liebe und Haß, Fröhlichkeit und Traurigkeit, Sehnsucht und der Verlustschmerz, geheime, verstohlene, schuldbewußte Genüsse und zugleich das Gefühl der Sicherheit und der Befriedigung. Bedenken Sie: Solche Konflikte bedeuten nicht, daß Ihre Eltern so grausam und niederträchtig waren, wie Sie es vielleicht manchmal empfanden, sondern einfach, daß sie (genau wie Sie selbst) menschlich waren. Aber da nicht alle diese widerstreitenden Gefühle für uns selbst oder für die Menschen um uns herum, mit denen wir sowohl als Kinder wie als Erwachsene zurechtkommen müssen, annehmbar sind, verarbeiten wir sie nicht immer besonders gut. Und so enden sie oft als verwirrender Morast aus halbbewußten Erinnerungen und Gefühlen, aus Tagträumen, die etwas Bestimmtes widerzuspiegeln scheinen und bei näherem Hinsehen etwas ganz anderes darstellen.

Wozu nun sollen wir alle diese Fäden entwirren und die verwirrenden (und nicht immer erfreulichen) Gefühle sortieren? Weil unsere unerkannten Familienkonflikte, unsere als selbstverständlich hingenommenen, aber in sich widersprüchlichen Annahmen und Überzeugungen in unserem heutigen Leben zu den größten Hindernissen werden können. Diese Tagträume prägen und verstärken unsere Selbstwahrnehmung und die Wahrnehmung anderer Menschen, nicht nur in unserer Familie, sondern in allen unseren Beziehungen – am Arbeitsplatz, mit Freunden, zu unserem Partner und unseren Kindern, zu entfernteren Bekannten, zu Leuten, die wir gerade erst kennengelernt haben, und zu Leuten, die wir noch kennenlernen wollen.

Wenn Sie beginnen, sich diesen Bereich Ihrer Tagträume zu erschließen, fällt es Ihnen vielleicht ein wenig schwerer, Ihre spontanen, unstrukturierten und unzusammenhängenden Gedanken zuzulassen, sie weiterzuverfolgen und in einen Sinnzusammenhang zu bringen. Aber wenn Sie einfach weiter Ihre Gedanken schweifen und Zusammenhänge entstehen lassen, die zunächst durchaus albern, überraschend oder ärgerlich erscheinen mögen, gelangen Sie an einige grundlegende Erkenntnisse über Ihr Selbst und Ihre Art zu leben.

Sie sollten, solange Sie Ihre Tagträume erforschen und sich mit Ihren Phantasievorstellungen beschäftigen, möglichst viel Geduld sich selbst gegenüber aufbringen. Und haben Sie auch ein wenig Geduld mit Ihrer Familie. Denken Sie daran, daß Ihre Tagträume nicht wörtlich zu verstehen sind. Im Reich der Tagträume ist nicht alles für bare Münze zu nehmen. Spielen Sie mit Ihren Gedanken, Ihren Gefühlen, den Zusammenhängen, die Sie herstellen, Ihren bildhaften Vorstellungen und Ihren Erinnerungen.

Manche alten Verhaltensmuster sind so reflexartig, daß wir sie automatisch wiederholen, noch bevor wir merken, daß dabei ein Tagtraum eine Rolle spielt. Wir merken nur, daß wir wieder einmal in dieselben ausgefahrenen Gleise geraten sind und in derselben Sackgasse enden. Selbst wenn wir ganz bewußt anders sein wollen als unsere Eltern, kann es passieren, daß wir deren alte Verhaltensmuster wiederholen, ohne daß uns das überhaupt bewußt würde. Tatsächlich aber können wir lernen, nicht wieder in die gewohnten Bahnen einzuschwenken.

Wir lernen nun ein paar Menschen kennen, die das für sich

erreicht haben – die ihre Tagträume über ihre Familie erforscht und herausgefunden haben, welche Bedeutung einige der Geschichten haben, die sie sich selbst erzählen. Durch diese innere Arbeit haben sie die Schlaglöcher entdeckt, die sie immer wieder straucheln lassen. Versuchen Sie beim Lesen, Hinweise auf die eingefahrenen Gleise Ihrer eigenen Familie herauszufinden und neue, leichter gangbare Wege zu befriedigenden und effizienten Lösungen zu entdecken (anstatt einen Kübel Wasser über einer Hexe auszuschütten).

Papas Liebling: Familienthemen, die in der nächsten Generation wieder auftauchen

Dan war ein großer, schlanker Mann, dessen blauschwarzes Haar einen starken Kontrast zu seiner fast geisterhaft blassen Haut bildete. Er war nicht besonders glücklich darüber, daß er in meiner Sprechstunde saß.

»Das war alles die Idee meiner Frau«, sagte er barsch. »Ich brauche und will das gar nicht. Ich bin nicht derjenige, der die Probleme hat. Meine Tochter Julie ist es – *sie* hat Probleme. *Sie* müßte eigentlich zum Therapeuten, nicht ich. Ich habe meiner Frau Stacy gesagt, daß mein Termin hier eine reine Geld- und Zeitverschwendung ist. Sie können da gar nichts erreichen ..., niemand kann das.«

Ich hörte aufmerksam zu. Daß Dan gekommen war, zeigte, daß er doch Hoffnung hatte, auch wenn er sich das selbst vielleicht gar nicht eingestand – ein Tagtraum im Hinblick auf die Zukunft, den er noch gar nicht wahrgenommen hatte.

Ärgerlich fuhr er fort: »Aus dem Mädchen wird nie etwas. Sie ist eine gemeine, selbstsüchtige kleine Hexe. Nie hält sie den Mund – sie streitet und beklagt sich dauernd und kann sich einfach nicht damit abfinden, daß man auch mal nein sagt. Und wenn wir sie bitten, im Haushalt mitzuhelfen, dann gnade uns

Gott. Sie rührt nicht mal den kleinen Finger... Wenn ich so wäre wie mein Vater, dann hätte ich ihr diese Flausen schon lange aus dem Hirn geprügelt. Vor allem, wenn sie die Prinzessinnen-Nummer gibt, weil sie ja so viel besser ist als wir alle. Aber ich weigere mich, so tief hinabzusinken, auch wenn es manchmal für uns alle am besten wäre.

Ich wünschte wirklich, Sie könnten etwas für uns tun. Aber allein schon die Tatsache, daß ich jetzt hier sitze, zeigt ganz genau, daß in unserer Familie alles verkehrt läuft. *Sie* müßte hier sein, nicht ich. Aber nein, bei uns zu Hause dreht sich alles um Prinzessin Julie. Himmel noch mal, sie stört mich sogar bei meiner Arbeit!«

Ich fragte ihn, wie er das meinte.

»Manchmal mache ich mir Sorgen darüber, was sie jetzt schon wieder vorhat ..., und dann ist es aus mit meiner Konzentration. Sie lenkt mich von allem ab, was ich tue.«

Ich fragte ihn, ob er sich an konkrete Beispiele für solche Tagträume von Julie erinnern konnte, die ihn bei seiner Arbeit störten.

»Da gibt es mindestens hundert oder noch mehr. Gestern hatte ich zum Beispiel einen. Ich saß in einer verdammten Sitzung, als mir plötzlich unser letztes Gespräch einfiel. Ich hatte ihr gesagt, ich würde ihr Taschengeld kürzen, wenn sie sich nicht anständig verhielt, und sie wurde wütend und schrie mich an, wie unfair ich sei. Als ich sagte, so könne sie nicht mit mir reden, schlug sie die Tür hinter sich zu und ging aus dem Haus.

Ich wußte einfach nicht, was ich tun sollte. Vielleicht hätte ich ihr eine Ohrfeige geben sollen. Aber ich habe sie nie richtig bestrafen können. Meine Frau sagt, ich sei ohnehin nicht streng genug mit ihr gewesen ... Sie hat immer darüber geklagt, daß Julie mich um den kleinen Finger wickeln konnte. Sie war eben Papas Liebling. Dickköpfig, das stimmt. Wie ihr Großvater. Aber was für ein Kind – eine super Sportlerin, eine Einser-Schülerin und dazu noch unglaublich süß. Nur völlig verzogen ...« Er schwieg einen Augenblick. »Vielleicht ist *das* tatsächlich mein Fehler, aber wissen Sie, ich bin es leid, immer allein schuldig zu sein. Vielleicht hat sie es einfach geerbt. Sie gleicht ihrem Großvater – meinem Vater – viel mehr, als ich je gedacht hätte. Er war ein ganz mieser Kerl. Vielleicht hat sie einfach seinen Charakter geerbt.«

Er atmete tief durch. »Sie haben mich etwas gefragt ... Ach ja, wie stört sie mich bei meiner Arbeit? Na ja, gestern war ich also in einer Sitzung – in einer langweiligen, völlig überflüssigen Besprechung, die meine Vorgesetzten irgendwie für wichtiger hielten als die Arbeit, die ich eigentlich tun soll –, aber wenn ich sie liegenlasse, kriege ich natürlich auch was zu hören. In Wahrheit wäre es ihnen am liebsten, wenn ich neunzig Stunden die Woche arbeiten würde; die fünfundachtzig, die ich jetzt schon herunterreiße, reichen ihnen immer noch nicht.

Ich mußte also einem jungen Schnösel, der noch nicht ganz trocken hinter den Ohren ist und frisch von der Uni kommt, zwei Stunden lang zuhören, und das zu einem Thema, das ich in- und auswendig kenne. Es war demütigend – nicht nur für mich, sondern für alle älteren und erfahrenen Mitarbeiter.«

Ich sagte ihm, daß ich das gut verstehen könne.

Er fuhr fort: »Mein Vater hat mir unter anderem beigebracht, daß man vor älteren Menschen immer Hochachtung haben muß, egal, was man wirklich denkt. Ich wünschte, bei manchen von diesen Anfängern wäre es so. Die Achtung, die ich vor meinem Vater hatte, war eigentlich nichts anderes als die Angst vor seinem Gürtel oder vor seiner flachen Hand. Und eine so falsche Beziehung wollte ich zu Julie auch nicht haben.« Er hielt inne und sah mich an. »Verdammt! Sehen Sie, was ich meine? Sie schleicht sich in jedes Gespräch und jeden Gedanken ein.«

Ich erinnerte Dan daran, daß Julie ja nicht wirklich bei uns im Raum war und daß ihr Erscheinen in seinen Gedanken nicht nur etwas über sie, sondern auch über ihn aussagte. Was das war, konnten wir herausfinden, wenn wir seinen Gedankengängen folgten.

»Kann das meine Probleme lösen?« fragte er. Ich sagte ihm, das könne ich nicht versprechen, aber ich könne ihm garantieren, daß er etwas Wichtiges – und Nützliches – über sich selbst und wahrscheinlich auch über seine Beziehung zu Julie erfahren würde.

»Okay«, seufzte er. »Also, meine Gedanken führen mich wieder in die verdammte Besprechung zurück. Genau *da* werde ich nämlich zu wenig respektiert. Stacy will immer, daß ich mich in meinem Job besser durchsetze. Ich kriege nie die Anerkennung, die ich ...« Er brach ab. »Moment mal. Meinen Sie, da sei ein Zusammenhang zwischen meinem Gefühl, daß Julie mich nicht respektiert, und der Art, in der mich meine Vorgesetzten behandeln? Daß ... sie mich vielleicht auch nicht respektieren?« Ich wies darauf hin, daß ich gar nichts sagte, daß dies vielmehr seine eigenen Überlegungen waren, die durchaus bedeutsam erschienen. Nachdenklich sah er eine Weile vor sich hin. »Da kann ich gleich noch etwas dazu sagen. Bei meinem Vater hatte ich auch immer das Gefühl, daß er mich nicht respektierte. Aber okay – was soll das dann heißen?«

Dan hatte einen außerordentlich wichtigen Zusammenhang zwischen den Gefühlen seiner Tochter, seinem Vater und seinen Vorgesetzten gegenüber hergestellt. Aber er hatte recht: Dieser Zusammenhang allein genügte nicht. In einem nächsten Schritt mußte er herausfinden, was diese Gefühle über ihn selbst aussagten – wie er sich selbst sah und wie dieses Selbstbild seinen Umgang mit den Menschen beeinflußte, an denen ihm am meisten lag.

Um mehr darüber herauszufinden, ermutigte ich ihn, in den darauffolgenden Tagen wo und wann auch immer auf sämtliche Tagträume zu achten, auch wenn sie ihn bei der Arbeit zu stören schienen. Er bezweifelte immer noch, daß dies mehr als Zeitvergeudung sei, aber er sagte: »Ich bin wirklich verzweifelt, deshalb probiere ich alles.«

Tatsächlich war er fasziniert von dem, was er herausfand. In der nächsten Sitzung sagte er: »Gestern saß ich im Büro an meinem Schreibtisch, als ich plötzlich bemerkte, daß Julie mir in den Sinn gekommen war. Ich ärgerte mich, so wie immer, wenn die Gedanken an sie mich bei der Arbeit stören, aber dann ist mir wieder eingefallen, was Sie sagten. Ich versuchte also, zurückzugehen zu dem, was ich unmittelbar davor gedacht hatte. Das war eigentlich gar nicht so schwer. Ich war mit einer Arbeit beschäftigt gewesen, die ich hasse – mit Statistiken herumhantieren, das macht mich verrückt –, und plötzlich fiel mir ein, daß Julie mir eigentlich dankbar sein müßte, weil ich mir ein Bein in einem Job ausreiße, den ich hasse, nur damit sie so leben kann, wie sie es gewohnt ist. Das hat mich natürlich wieder auf die Idee gebracht, daß sie überhaupt undankbar ist. Und – wie immer – daß sie keinen Respekt vor mir hat.

Später, als ich mich wieder über sie ärgerte, fiel mir auf, daß das unmittelbar nach einer Situation war, in der mein Chef mich wegen eines Fehlers zur Rede gestellt hatte, für den jemand anderer verantwortlich war. Und mir fiel auch ein, daß ich unmittelbar, bevor ich mich über Julie geärgert hatte, ganz kurz gedacht hatte – das ist es nämlich! –, ›Julie würde sich das nicht gefallen lassen!‹« Er schwieg einen Augenblick lang. Als er wieder anfing zu sprechen, faßte er etwas in Worte, das er schon lange wußte, aber noch nie, auch nicht sich selbst gegenüber, ausgesprochen hatte. »Ich habe Julie immer für ihren Mumm bewundert. In Wahrheit nämlich hätte ich mich gern so gegen meinen Vater gewehrt, wie sie es bei mir tut. Er hätte mich umgebracht, aber ich hätte mir selbst gegenüber ein viel besseres Gefühl gehabt.«

Diesmal dauerte sein Schweigen länger. »Vielleicht ist das der springende Punkt. Vielleicht will ich Julies Durchsetzungsvermögen gar nicht einschränken. Aber ich weiß nicht, wie ich anders an sie herankommen soll. Ich ... ich weiß auch nicht, wie ich sie dazu bringen kann, daß sie mich respektiert.«

Obwohl hier viele verschiedene Vorstellungen auftauchten, schlug ich vor, Dan solle sich auf das Wort konzentrieren, das am meisten belastet war und ihm am wichtigsten erschien – eine Technik, die Sie auch einsetzen können, wenn Sie Ihre Tagträume untersuchen.

»Meinen Sie ›Respekt‹?« fragte er. Ich nickte. »Versuchen Sie in den nächsten Tagen, vor allem auf diese Vorstellung zu achten«, sagte ich. »Welche anderen Tagträume haben Sie beispielsweise, wenn Sie an dieses Wort denken?«

Ich wies ihn noch einmal darauf hin, daß wir nicht über sein konkretes Verhalten sprachen. Die Veränderungen sollten nur in seiner Vorstellung stattfinden, wo er möglichst weitgehende

Szenarien zum Begriff »Respekt« entwickeln sollte. Es dauerte eine Weile, aber die Ergebnisse waren beeindruckend.

In einer späteren Sitzung berichtete Dan: »Ich habe mir vorgestellt, daß ich mit meinem Vater spreche und ihm in aller Entschiedenheit sage, er müsse mir zuhören, und anschließend ließ ich ihn antworten, er sei immer *so* stolz auf mich gewesen, daß er mir natürlich zuhören werde. Außerdem habe ich mir Szenarien mit Julie ausgedacht und sogar mit meiner Frau Stacy, die mich auch nicht immer respektiert. Ich hatte einen Mordsspaß! Ich stellte meinem Chef ein paar neue Ideen vor, und er erstarrte vor Ehrfurcht angesichts meiner Sicht der Dinge ...« Er grinste.

»Aber wissen Sie, was sonst noch interessant war? Als ich alle diese Überlegungen anstellte, dachte ich auch wieder über Julie nach. Und darüber, daß sie die einzige in meinem Leben ist, die mich immer respektiert hat. Es hat mich einfach kalt erwischt, als sie dann auch anfing, mich so herabzusetzen. Sie klang genau wie mein Vater ... Ich wußte nicht, wie ich reagieren sollte ...« Er schwieg eine Minute lang und dachte nach. »Eigentlich weiß ich es immer noch nicht. Ich bin immer noch völlig überrascht ..., und ich fühle mich auch verraten ...«

Damit hatte Dan formuliert, wie schwer es ihm – genauso wie den meisten von uns – fiel, mit den Veränderungen und Konflikten umzugehen, die irgendwann zwischen Eltern und Kindern entstehen. Julie wurde größer und idealisierte ihren Vater nicht mehr – eigentlich eine ganz normale Folge ihrer Entwicklung. Für Dan allerdings bedeutete ihre herablassende Art beiden Eltern gegenüber nicht nur den schmerzlichen Verlust seiner Rolle als Held seiner Tochter, sondern sie erinnerte ihn auch an alte, schmerzliche Fragen im Hinblick auf sein Selbstwertgefühl. So war es kein Wunder, daß er oft ausgerechnet an seinem Arbeitsplatz an Julie denken mußte, weil er sich dort ja ebenfalls mit dem Thema »Respekt« auseinandersetzen mußte. Aus demselben Grund bestürmten ihn nun auch Erinnerungen an den lebenslangen Konflikt mit seinem Vater, in dem es auch um Achtung und Selbstachtung ging.

Dan stellte sich eine entscheidende Frage: »Kenne ich meine

Tochter überhaupt? Und kennt sie mich?« Er schwieg eine Weile und fuhr dann leise fort: »Ich glaube, die Antwort auf beide Fragen heißt ›nein‹. Aber wie können wir uns kennenlernen?« Er zögerte. »Ich will sie nicht verlieren.«

Ich schlug vor, er solle auf ein paar weitere Tagträume achten. Hatte er eine Idee, wie er seine Tochter besser kennenlernen und ihr helfen konnte, ihn besser kennenzulernen? Die Tagträume, die ihm zu dieser Frage einfielen, waren manchmal lustig, manchmal schmerzlich und oft völlig unrealistisch. Ich unterstützte ihn darin, sie nicht wörtlich zu verstehen, sondern mit verschiedenen Szenarien zu spielen, bis ihm eines wirklich passend erschien. Nach und nach kam er darauf, daß die einfachsten Tagträume zugleich die sinnvollsten waren. Er sagte: »Ich denke immer wieder, daß ich mit dem Naheliegendsten anfangen sollte. Zum Beispiel damit, daß ich meine Meinung vertrete. Ich verdiene es nicht, daß sie so mit mir spricht, wie sie es tut. Ich bin nicht ihr Fußabtreter. Ich will sie nicht ohrfeigen, aber ich will, daß sie mit mir wie mit einem Menschen spricht.« Und außerdem: »Ich will auch mit ihr wie mit einem Menschen sprechen. Nicht wie mit einem kleinen Monster oder einer weiblichen Version meines Vaters. Ich will herausfinden, wer sie wirklich ist.«

Diese Erkenntnisse führten nicht gleich dazu, daß Dan und seine Tochter sich versöhnten. Dans erste Versuche, eine andere Beziehung zu seiner Tochter aufzunehmen, endeten vielmehr mit einer Reihe lautstarker Auseinandersetzungen. »Aber meine Tagträume sehen jetzt anders aus«, sagte er. »Ich stelle mir vor, wie wir streiten. Diese Auseinandersetzungen sind für mich aber kein Zeichen mangelnden Respekts, sondern einfach ein Teil des ganzen schmerzlichen Bildes.« Er lächelte schief. »Das ist doch schon ein recht reifer Tagtraum, oder nicht?«

Wie Dan nutzen viele von uns ihre Tagträume, um einen Teil ihrer selbst abzukapseln. Damit verschließen wir uns aber auch der Möglichkeit, mit neuen Situationen richtig umzugehen, und reagieren oft, als seien sie identisch mit Situationen, die wir schon kennen (und nicht besonders gut bewältigt haben). Als Dan an seinen vertrauten Tagträumen arbeitete, betrieb er auch eine Art geistiger Gartenpflege: Er riß alte, hinderliche Vorstellungen aus und hegte die Triebe neuer, weniger vertrauter Tagträume. Einige davon bildeten die Grundlagen dafür, daß er alternative Reaktionen und neue Möglichkeiten ausprobieren konnte, um mit den Veränderungen fertigzuwerden, die die Entwicklung seiner Tochter begleiteten und die zu jedem Leben unweigerlich dazugehören.

Dans neue Tagträume hatten neben vielen anderen auch eine Funktion, von der ihm nie bewußt gewesen war, daß er sie brauchte: Sie halfen ihm aus dem engen Selbstbild heraus, in dem er sich als eine Person sah, die gar nicht erwarten konnte, daß andere sie respektierten. Viele von uns sind in einem so starren Selbstbild gefangen. Und wie Dan können auch wir unsere Tagträume als Anhaltspunkte für solche festgefahrenen Vorstellungen und als Lösungshilfen nutzen, um neue Wege des Umgangs mit anderen Menschen und folglich auch neue Wege des Umgangs mit uns selbst zu entdecken.

Im nächsten Beispiel werden Sie sehen, wie eine Frau eine ganze Reihe von Gefühlen verdrängte, weil sie sich nicht mit ihrem Bedürfnis vereinbaren ließen, ein »braves Mädchen« zu sein. Beim Lesen sollten Sie darauf achten, wie Sie selbst das Spektrum Ihrer Möglichkeiten einschränken, indem Sie bestimmte Teile Ihrer Geschichte einfach nicht wahrnehmen: An welche Halbwahrheiten klammern Sie sich, um ein bestimmtes Selbstbild zu verteidigen oder bewahren zu können?

Das »brave Mädchen«: In schmerzlichen Tagträumen gefangen

Selbst wenn Ihre Tagträume Symptome einer schwerwiegenden psychischen Störung sind, können sie entscheidend dazu beitragen, daß Sie sich selbst besser kennenlernen und wichtige Verhaltensänderungen in die Wege leiten. So war es beispielsweise bei Margie, die an einer Phobie litt. Zwar erhielt sie Medikamente, die ihr auch halfen, doch es war ebenso notwendig, daß sie an sich arbeitete.

Das Schlüsselwort für Margie war »sanft«: von ihren dunkelbraunen Locken über ihre braunen Augen bis hin zu ihrer Stimme war sie der Inbegriff einer sprachlosen Zartheit. Nicht so in ihren Tagträumen. Sie waren voller Horrorgeschichten – Bilder, in denen die Mitglieder ihrer Familie in grauenhaften Verkehrsunfällen verstümmelt und getötet oder in denen sie ausgeraubt und ermordet wurden, so daß ihrer aller Leben auf plötzliche, schmerzliche und brutale Weise zerstört wurde. Margie schien schreckliche Geschichten, die ihre schlimmsten Ängste bestätigten, geradezu zu sammeln: Da waren eine Freundin, deren Mann auf dem Tennisplatz tot zusammenbrach und drei Kinder unter dreizehn Jahren hinterließ, eine Bekannte, deren Sohn an Leukämie starb, eine andere, deren Tochter tödlich verunglückte, als sie mit dem Fahrrad von der Schule nach Hause fuhr. Margie gelang es nicht, sich diese Ängste aus dem Kopf zu schlagen, und so sorgte sie sich, wann immer ihr Mann oder ihre Söhne außer Haus waren. »Wenn mein Mann John in den Supermarkt geht, lebe ich in Furcht und Schrecken, bis er wieder da ist. Wenn ich tagsüber den Rettungswagen höre, denke ich, es sei wegen einem meiner Kinder.«

»Ich bin Rechtsanwältin«, sagte sie frustriert, »aber ich habe schon acht Jahre lang nicht mehr in meinem Beruf gearbeitet. Ich kann es einfach nicht. Können Sie sich vorstellen, daß ich ein Plädoyer halte?« Sie kicherte nervös. »Ich war bei einem Spezialisten für Phobien, aber er konnte mir nicht helfen. Vielleicht war es auch mein Fehler. Er sagte mir, es sei mir schon immer schwergefallen, mich von meiner Familie zu trennen, und meine Ängste seien deshalb schlimmer geworden, weil Timmy, mein Jüngster, letztes Jahr in die Schule kam. Das klang soweit plausibel, auch wenn ich mir nicht sicher bin, ob es mir wirklich immer schon schwergefallen ist, mich zu trennen. Aber ich hatte keine Lust mehr hinzugehen, als er mir sagte, ich hätte ja noch Glück, denn manche Leute litten so sehr unter ähnlichen Ängsten, daß sie wie gelähmt seien und nicht einmal allein aus dem Haus gehen könnten. Ich fühle mich aber nicht besonders glücklich. Daß ich wenigstens noch hinaus kann, heißt doch nicht, daß es mit gut geht.

Diese Ängste hatte ich schon mein ganzes Leben lang. Als ich klein war, habe ich mir immer Sorgen gemacht, daß meine Eltern bei einem Verkehrsunfall ums Leben kommen oder einen Herzanfall haben oder überfallen werden könnten. Wenn sie abends ausgingen, blieb ich wach, bis ich ihr Auto vors Haus fahren hörte.

Es ist schwer zu erklären. Vielleicht bin ich eine Masochistin und leide einfach gern«, seufzte sie.

Ich war noch nie der Auffassung, daß solche Erklärungen viel taugen, und das sagte ich Margie auch. Ich schlug ihr vor, statt dessen gemeinsam ihre Tagträume zu sortieren, um zu sehen, welche Bedeutungen wir entdecken würden; und natürlich ermutigte ich sie, ein Tagtraum-Tagebuch zu führen. Ich sagte ihr, sie solle besonders darauf achten, wo sie war und was sie gerade tat, wenn ihre verwirrenden Tagträume auftauchten.

»Sie kommen aus dem Nichts«, erwiderte sie. »Ich glaube nicht, daß sie von etwas Bestimmtem ausgelöst werden.«

Wir wissen schon, daß man diesen Eindruck oft hat, wenn man gerade erst anfängt, sich die Welt seiner Tagträume zu erschließen. Doch wenn wir den Gedanken folgen, die sich aus unseren Tagtraumphantasien ergeben, entdecken wir, daß sie ganz bestimmte Ursachen und eindeutige Auslöser haben und eben doch nicht aus dem Nichts kommen. Als Margie begann, auf die Einzelheiten ihrer Tagträume zu achten, war sie fasziniert von ihren Erkenntnissen.

»Neulich«, sagte sie mit ihrer sanften Stimme und drehte nervös eine Haarsträhne zwischen den Fingern, »ging ich in den Park, um zu laufen. In der High-School war ich immer bei den Wettläufen dabei gewesen. Ich war wohl ziemlich gut, aber noch wichtiger war für mich, daß es einfach Spaß machte.« Ihre Stimme klang ein wenig wehmütig, als sie weitersprach. »Inzwischen laufe ich nicht mehr so viel. Ich bin nicht in Form und schaffe nicht mal mehr zwei Kilometer. Und es schwabbelt überall, wo es nicht soll. Mein zweites Kind ist jetzt schon fast sechs, aber ich werde einfach mein Übergewicht nicht mehr los.

Wenn ich mich dann doch aufraffe zu laufen, fühle ich mich meistens viel besser. Also kürzlich jedenfalls war ich mal wieder im Park, um zu laufen. Ich lief langsam, aber ich hatte wenigstens ein bißchen Bewegung. Ich fühlte mich sogar ziemlich gut, obwohl das Fett an meinen Hüften und meinem Hintern schwabbelte –, als ich mir plötzlich vorstellte, daß in der Schule irgendein Unglück passierte. Ich schaffte es nicht, mir den Gedanken wieder aus dem Kopf zu schlagen. Also beendete ich meinen Lauf und ging nach Hause, um meinen Anrufbeantworter abzuhören, falls etwas passiert sein sollte und man versuchte, mich von der Schule aus zu erreichen.

Ich weiß, daß es lächerlich ist, aber jedesmal, wenn mich diese Anfälle überkommen, bin ich überzeugt davon, daß ich eine Vorahnung habe und daß ich möglichst schnell nach Hause muß, um den Telefonanruf entgegenzunehmen, der unweigerlich kommen wird. Erst Stunden später merke ich dann, daß es wieder mal einer meiner Anfälle war. Manchmal kann ich mich kaum mehr davon abhalten, in die Schule zu fahren, um zu sehen, wie es den Kindern geht, aber ich fahre dann doch nicht, weil ich den Anruf nicht verpassen will – ganz davon abgesehen, daß sie vor lauter Verlegenheit am liebsten in den Boden versinken würden, wenn ich tatsächlich in der Schule aufkreuzen würde. Also bleibe ich zu Hause und warte, manchmal zwei oder drei Stunden lang, bis die Angst wieder vorbei ist.

Und jetzt wird's interessant. Als ich diesmal auf das Klingeln des Telefons wartete, versuchte ich, mich zu erinnern, was in den Augenblicken vor meiner ›Angstattacke‹ passiert war. Zunächst fiel mir überhaupt nichts ein, außer eben, daß ich gelaufen war. Aber dann kam mir wieder in den Sinn, daß ich ein oder zwei Minuten zuvor eine Frau aus unserem Viertel getroffen hatte. Sie hatte gewinkt, und ich hatte zurückgewinkt, und dann war sie an mir vorbeigezogen.« Sie schwieg kurz und fragte sich dann laut: »Was um alles in der Welt könnte das mit meinen Ängsten zu tun haben?«

Ich fragte Margie, ob sie sich an irgendeinen Gedanken erinnern konnte, der ihr durch den Kopf gegangen war, als die Nachbarin sie überholt hatte.

»Eigentlich nicht«, fing sie an, doch dann unterbrach sie sich selbst. »Außer vielleicht, daß ich dachte, sie sei viel besser in Form als ich. Ich weiß noch, daß ich mir sagte, sie sei jünger als ich und sehe besser aus. Und dann hatte ich die komische Idee, daß mich kein Mann mehr ansehen würde, wenn sie in der Nähe war. Das überraschte mich eigentlich – weil es mir John gegenüber nicht sehr loyal erschien. Ich interessiere mich überhaupt nicht für andere Männer. Aber vor allem überlegte ich, wie ich es eigentlich hatte zulassen können, daß ich so aus der Form geriet. Ich fühlte mich schrecklich, ich schämte mich, und es war mir peinlich, daß sie mich so leicht überholen konnte. Und ich glaube, genau danach ist mir eingefallen, daß einem der Kinder etwas passiert sein könnte.«

Langsam und nachdenklich wickelte sie eine Haarsträhne um die Finger und sagte: »Vielleicht habe ich mich mit dieser Angst dafür bestraft, daß ich den Blick anderer Männer auf mich lenken wollte?« fragte sie zögernd. »Was meinen Sie?«

Ich sagte ihr, das sei durchaus möglich. »Aber die meisten Tagträume haben verschiedene Bedeutungen. Das können wir erst einschätzen, wenn wir über eine ganze Zeit hinweg unsere damit zusammenhängenden Gedanken verfolgen.«

»Stimmt, meine Gedanken sind gerade in eine ganz andere Richtung gegangen«, sagte sie, als ich wieder schwieg. Ich ermutigte sie, ihre Gedanken in Worte zu fassen, da wichtige Informationen oft scheinbar zusammenhanglos auftauchen.

»Mir ist gerade das – eigentlich ausgefallene – Essen mit meiner großen Schwester Karen eingefallen. Wir hatten uns eine ganze Zeitlang nicht gesehen, weil sie wahnsinnig viele Überstunden macht, und ich hatte mich darauf gefreut, mal wieder mit ihr zu reden und zu sehen, was aus ihrem Wohnzimmer geworden ist, das sie gerade renoviert hat. Karen spricht schon eine Ewigkeit davon. Sie hat ein unglaubliches Händchen für Farben und Stil – und das nötige Kleingeld dazu. Ich kam also hin und bewunderte ihre neuen Möbel und den neuen Teppich, die einfach echt gut aussahen. Sie erzählte, warum sie sich gerade so und nicht anders entschieden hatte und was verschiedene Leute zu ihrer Wahl gesagt hatten, und dann gingen wir in die Küche, um den Tisch zu decken. Vielleicht hörte ich in der Ferne einen Rettungswagen, aber das weiß ich nicht mehr genau. Jedenfalls hatte ich plötzlich Angst, daß einem der Jungen etwas passiert sein könnte. Karen versuchte, es mir auszureden, aber es war sinnlos. Es zog mich nach Hause, damit ich am Telefon sitzen und auf ›den Anruf‹ warten konnte.«

Sie zögerte verwirrt. »Ich habe eben komischerweise an meinen alten Job gedacht und mich gefragt, ob er wohl noch zu haben ist. Eigentlich ist es gar nicht so merkwürdig, daß ich an eine Berufstätigkeit denke. Timmy ist seit dem letzten Herbst in der Schule, und ich habe seitdem öfter darüber nachgedacht, daß ich wieder arbeiten gehen sollte, aber erstmal muß ich diese Ängste unter Kontrolle bekommen. Auch deshalb bin ich zu dem Spezialisten für Phobien gegangen: Wir brauchen das Geld ... Aber meinen alten Job würde ich um nichts in der Welt wieder annehmen. Warum fällt er mir dann gerade jetzt ein?«

Ja, warum eigentlich? Ich ermutigte Margie, alles, was ihr in den Sinn kam, in Worte zu fassen, um einige der verborgenen Bedeutungen dieses neuen Tagtraums zu ergründen. »Ich habe den Job gehaßt. Als ich ihn aufgab, war ich mir sicher, daß ich nie wieder in einem großen Unternehmen arbeiten wollte. Der Job hat mir meinen Beruf fast verleidet, ganz zu schweigen davon, was er meinem Ego angetan hat. Ich habe dort nach meinem Examen fast acht grauenvolle Jahre lang gearbeitet. Die Arbeitszeiten waren schrecklich, aber nicht annähernd so schlimm wie die Art, in der wir behandelt wurden.

Fran, meine beste Freundin, die mit mir zusammen studiert hatte, war der einzige Grund, warum ich das Ganze überhaupt überstand. Wir unterstützten uns gegenseitig. Wir stiegen gemeinsam auf. Und dann, etwa ein Jahr, bevor ich mit meinem ersten Sohn Mark schwanger war, wurde sie befördert und ich nicht. Ich freute mich wirklich für sie. Sie hatte es absolut verdient. Aber sie zog in ein neues Büro, und ich fühlte mich alleingelassen ...

Merkwürdig. Ich erinnere mich gerade an einen Traum, den ich letzte Nacht hatte. Eigentlich nur ein Ausschnitt aus einem

Traum. Eigentlich nur eine Kleinigkeit – soll ich überhaupt darüber reden?« Ich nickte. »Ich weiß nur noch, daß ich noch klein war, vielleicht vier oder fünf, und ich habe meine Sachen vorbereitet, um zum Schulbus zu gehen. Das ist alles.«

Ich fragte Margie, wie sie sich in dem Traum gefühlt hatte. »Ich glaube, ich war aufgeregt. Ja, jetzt weiß ich es wieder. Ich dachte, jetzt bin ich wirklich groß.« Sie schwieg einen Augenblick lang und hielt die Augen fast geschlossen, als sie ihre Aufmerksamkeit nach innen richtete. Als sie mich wieder ansah, sagte sie: »Meine Gedanken sind irgendwie in zwei Richtungen gegangen. Und ich weiß nicht, welcher ich folgen soll.«

Ich schlug vor, sie solle doch beide Überlegungen ohne weitere Einzelheiten aufschreiben und dann in einer zweiten Runde auf die Details eingehen. Diese Technik empfiehlt sich immer dann, wenn man zu einer Situation oder einem Tagtraum ganz unterschiedliche Gedanken und Assoziationen hat. Das scheinbar einfache Verfahren verhindert, daß man eine Gedankenkette vergißt, weil man einem anderen Gedankengang folgt. Außerdem kann es wichtige Zusammenhänge aufzeigen, auf die man andernfalls vielleicht gar nicht käme.

»Okay«, sagte Margie mit einem tiefen Seufzer. »Der eine Gedankengang bezieht sich auf etwas, das ich nur von meiner Mutter weiß. Ich selbst erinnere mich nicht, aber meine Mutter sagt, als wir noch Kinder waren, hatte ich jeden Morgen einen furchtbaren Wutanfall, wenn Karen zum Schulbus ging und mich allein zurückließ!« Sie lächelte. »Da liegt wahrscheinlich der Zusammenhang zu meinem Traum mit dem Bus. Vor allem, wenn ich Ihnen sage, woran ich noch gedacht habe. Ich habe mir überlegt, wie es wohl sein wird, wenn ich Timmy, meinen Jüngsten, zum ersten Mal in den Schulbus setze.«

Nachdem Margie nun die beiden Richtungen ihrer Gedanken skizziert hatte, ermutigte ich sie, ihre weiteren Assoziationen so zu formulieren, wie sie ihr in den Sinn kamen. So können Sie ebenfalls verfahren: Wenn Sie Ihre Hauptassoziationen aufgeschrieben haben, sollten Sie Ihre Gedanken auch einfach schweifen lassen. Sie führen Sie dann schon von allein in eine interessante Richtung. Falls nicht, suchen Sie in Ihren nächsten

Vorstellungen und Ideen nach durchgehenden Themen, und fragen Sie sich dann, was Ihnen dazu einfällt.

Margies nachfolgende Gedanken schienen nichts Neues zu enthalten. Aber als wir in diesen und einigen anderen ihrer Vorstellungen nach einem durchgehenden Motiv suchten, machten wir einige wichtige Entdeckungen, die ihre Sorgen in einem ganz anderen Licht erscheinen ließen.

»Mein ganzes Leben lang hatte ich das Gefühl, daß irgend etwas mit mir nicht stimmte, weil ich Karen immer hinterherhinkte. Obwohl ich mir rational erklären konnte, daß ich eben einfach später geboren war, deutete ich dieses Gefühl als Zeichen meiner Minderwertigkeit. In der Schule arbeitete ich unglaublich viel, um sie ›einzuholen‹. Eigentlich war ich sogar eine viel bessere Schülerin als Karen, aber das schien nicht zu zählen: Ich hatte immer noch das Gefühl, daß sie viel besser sei als ich. Ich habe mich nie wirklich ›groß‹ gefühlt.«

Margie zögerte und drehte nervös an ihrem Ehering. Sie sah mich an und fragte: »Bringt mir das irgendwas? Gegen meine Tagträume hilft das sicher auch nicht.«

Ich beruhigte sie, indem ich ihr sagte, daß wir zwar noch nicht wüßten, wohin das alles führte, daß wir aber einige wichtige Einzelheiten darüber in Erfahrung brachten, wie sie funktionierte und wie sie ihre Erfahrung organisierte. »Vielleicht werden Sie Ihre schlimmen Tagträume nicht ›los‹, zumindest nicht gleich. Aber was wir herausfinden, hilft Ihnen, sie zu verstehen und damit umzugehen. Und letzten Endes müßten diese Erkenntnisse auch dazu beitragen, daß Ihre Tagträume weniger Macht über Sie haben.«

Ich sagte Margie, daß ich den Eindruck hatte, sie habe mit ihrer Frage einen wichtigen Assoziationsfluß unterbrochen. »Vielleicht verlangsamen Sie auf diese Weise den Prozeß, weil Sie sich Gefühlen annähern, die Ihnen nicht besonders angenehm sind?«

»Ich weiß nicht, ich bin mir nur nicht so sicher, ob das alles bei mir funktioniert«, antwortete sie seufzend.

Ich erwiderte, es sei vielleicht gerade umgekehrt: Vielleicht fing sie gerade an, etwas bewußt zusammenzusetzen und fürchtete sich unbewußt vor dem, was sie dabei erkennen könnte. Margie verlangsamte unbewußt die Analyse ihrer Tagträume, damit die allmählich hervortretenden Erkenntnisse sie nicht überforderten (weil sie dann gar keinen Nutzen davon gehabt hätte) oder sie dazu brachten, daß sie noch stärkere Abwehrmechanismen gegen das »ungedacht Gewußte« errichtete, das ihr langsam klarer wurde. Dieses »Zügeln der Gedanken« ist ganz normal, wenn man versucht, die Bedeutungen seiner Tagträume herauszufinden, und man sollte es deshalb auch zulassen.

In unserer nächsten Sitzung sagte mir Margie, sie habe viel über das nachgedacht, worüber wir gesprochen hatten. »Meine anderen Gedanken waren ja in die Richtung gegangen, daß ich mir überlegt hatte, wie unglaublich schnell Timmy groß wird. Ich habe das Gefühl, ich bin nicht mehr nötig. Der Spezialist für Phobien hat ja auch genau das gesagt: Daß es mir schwerfällt, mich von Timmy zu lösen. Er meinte, es sei mir wahrscheinlich auch schwergefallen, mich von meinen Eltern zu lösen. Das stimmt. Timmy hat jetzt seine besten Freunde in der ersten Klasse, und an seinem Vater und seinem großen Bruder hängt er auch sehr ... Als ich über all das nachdachte, fiel mir noch etwas anderes ein. Ich mache mir Sorgen über Timmys Beziehung zu seinem großen Bruder Mark. Ich habe Angst, er könnte sich unterlegen fühlen – wie ich Karen gegenüber. Mir ist eingefallen, wie sehr sie miteinander konkurrieren. Warum können sie nicht einfach sich selbst und den anderen akzeptieren?«

Ich bat Margie, mir zu sagen, was ihr spontan einfiel, wenn sie an Konkurrenzverhalten dachte. Sie schwieg einen Augenblick. »Ich weiß nicht ... Ich bin nicht sehr konkurrenzorientiert. Das war auch bei meinem Job immer mein Problem. Es sei denn«, sagte sie langsam, »Sie meinen, mein Unterlegenheitsgefühl Karen gegenüber sei eine Art Konkurrenz gewesen ...«

Und so war es natürlich auch. Margie konnte nun erkennen, daß ihre Söhne offen miteinander rivalisierten, während sie selbst ihre eigenen Konkurrenzgefühle unterdrückt und sich statt dessen unterlegen und unzulänglich gefühlt hatte.

»Eben ist mir wieder eingefallen, wie ich mich bei Frans Beförderung gefühlt habe. Verstehen Sie mich nicht falsch – ich habe mich sehr für sie gefreut –, aber ich hatte das Gefühl, dann könne mit mir etwas nicht stimmen, denn wir hatten ja miteinander angefangen ... Eigentlich nehme ich genau deshalb auch an keinem Wettlauf mehr teil. Wenn ich verlor, kam ich mir immer vor, als hätte ich alles Gute in mir selbst verloren. Und ich haßte diejenige, die mich geschlagen hatte, als hätte sie mir etwas weggenommen. Ein schreckliches Gefühl. Ich mochte mich selbst nicht, wenn es mir so ging, weil ich mich so häßlich fühlte.«

»Häßlich« ist oft ein Codewort, das Frauen gebrauchen, wenn sie sich nicht weiblich fühlen. Wenn Sie auf Gefühle stoßen, die bis dahin aus Ihrem Bewußtsein verdrängt waren, sollten Sie sich fragen, ob Sie sie von sich abgespalten haben, weil sie nicht in Ihre Definition von Weiblichkeit oder Männlichkeit passen. Wie wir gesehen haben, kommen solche subtilen Einschränkungen auch in unseren Tagträumen zum Ausdruck. Zwar sind sie meist nicht der einzige Grund dafür, daß wir manche Gefühle nicht in unser Bewußtsein dringen lassen, aber sie können wie bei Larry, Mona und Margie ein wichtiger Faktor sein, der es durchaus wert ist, ans Licht geholt zu werden.

Als Margie ihre verschiedenen Gedanken weiterverfolgte, erkannte sie, daß sie oft Gedanken »hinunterschluckte«, die, wie sie sagte, »häßlich, aggressiv und unweiblich waren – das Gegenteil des ›braven Mädchens‹, das ich immer sein wollte. Schrecklich. Aber wenn ich jetzt darüber nachdenke, wird mir klar, daß ich direkt vor dem Angstanfall Karen gegenüber richtig aggressive Gefühle hatte. Irgendwas in der Art, daß ich meine Söhne herholen und sehen wollte, was dann mit ihren tollen neuen Möbeln passieren würde. Zwei lebhafte Jungen ... das wäre ziemlich heftig. Aber das war nicht das einzige, woran ich dachte. Wissen Sie, ihre Möbel waren schön, und ich habe mich auch für sie gefreut – aber ich glaube, ich hätte einfach gern auch so etwas gehabt, oder zumindest etwas, das mir auch ein gutes Gefühl gegeben hätte.«

Sie zögerte überrascht. »Haben Sie gehört, was ich da sage? Ich hatte den Angstanfall, nachdem ich mir vorgestellt hatte, ich würde die Jungen holen, damit sie Karens wunderbare neue Möbel ruinieren. Vielleicht habe ich mich tatsächlich dafür bestraft, daß ich so einen gemeinen Gedanken hatte.« Als Margie wieder einmal durch den Park lief, fiel ihr ein, daß sie vor einiger Zeit, als ihre Nachbarin sie überholt hatte, ganz kurz den Impuls verspürt hatte, sie zu treten. »Vielleicht kriege ich diese Anfälle, damit ich nichts Schlimmes tue«, sagte sie. »Ich habe mich bisher nie für einen so konkurrenzorientierten, neidischen Menschen gehalten. Kein schönes Bild, das ich da abgebe.«

Margie gefiel nicht besonders, was sie sah, aber mit ihren neugewonnenen Erkenntnissen stand sie dennoch vor einem entscheidenden Durchbruch. Wie bei Mona verhinderte auch Margies vermeintliche Opferrolle, daß sie sich mit anderen, weniger akzeptablen Gefühlen auseinandersetzte. Um das Selbstbild des süßen Unschuldsengels aufrechtzuerhalten, mußte sie ihr gesundes Konkurrenzbedürfnis ebenso wie ihren aggressiven Neid aus ihrer Persönlichkeit heraushalten.

Als Margie einige dieser zuvor inakzeptablen Gefühle zuließ, fiel ihr auf, daß sie es immer »schlimm« gefunden hatte zu konkurrieren, daß ihre Angstanfälle oft jedes Konkurrenzbedürfnis ihrerseits im Keim erstickten und daß sie auch den Gedanken daran verhinderten, daß irgend jemand mit ihr konkurrieren könnte.

Ein wenig zögernd sagte sie: »Mir ist jetzt klar, daß ich es nicht nur schlimm finde, jemand anderen zu beneiden, sondern daß ich es noch viel schlimmer fände, wenn jemand anderer *mich* beneiden würde.« Aber die Dinge lagen noch komplizierter. »Karen hat sich immer Kinder gewünscht, und es war furchtbar für sie, daß sie keine bekommen hat. Ich dagegen wurde leicht schwanger, genau zu dem Zeitpunkt, an dem ich es wollte, als ich schon über dreißig war und im Beruf Fuß gefaßt hatte und als meine Ehe sich als stabil erwiesen hatte. Außerdem hatte ich mich vorher schon genug austoben können. Das habe ich mir bisher nie eingestehen wollen, aber ich glaube, ich habe mich schuldig gefühlt ... und darauf gewartet, bestraft zu werden ..., vielleicht, indem einem der Jungen oder John etwas Schreckliches passiert ...«

Margies Tagträume voller potentieller Tragödien verschwanden nicht wie von Zauberhand. Doch als sie ihre damit zusammenhängenden Gedanken untersuchte, wurde ihr auch klarer, welche komplexen Gefühle und Gedanken sie oft auslösten. In der Folge verloren ihre quälenden Tagträume an Wirkung, und zögernd tastete sich Margie in Aktivitäten vor, die ihr bis dahin verschlossen waren. Sie lief wieder regelmäßiger und konnte sogar über sich selbst lachen, wenn sie sich ärgerte, weil jemand anderer mehr Kondition hatte. Sie wurde Mitglied in einem Buchclub und verbrachte mehr Zeit mit ihrer Schwester (weil sie inzwischen begriff, daß sie unbewußt alles dafür getan hatte, nicht mit ihrer Schwester zusammenzusein). Mit jedem Schritt gewann sie das Selbstvertrauen, das es ihr schließlich ermöglichen sollte, sich einen anderen Tagtraum zu erfüllen – nämlich in ihren Beruf zurückzukehren.

Auch wenn Ihre Tagträume nicht so lähmend sein mögen wie die von Margie, können sie Sie doch daran hindern, einige der Möglichkeiten zu erkennen, von denen Sie nicht einmal wissen, daß Sie sie haben. Die Tagträume verstärken Ihre unbewußte Neigung, alte Interaktionsmuster zu wiederholen, die sich auf überkommene, nicht hinterfragte Überzeugungen im Hinblick auf Sie selbst und die ersten Menschen stützen, zu denen Sie eine Beziehung hatten – Ihre Eltern, Geschwister und andere Verwandte.

Im nächsten Beispiel werden Sie sehen, in welcher Weise Tagträume Ihre Perspektive verengen oder erweitern können. Wie Margie nahm auch Annie in ihren Erinnerungen und ihren Tagträumen von ihrer Familie nur einen Teil der Geschichte wahr. Diese Halbwahrheit lieferte Annie den unabdingbaren Schutz vor schmerzlichen Erkenntnissen; andererseits machte sie es ihr fast unmöglich, mit einer ernsten familiären Krise fertigzuwerden.

Eindimensionale Bilder: Tagträume von der Familie, die spätere Beziehungen beeinträchtigen

»Mein Vater hat Alzheimer«, sagte Annie mit ihrer erstaunlich tiefen Stimme. Ich kann Ihnen kaum sagen, was das bedeutet. Er ist so ein wunderbarer Mann. Ich kann nicht mitansehen, was aus ihm geworden ist.« Tränen liefen über ihre Wangen. Sie war eine zierliche Frau mit einer dichten, elegant frisierten weißen Haarmähne, die immer heftiger wurde, als sie von der Vergangenheit ihres Vaters sprach. »Er war immer ein so glücklicher Mann – so fröhlich, so lebendig, so voller wunderbarer Pläne. Er hatte immer einen Plan in petto und überlegte unablässig, wie er soviel Geld machen könnte, daß er sich endgültig zur Ruhe setzen könnte.« Sie hielt inne, um sich die Nase zu putzen. »Wo ich gerade von Tagträumen spreche«, sagte sie unter Tränen, »mein Vater hatte ständig welche. Ich nenne Ihnen nur ein Beispiel: Solange ich weiß, hat er in unserem Hinterhof an einem Segelboot gebaut, mit dem er nach seiner Pensionierung um die Welt segeln wollte.

Jetzt erinnert er sich an nichts mehr. Er kennt uns nicht mal mehr, weder mich noch meine Mutter noch meinen jüngeren Bruder, nicht einmal seine Enkel, die er vergöttert hat. Meistens weiß er nicht einmal mehr, wie er heißt.« Sie hielt sich schluchzend die Hände vors Gesicht. »Ich halte es nicht aus, ihn so zu sehen.

Ich besuche ihn jeden Tag im Pflegeheim, auch wenn er mich nicht immer erkennt und nicht immer weiß, daß ich da war. Aber vielleicht nützt es ihm ja doch was?« Sie wartete keine Antwort ab. »Es bricht mir das Herz. Sobald ich ankomme, sagt er mir, er wolle nach Hause. Dann geht er rüber zum Fenster und sagt irgend etwas darüber, in welche Richtung der Wind heute bläst. Man kann kein richtiges Gespräch mehr mit ihm führen, aber ich glaube, er denkt ans Segeln.« Über ihre zarten Gesichtszüge flog ein Lächeln. »Ich bin immer mit ihm gesegelt. Mutter weigerte sich, weil sie sagte, sie werde seekrank. Ich glaube, sie wollte einfach nicht mit ihm zusammensein. Ich bin gern mit ihm rausgesegelt. Er wußte so viel. Er konnte endlos über das Leben im Meer erzählen und zeigte mir verschiedene Fische, Meeresschildkröten, Vögel, Seegräser ... Er war so geduldig, ein so guter Lehrer. Von ihm habe ich den Spaß am Lernen und meine Liebe zum Meer.

Ich kann es nicht fassen, daß meine Mutter ihn in das Pflegeheim abgeschoben hat. Sie sagte, sie könne ihn nicht pflegen. Aber es liegt nicht daran, daß sie nicht *kann*, sondern daß sie nicht *will*. Sie lebt ihr eigenes Leben und duldet nicht, daß sich da irgend jemand einmischt. So war sie schon immer, nicht nur bei meinem Vater, sondern auch bei meinem Bruder und mir.

Ich weiß noch, wie ich ihr einmal sagte, daß ich in einem Theaterstück in der Schule eine Rolle bekommen würde. Ich war so aufgeregt und so stolz auf mich. ›Ah ja‹, sagte sie damals, ›die Rolle hatte ich mal, als ich noch viel jünger war als du.‹ Mehr fiel ihr dazu nicht ein. Sie freute sich nicht für mich, bot mir keine Hilfe an und hatte nichts anderes zu tun, als mir zu sagen, daß sie die Rolle schon gespielt hatte – und natürlich besser als ich.«

Mein Bruder Robby und ich haben überlegt, ob nicht einer von uns unseren Vater zu sich nehmen könnte. Aber Robby ist geschieden und lebt mit drei Kindern in einer winzigen Wohnung, und ich habe in meinem Apartment nicht einmal Platz für eine Katze, geschweige denn für eine weitere Person.« Sie fing wieder an zu schluchzen und bedeckte ihr Gesicht mit den Händen. »Ich fühle mich, als sei mein Leben vorbei«, flüsterte sie. »Und ich hasse meine Mutter.«

»Es ist so schrecklich, ihn dort zu sehen, so verwirrt und allein. Ich halte es kaum aus – entsetzlich. Manchmal würde ich am liebsten gar nicht in dieses ... *dorthin* gehen, aber ich zwinge mich eben. Er braucht Gesellschaft, auch wenn er uns nicht erkennt. Meine Mutter kümmert das nicht. Sie geht auf Reisen, weil sie sagt, sie müsse sich um sich selbst kümmern. Höchst erstaunlich! Ich weiß, das klingt sarkastisch, aber es ärgert mich wirklich. Armer Papa.«

Sie streifte ihr dichtes, silberfarbenes Haar aus dem Gesicht und fuhr fort: »Manchmal wünschte ich, meine Mutter hätte Alzheimer. Ich weiß, es ist schrecklich, aber genau das denke ich. Ich habe schon überlegt, wie es wäre, wenn ich meinen Vater und mich umbringen würde. Mich würde keiner vermissen, und sein Elend hätte ein Ende. In dem Heim dort ist er so unendlich traurig. Ich sehe es seinen Augen an. Am liebsten würde ich ihn mit zu mir nehmen. Aber er müßte doch eigentlich bei meiner Mutter sein und nicht bei mir.«

Jedes Wort war durchdrungen von Zorn und Sorge, als Annie ihre Tagträume beschrieb. Ihre Gefühle waren nicht verborgen – da lag das Problem nicht –, aber sie wurde nicht mit dem Verlust des Vaters fertig, den sie vergöttert und bewundert hatte. Wenn Annie die Bedeutung ihrer Tagträume verstand, würde ihr das nicht den Schmerz nehmen, aber sie würde leichter damit umgehen können. Später sagte sie mir tatsächlich, daß es ihr schon besser gegangen war, nachdem sie mit einer neutralen Person, die nicht zur Familie gehörte, darüber hatte sprechen können. Das sollte man immer bedenken: Wenn Gefühle zwar ganz offensichtlich und unmittelbar, aber allzu quälend oder unangenehm sind, als daß man sie ertragen könnte, kann es helfen, mit einem Freund oder einer Freundin darüber zu sprechen oder sie in einem Tagtraum-Tagebuch aufzuschreiben. Gefühle verändern sich, manchmal unmerklich, manchmal aber auch drastisch, wenn man sie einfach in Worte faßt.

Ihre Tagträume können Ihnen aber auch helfen, solche Gefühle besser zu bewältigen. Annies Tagträume waren, genau wie ihre Gefühle, sehr direkt. Sie litt unter der Intensität ihres Zorns und ihrer Sorge und wollte etwas dagegen tun, aber es war nicht so, daß sie ihre Gefühle verschleierte oder verdrängte.

Ich forderte Annie auf, in ihrem Gedächtnis nach angenehmen Erinnerungen an ihre beiden Eltern zu suchen.

Zunächst fielen ihr zu ihrer Mutter nur negative Bilder und zu ihrem Vater nur positive Bilder ein. Aber weil sie ihre »Aufgabe« richtig machen wollte, zog sie alte Fotoalben heraus. »Und diese Fotos brachten mir auch schöne Zeiten wieder näher –

nicht nur mit meinen Eltern, sondern auch mit meinem Bruder, meinen Großeltern, meinen Tanten und Onkeln, Cousins und Cousinen ... Und ein paar schlimme Augenblicke, die ich auch mit meinem Vater erlebt habe. Er war gar nicht immer so liebevoll gewesen. Als ich die Bilder ansah, fiel mir wieder ein, wie verschlossen er sein konnte, vor allem, wenn es nicht so lief, wie er es geplant hatte – was eigentlich recht oft der Fall war. Mir fiel sogar wieder ein, daß ich manchmal bei meiner Mutter weinte und sagte, er liebe mich nicht. Und sie hielt mich dann im Arm, strich mir übers Haar und sagte, doch, er liebe mich, er könne es nur nicht so gut zeigen.«

Als Annie ihre Mutter das nächste Mal traf, stellte sie überrascht fest, daß sie nicht mehr so widerstrebend reagierte. »Ich erinnerte mich daran, daß sie mich getröstet hatte, als ich noch jünger war. Aber nicht nur das, mir wurde auch klar, daß es für sie auch nicht immer leicht gewesen sein kann. Wer tröstete sie, wenn mein Vater sich von ihr zurückzog, wenn er wieder einmal alles Geld in ein Projekt gesteckt hatte, das ein Flop war? Wissen Sie«, sagte sie erstaunt, »ich hatte vergessen, daß meine Mutter als Putzfrau arbeiten mußte, weil wir kein Geld hatten und sie keine Ausbildung.«

Annies Beziehung zu ihrer Mutter veränderte sich auch mit diesen Erinnerungen nicht entscheidend. Doch der kurze Kontakt zu ihren liebevollen Gefühlen für ihre Mutter hatte eine kaum merkliche, aber überraschende Auswirkung auf Annie. »Ich begreife es selbst nicht, aber ich bin nicht mehr so zornig, daß ich überhaupt nicht mehr mit ihr reden kann. Ich sehe jetzt sogar ihren Standpunkt besser, und das macht mich weniger wütend. Gestern beispielsweise waren wir zusammen im Pflegeheim, und Vater sagte immer wieder, er wolle nach Hause. Meine Mutter sagte dann: ›Das hat er auch zu Hause schon gesagt. In meiner Alzheimer-Gruppe hat man mir erklärt, das sei ganz normal. Sie fühlen sich einfach nicht mehr zu Hause, egal, wo sie sind.‹«

»Zuerst dachte ich: ›Ja ja, da rationalisierst du wieder deine Schuldgefühle weg.‹ Aber dann kam mir das Bild in den Sinn, wie meine Mutter mich getröstet hatte, und ich wußte wieder, daß nicht alles schwarz oder weiß ist. Es ist nicht die Schuld meiner Mutter, daß mein Vater Alzheimer hat. Sie muß auch ganz schön leiden. Ich war sogar froh, daß sie ihre Gruppe hat, die ihr in dieser Zeit hilft.«

Annie erkannte langsam, daß ihre idealistischen Tagträume von ihrem Vater sie daran hinderten, sich mit Erlebnissen und Gefühlen auseinanderzusetzen, an die sie sich nicht erinnern wollte. Auch ihre Tagträume von ihrer Mutter erzählten nicht die ganze Geschichte. Annie erklärte mir: »Für mich war alles absolut: Sie war von Grund auf schlecht, er war von Grund auf gut. Aber so war es nicht wirklich. Ich kann nicht sagen, daß meine Mutter und ich uns plötzlich nähergekommen sind, aber ich sehe die Situation jetzt eindeutig anders. Meine Mutter hat es schwer. Das sehe ich jetzt ... Aber mein Vater hat es auch schwer, und das tut mir entsetzlich weh. Wahrscheinlich habe ich mich an die guten Erinnerungen geklammert, damit ich ihn nicht ganz verliere. Und vielleicht hat mir mein Zorn auf meine Mutter auch geholfen, mit meinen eigenen Schuldgefühlen fertigzuwerden, weil ich selbst ja auch nichts unternehme, um ihn da rauszuholen ...

Aber vielleicht hilft es uns, wenn wir mehr über das reden, was wir beide durchmachen. Vielleicht kämen wir uns dann ein bißchen näher und ich bräuchte nicht beide Eltern auf einmal zu verlieren. Ich bin nicht mehr so wütend auf sie. Vielleicht bin ich zornig, weil das Leben so ist, aber es überfordert mich jetzt nicht mehr so.«

Annies Wut war nicht verborgen, aber da sie nicht darüber sprechen konnte, verdeckte diese Wut praktisch alle anderen Gefühle und Gedanken. Als sie diese schrecklichen Empfindungen und Tagträume dann aussprechen konnte, gelang es ihr auch, Verbindung zu anderen Aspekten ihrer Erfahrung aufzunehmen – zu anderen Erinnerungen, Tagträumen, Gefühlen und Gedanken. Ihr Selbstgefühl und ihre Weltsicht wurden komplexer und realistischer.

Das Abspalten bestimmter Gefühle – die Fixierung auf emotionale Reaktionen, die einem sinnvoll erscheinen und die einem vertraut sind, verbunden mit der Abwehr vager und beunruhigender Gefühle, die man nicht richtig einordnen kann – ist ein Versuch, mit der Komplexität so vieler widersprüchlicher oder zumindest zwiespältiger Gefühle umzugehen. Es ist ein Impuls, die Bandbreite des gesamten Gefühlsspektrums zu vereinfachen und handhabbar zu machen, indem man einige Gefühle ausblendet. Doch die übermäßige Vereinfachung eines Gefühlskomplexes nimmt ihm von seiner Bedeutung, verhindert, daß er aufgelöst werden kann, weil man zugleich einen Teil seiner selbst ausblendet. Am Ende steht dann vielleicht eine vage, chronische Angst, deren Ursache scheinbar unbekannt ist. Außerdem beschränkt man den Regenbogen seiner Gefühle auf zwei Farben und grenzt die meisten anderen aus. Man schränkt auf diese Weise sein facettenreiches inneres Erleben ein.

Annie fühlte sich immer noch entsetzlich, wenn sie an die Krankheit ihres Vaters dachte und daran, wie ihre Mutter damit umging. Aber sie fing an, anders damit umzugehen. Sie empfand jetzt nicht mehr nur Wut, sondern auch Trauer und Verlustgefühle. Gleichzeitig aber konnte sie sich an mehr Einzelheiten aus ihrem eigenen Leben erinnern, konnte sich die Komplexität wieder ins Gedächtnis rufen, die es ihr ermöglichte, was jetzt geschah, zu tolerieren.

Welche Bilder Ihrer Familie – und Ihrer selbst in Beziehung zu Ihrer Familie – tragen Sie mit sich herum? Wie haben sich die Bilder Ihrer Familie im Lauf der Zeit verändert oder auch nicht?

Die folgende Übung gibt Ihnen die Möglichkeit zu erkennen, wie sehr sich Ihre Bilder tatsächlich verändern. Sie hilft Ihnen, einige jener alten Tagträume über Ihre Familie zu erschließen, so daß Sie ein paar der starren Bilder loslassen können, die Sie zwingen, in ausgefahrenen Gleisen zu bleiben. Beim Durcharbeiten dieser Übung sollten Sie vor allem auf Tagträume achten, die die Komplexität Ihrer Erfahrung verhindern oder einschränken. Und stellen Sie fest, ob Sie die Bilder kolorieren können – ob Sie sie von Schwarzweißbildern zu vielfarbigen, von eindimensionalen zu vieldimensionalen Bildern modifizieren können.

Übung

Färben Sie den Regenbogen wieder ein – kolorieren Sie Ihre Familienbilder

1. Denken Sie an ein Familienmitglied – egal welches, am besten allerdings das erste, das Ihnen einfällt. (Auch wenn das Großtante Anna ist, die Sie nur einmal in Ihrem Leben gesehen haben – solange es nur die erste Person ist, die Ihnen in den Sinn kommt.)
2. Schlagen Sie nun Ihr Tagtraum-Tagebuch auf, und notieren Sie die ersten vier oder fünf Wörter, die Ihnen einfallen, wenn Sie an dieses Familienmitglied denken.

Vielleicht erinnern Sie sich an den Altfrauengeruch von Tante Anna. Schreiben Sie das auf. Dann denken Sie an altbackene Doughnuts (denn das stellte sie auf den Tisch, als Sie sie das eine Mal besuchten). Schreiben Sie auch das auf. Dann, Sie wissen eigentlich nicht, warum, fallen Ihnen getrocknete Blumen und Wodka ein. Sie wissen, daß Ihnen Tante Anna keinen Wodka angeboten haben kann – schließlich waren Sie erst sieben Jahre alt –, und Sie können sich auch nicht vorstellen, daß Tante Anna und Ihre Mutter altbackene Doughnuts aßen und Wodka tranken, aber das ist Ihnen eben eingefallen. Und Sie haben auch nicht die leiseste Ahnung, warum Sie an getrocknete Blumen denken.

3. Woran erinnern Sie sich sonst aus dieser Episode Ihres Lebens, aus dem Sommer, in dem Sie sieben waren, als Ihre Familie nach Kansas zu Verwandten fuhr, die Sie noch nie gesehen hatten? Wissen Sie noch, daß Sie auf der ganzen langen Fahrt hinten im Wagen mit Ihrem Bruder und Ihrer Schwester gestritten haben? Was fällt Ihnen aus dieser Zeit zu Ihren Eltern ein? Zu Ihrem Bruder? Ihrer Schwester? Anderen Verwandten?
4. Wenn möglich, sollten Sie auch andere Familienmitglieder zu ihren Erinnerungen befragen. Worin gleichen sich Ihre Erinnerungen? Worin unterscheiden sie sich?

Wenn möglich, sollten Sie sich alte Familienfotos aus dieser

Zeit ansehen. Erinnern Sie diese Bilder an etwas, das Sie vergessen hatten? Bestätigen sie das, was Sie noch wissen? Oder vermitteln sie ein anderes Bild als Ihre Erinnerungen?
5. Betrachten Sie noch einmal die Liste, die Sie gleich zu Anfang notiert haben, als Ihnen das Familienmitglied einfiel. Haben Sie jetzt eher das Gefühl zu wissen, was die einzelnen Punkte Ihrer Liste bedeuten? Lassen Sie Ihre Gedanken ein wenig schweifen, dann gelangen Sie vielleicht zu einer Erklärung für die Assoziationen, die Ihnen zunächst merkwürdig erscheinen mochten.

So rauchte Tante Anna beispielsweise Zigaretten. Das hatten Sie vergessen. Aber die getrockneten Blumen erinnern Sie an Tabak, und Zigaretten assoziieren Sie mit einem Drink. Dann fällt Ihnen auch ein, daß Ihr Vater damals bei dem Besuch bei den Verwandten Ihrer Mutter eines Abends »spazieren« ging und erst ziemlich spät wieder zurückkam. Sie sind sich inzwischen ziemlich sicher, daß er in einer Kneipe war, um eine Weile seine Ruhe vor der Familie zu haben. Sie hörten sogar, wie er und Ihre Mutter sich deshalb stritten, als er zurückkam. Sie sagte ihm, er rieche nach Rauch – vielleicht eine weitere Anknüpfung an Tante Anna und ihren Altfrauengeruch in Ihren ersten Assoziationen. Nur brachten Sie Ihre Eindrücke damals noch nicht zusammen. Sie erlebten einen wunderbaren Sommer. Es wäre Ihnen nicht im Traum eingefallen, daß es Spannungen in der Familie gab.

Seien Sie nicht allzu überrascht, wenn sich in Ihren neuen Erinnerungen Widersprüche und Rätsel auftun. Wir suchen nicht nach all den sogenannten verborgenen Problemen, und ich will nicht einmal behaupten, daß Ihre neuen Erinnerungen wertvoller seien als Ihre alten. Unser Ziel ist es vielmehr, die Vorstellungen, die Sie von Ihren Familienmitgliedern haben, vielschichtiger und reichhaltiger werden zu lassen. Damals zum Beispiel wären Sie nicht darauf gekommen, daß Ihr Vater sich bei den Verwandten Ihrer Mutter nicht wohl fühlte, während es Ihnen aus heutiger Sicht durchaus plausibel erscheint. Tante Anna war, das wissen Sie inzwischen aus Gesprächen mit Ihrem Vater und Ihrer Mutter, verärgert, weil Ihr Vater mit Ihrer Mutter so weit von ihr weggezogen war. Er war bei diesem

Besuch nur dabei, weil er meinte, es sei wichtig für die Kinder – und Ihre Mutter –, ihre Verwandten wiederzusehen, aber eigentlich gingen sie ihm auf die Nerven.

Auch wenn das Ausarbeiten solcher alter, fast vergessener Erinnerungen vorläufig keine besonders große Bedeutung zu haben scheint, bereichert es doch Ihre Wahrnehmung – im Hinblick auf Ihre Familie, auf Sie selbst und auf andere Menschen in Ihrem Leben. Und in dem Maße, in dem Sie Ihre Fähigkeit erweitern, die Vielschichtigkeit einer jeden Erfahrung zu erkennen, verbessern Sie zugleich Ihre Fähigkeit, mit Ihrer Umwelt umzugehen.

Annie beispielsweise erinnerte sich an den Sommer, in dem sie zehn Jahre alt war, als eine idyllische Zeit. Sie schwärmte von den Segeltouren mit ihrem Vater. Doch als sie die Fotos von damals betrachtete, war sie überrascht, wie verschlossen ihr Vater aussah. Er stand immer ein wenig abseits von seiner Familie und sah oft ziemlich mürrisch drein. Annie sprach mit ihrem Bruder darüber, und er erinnerte sie daran, daß ihr Vater in jenem Sommer sein ganzes Geld durch eine finanzielle Spekulation verloren hatte.

»Das zerstört nicht die schönen Erinnerungen, die ich an meinen Vater habe«, sagte Annie, »aber das Bild wird runder. Es kommt einfach etwas hinzu, das ich vollständig ausgeblendet hatte.«

Annie entdeckte an beiden Eltern Seiten, die sie bis dahin aus ihrem Bewußtsein verbannt hatte. Die Wörter »verschlossen« und »schlecht gelaunt« waren in der ursprünglichen Beschreibung ihres Vaters nicht vorgekommen, kamen aber auf die Liste, als Annies weitergehende Überlegungen ihre Erinnerungen bunter machten. In gleicher Weise fügte sie der Beschreibung ihrer Mutter die Wörter »vielbeschäftigt« und »einsam« hinzu. Das Bild, das sie nun von ihren beiden Eltern hatte, war zwar nicht einfacher als das Bild, das sie jahrelang mit sich herumgetragen hatte, aber es war vielschichtiger und machte auch ihr eigenes Leben reichhaltiger.

»Ich war immer irgendwie zornig«, sagte sie. »Ich gerate mit jedem in Streit – mit der Arzthelferin, meiner Nachbarin und meinem Metzger. Seitdem ich mich mit den Vorstellungen beschäftige, die ich von meiner Familie habe, scheine ich nicht mehr so reizbar zu sein. Es gelingt mir eher, beide Seiten zu sehen – ich kann mein Gegenüber sogar manchmal verstehen. Und das macht mich weniger wütend.«

Konflikte in der Familie

In unseren Tagträumen von einer »perfekten« Familie stellen wir uns meistens eine konfliktfreie Familie vor. Tatsächlich aber gehören Konflikte ganz natürlich zu jeder familiären Beziehung hinzu. Erst durch sie können wir unseren eigenen Raum und unsere Identität definieren und Unterschiede und Ähnlichkeiten erkennen. Wenn wir das anerkennen und respektieren, werden die Konflikte in unserer Familie zum Prüfstein für alle Begegnungen mit anderen Menschen in unserem ganzen Leben. So wie jeder von uns in sich selbst mit widersprüchlichen Zielvorstellungen zu kämpfen hat, so müssen wir uns auch mit einem gewissen Konfliktpotential in unserer Familie, in der Beziehung zu unseren Kindern, unserem Partner, unseren Eltern und unseren Geschwistern abfinden. Jede Beziehung besteht aus einem vielschichtig verflochtenen Gewebe von Gefühlen, von Hoffnungen und Wünschen, Befürchtungen und Ängsten, aus denen sich die innere Welt eines jeden Familienmitglieds zusammensetzt. Wie kann eine Familie dann, selbst wenn sie nur aus zwei Mitgliedern besteht, konfliktfrei sein?

Der Tagtraum von einer »perfekten« – einer liebevollen, streßfreien, konfliktfreien und was noch alles – Familie ist wie der Tagtraum von einer vollkommenen Liebesbeziehung oder einem vollkommenen Selbst: eine Phantasievorstellung, die als Schutz dienen, aber auch schaden kann.

Wir haben in diesem Kapitel gesehen, daß innere Konflikte – wie Margies Kampf gegen ihre »schlechten« (konkurrenzorientierten) Gefühle – auch zwischenmenschliche Konflikte repräsentieren können und daß äußere Konflikte, wie Dans Auseinandersetzung mit seiner Tochter, ebensogut innere, persönliche Konflikte widerspiegeln können. Ihre Tagträume sind das Werkzeug, das Ihnen ermöglicht, solche Konflikte zu erkennen und schließlich auch zu lösen, Kompromisse zu schließen, Ihre Meinung zu vertreten – mit anderen Worten, nicht nur eingeschränkt reagieren zu können, sondern eine ganze Reihe von Verhaltensalternativen zu entwickeln. Im folgenden Kapitel werden Sie sehen, daß Ihre Tagträume sich wunderbar dafür eignen, einige der bedrückendsten Konflikte unseres Lebens zu untersuchen und zu bearbeiten.

Lebenskrisen: Tagträume als Lebenshilfe

Wir glauben alle gern an ein Happy-End, aber im allgemeinen ist das Leben doch eine Mischung aus guten und schlechten Erfahrungen. Zu unterschiedlichen Zeiten und in unterschiedlichem Verhältnis erleben wir Schönes und Schlimmes, Glück und Traurigkeit, inneren Frieden und nervenaufreibende Unruhe.

Vielleicht haben Sie den Eindruck, Ihr Leid bedrücke Sie viel mehr und dauere viel länger als Ihre glücklichen oder auch nur angenehmen Stunden. Oder Sie meinen, die Last, die Sie zu tragen haben, wiege schwerer als die anderer Menschen? Andererseits tun Sie sich vielleicht mit guten Gefühlen so schwer wie andere Menschen mit schlechten. So seltsam es klingen mag, kann es doch sein, daß Sie sich wohler und sogar sicherer fühlen, wenn die Dinge nicht besonders gut laufen (weil Sie sich dann bewußt oder unbewußt sagen können, daß es wenigstens nicht viel schlimmer kommen kann!).

Alle diese Stimmungslagen haben etwas mit der Welt Ihrer Tagträume zu tun. Sie hängen zusammen mit einem eng verwobenen Muster an Geschichten und grundlegenden Überzeugungen, die Ihnen helfen, mit der Komplexität und Problematik des Lebens fertigzuwerden. Wie immer können diese Versuche, sich an die Schwierigkeiten und Belastungen Ihres Lebens anzupassen, Ihre Fähigkeit, solche Situationen tatsächlich zu bewältigen, einschränken oder steigern.

Wir wollen in diesem Kapitel feststellen, wie sich Tagträume, die Sie belasten, ganz subtil verändern lassen, so daß Sie sich in Ihrem Leben leichter tun. Sie wissen ja bereits, daß oft schon ein kleiner Perspektivenwechsel einen erheblichen Unterschied ausmacht. Ein kleiner Sprung in der Fensterscheibe kann sich entscheidend darauf auswirken, wie Sie die Landschaft vor dem Fenster wahrnehmen.

Wie kommt das?

Erstens werden quälende Gefühle oft stärker empfunden, wenn die vermeintlichen Ursachen nicht artikuliert und geklärt sind. Wenn Sie Ihre Tagträume untersuchen, werden Sie einige Ihrer Überzeugungen ans Tageslicht holen – und allein das kann schon einen entscheidenden Perspektivenwechsel bewirken. Aber es gibt auch noch andere Faktoren, die das übliche Maß an Leid, das zu jedem Leben dazugehört, verschlimmern. Beim Lesen der folgenden Beispiele werden Sie sehen, daß quälende Gefühle – wie alles andere auch – nicht nur eine Reaktion auf bestimmte Lebensereignisse sind, sondern auch eine Reaktion auf die vielschichtigen, miteinander verwobenen und oft widersprüchlichen Geschichten, die wir uns selbst erzählen, um uns unsere Erfahrungen zu erklären und mit ihnen fertigzuwerden. Auch hier wieder sind Ihre Tagträume der Schlüssel, mit dem Sie sich diese Geschichten erschließen.

Natürlich wäre es uns lieber, wir müßten keine schweren Zeiten durchmachen. Doch wenn wir unsere schmerzhaften Gefühle nicht wenigstens bis zu einem bestimmten Grad zulassen, leiden wir schließlich noch viel mehr darunter. Das soll nicht heißen, daß wir uns in Selbstmitleid, Depression, Groll oder Trauer suhlen sollten. Manchmal ist es notwendig und angemessen, den Hahn zuzudrehen, alle Gefühle abzuschalten, wenn man nicht von seinem Leid überwältigt werden will. Doch wenn Sie Ihre Tagträume in Worte fassen und sich mit den damit zusammenhängenden Überlegungen auseinandersetzen, kann dies schließlich und endlich Ihren Schmerz so weit verringern, daß Sie ihn überwinden können. In den Beispielen in diesem Kapitel werden Sie sehen, wie Tagträume Ihnen helfen können, Ihren Schmerz zu vermeiden – aber umgekehrt auch, wie sie dazu beitragen, daß Sie Ihren Schmerz verstehen, die schweren Zeiten bewußt erleben, einen Schritt weitergehen und sich dem Leben zuwenden können.

Wohin ist die Jugend entschwunden?
Die Schwierigkeiten des Alterns

So »reif« wir auch sein mögen, so leicht vergessen wir doch immer wieder, daß Schönheit und Reichtum nicht davor schützen zu leiden – also auch Verlustängste oder ein verletztes Selbstwertgefühl zu haben. Dieser Fehler unterlief auch mir, als ich Nora kennenlernte. Sie war eine erfolgreiche Designerin, neunundvierzig Jahre alt, atemberaubend attraktiv, elegant gekleidet und, wie ich rasch erfuhr, zutiefst unglücklich.

»Meine Ärztin hat mich zu Ihnen geschickt«, sagte sie mit völlig flacher Stimme. »Sie meint, ich sei depressiv. Ich fühle mich aber nicht depressiv. Ich habe nur diese körperlichen Symptome ...« Ihre Stimme wurde immer leiser.

Ich ermutigte sie weiterzureden. »Ich habe Probleme mit dem Magen. Aber die Untersuchungen – ich habe alle machen lassen – sind durchweg negativ. Die Ärztin sagt, es sei alles in Ordnung, aber ich habe Angst, daß ich einen Magenkrebs habe, der nur noch nicht entdeckt wurde. Ich befürchte, daß er nicht mehr geheilt werden kann, wenn sie ihn endlich diagnostizieren. Und dann habe ich noch Herzrhythmusstörungen – ich denke dauernd, ich bekomme einen Herzinfarkt.« Sie sah mich ein wenig trotzig an. »Ich bin ja schließlich nicht völlig verrückt. Schließlich habe ich einen Herzfehler, einen sogenannten Mitralklappenprolaps, daher kommt das Herzklopfen. Aber auch da sagen die Ärzte – inzwischen war ich bei dreien –, ich solle mir keine Sorgen machen, das sei nichts Schlimmes. Aber wie soll ich mir denn keine Sorgen machen. Mit mir stimmt doch etwas nicht ...«

Während der nächsten Viertelstunde hörte ich mir an, wie Nora zahlreiche andere körperliche Symptome herunterleierte, die wie der Mitralklappenprolaps alle eine physiologische Ursache hatten, aber, wie die von Nora konsultierten Ärzte meinten, ihre Todesangst nicht erklären konnten.

Ich sagte ihr dennoch, diese organischen Störungen gebe es nicht nur »in ihrem Kopf«. Sie waren in ihrem Körper und hatten mit ihrem Körper zu tun – Empfindungen, die man nicht einfach abtun sollte. Natürlich war es möglich, daß es sich um Symptome handelte, deren Ursache erst noch herausgefunden werden mußte. Da Nora aber von verschiedenen Ärzten gründlich untersucht worden war, schlug ich vor, die Botschaften zu untersuchen, die in ihrer Sorge um ihr körperliches Wohlbefinden enthalten waren: Welche unerkannten Informationen über sie selbst verbargen sich in ihren Tagträumen?

Nora sah verwirrt aus, deshalb suchte ich nach einem Beispiel. Mein Blick fiel auf ihre exquisite Garderobe: Sie trug eine lange schwarze Tunika aus einem weichen, schweren Stoff, drapiert über einem ebenso exquisiten schwarzen Rock, und schwarze Stiefel aus einem weichen und griffigen Leder. Sie sah wunderbar darin aus, auffällig war nur die schlichte Strenge, das Schwarz, das nicht einmal durch ein einziges Schmuckstück aufgelockert war. Sie trug kein Make-up, und ihr rötliches Haar war zu einem losen Schwanz zurückgebunden. Auf dem Stuhl neben sich hatte Nora einen schwarzen Wintermantel und eine schwarze Handtasche abgelegt.

Ich fragte sie, woran sie heute morgen beim Anziehen gedacht hatte. »Warum haben Sie gerade diese Garderobe ausgesucht? Was ging Ihnen durch den Kopf, welche Gefühle hatten Sie sich selbst gegenüber?«

Sie sah an sich herunter, als wolle sie feststellen, was sie anhatte. Ich hatte das Gefühl, daß sie hinschauen mußte, um zu merken, daß da ihr Körper war.

»Oh«, antwortete sie ein wenig unsicher, »ich achte nicht besonders auf meine Garderobe. Mein Chef sagt, ich sehe aus, als wolle ich zu einer Beerdigung. So fühle ich mich wahrscheinlich auch meistens. Ich habe wenig Energie – wahrscheinlich wegen all dieser körperlichen Probleme –, aber die Ärzte sind sich ja nicht einig ...« Wieder wurde ihre Stimme leiser.

Ich sagte ihr, dies seien Tagtraum-Gedanken. Die Vorstellung ihres Chefs beispielsweise, der meinte, sie sehe aus, als ginge sie zu einer Beerdigung, war vielleicht ein Hinweis auf einen seiner Tagträume, andererseits gab sie auch Aufschluß über Noras Tagträume, die sie im Zusammenhang mit dem Gefühl hatte, zu einer Beerdigung zu gehen.

Diese Beobachtung brachte zum ersten Mal, seitdem ich Nora kennengelernt hatte, ein wenig Leben in ihren Gesichtsausdruck. »Wissen Sie, eigentlich ist das komisch; vor kurzem habe ich mir nämlich überlegt, wie meine eigene Beerdigung aussehen könnte.«

Ich bat sie, mir mehr darüber zu erzählen.

»Ein bißchen peinlich ist mir das schon, aber wenn Sie meinen, es hilft ...« Sie betrachtete ihre Hände und drehte sie mehrmals, bevor sie anfing zu sprechen. »Ich sehe meinen Sarg vor mir, er befindet sich auf dem Friedhof und ist mit Blumen und einem Baldachin bedeckt ... Und da sind auch ein paar Menschen, die sich von mir verabschieden ... Mein Vater, mein Sohn und meine Tochter weinen ...« Ich fragte sie, ob diese Vorstellung sie an etwas anderes erinnere. »Ja, genau so sah es bei der Beerdigung meiner Mutter aus. Nur sieht mein Vater in meinen Tagträumen wie ein alter Mann aus, so wie er jetzt aussieht, nicht wie vor fünfundzwanzig Jahren, als meine Mutter gestorben ist.«

Ich forderte Nora auf, alles zu sagen, was ihr jetzt in den Sinn kam. »Gerade habe ich gedacht, daß ich verbrannt werden will, damit ich keinen Sarg habe. Meinen Sie, das hat etwas zu bedeuten?«

Ich nickte und ermutigte sie, ihre Gedanken weiter zu verfolgen. Sie sprach langsam, aber ihre Stimme war nicht mehr so teilnahmslos wie zu Beginn. »Mir fällt ein, daß sich der Todestag meiner Mutter bald zum fünfundzwanzigsten Mal jährt. Denke ich deshalb an die Beerdigung? Ich kann kaum glauben, daß es schon so lange her ist. Ich vermisse sie immer noch.« Noras Augen füllten sich mit Tränen. »Manchmal war es ganz besonders schwer, zum Beispiel bei meiner Hochzeit und bei meiner Scheidung – ich hätte sie so sehr gebraucht. Auch jetzt, wo anscheinend alles schiefgeht. Ich wünschte, sie wäre hier. Mein Vater ist ein wunderbarer Mensch, aber er ist eben nicht meine Mutter, er hat mir einfach nicht dasselbe geben können. Und inzwischen ist es noch schwerer, weil man merkt, daß er alt wird. Ich bin ein Einzelkind, und meine eigenen Kinder sind schon groß. Sie leben ihr eigenes Leben und können mir auch nicht viel helfen ...«

Noras Gesicht verschloß sich wieder. Mit ausdrucksloser Stimme fing sie wieder an, über ihre körperlichen Symptome zu sprechen. Schmerz und Traurigkeit waren zu groß geworden, so daß sie sich wieder den zwanghaften Gedanken über ihre gesundheitlichen Probleme zuwandte.

Aber auch das hatte, wie wir im Lauf der Zeit erfuhren, eine bestimmte Bedeutung. Nora erklärte sich bereit, wenn auch zunächst ein wenig zögernd, ein Tagtraum-Tagebuch zu führen, in dem sie alle Gedanken und Gefühle festhielt, die ihre verschiedenen körperlichen Beschwerden in ihr auslösten. Die Zusammenhänge, die sie auf diese Weise entdeckte, faszinierten sie.

So sagte sie mir beispielsweise: »Kürzlich hatte ich wieder diese Magenschmerzen. Ich schrieb also alles auf, was mir zu den Schmerzen einfiel – und plötzlich ging mir etwas auf, das ich zwar schon immer gewußt, von dem ich aber nie gedacht habe, daß es einen psychologischen Bezug zu meinen körperlichen Beschwerden hat. Demnächst jährt sich nämlich nicht nur der Todestag meiner Mutter, sondern ich bin jetzt auch genauso alt wie sie, als sie krank wurde. Und wissen Sie, woran sie starb? An Bauchspeicheldrüsenkrebs, der entdeckt wurde, als sie mit entsetzlichen Magenschmerzen zum Arzt ging ... Es ist also durchaus realistisch, daß ich an derselben Krankheit sterbe«, sagte sie zögernd. »Solche Krankheiten sind oft erblich.«

Obwohl die Untersuchung von Noras Tagträumen ihre Angst bisher nicht verringert hatte, hatte sie ihr doch einige Hinweise auf einen Teil des emotionalen Vermächtnisses gegeben, das sie mit sich herumtrug.

Nora machte eine weitere Entdeckung. »Meine Symptome selbst sind gar nicht immer so schlimm«, sagte sie. »Ich meine, das Herzklopfen ist zwar nicht besonders angenehm, aber wenn ich mir sagen kann, daß ich daran nicht sterben werde, sondern daß es zu dieser Mitralklappengeschichte einfach dazugehört und gleich wieder vorbei ist, ist es eigentlich auszuhalten. Und bei meinen Magenschmerzen ist es genauso. Sie sind nicht wirklich schlimm. Ich habe nur immer solche Angst, daß ich ständig auf jede Regung meines Körpers achte. Jedes Zipperlein macht mir angst, weil es von einer unerkannten Krebserkrankung kommen könnte ...«

Nora setzte sich nun mit weiteren Tagträumen und Grundüberzeugungen im Zusammenhang mit ihren körperlichen Beschwerden auseinander. Ihre neueste Erkenntnis nahm ihr zwar nicht alle Sorgen, doch sie veränderte ihre Perspektive so weit, daß sie nicht mehr jedesmal in Panik geriet, wenn ihr etwas weh tat.

Nora führte ihr Tagtraum-Tagebuch weiter, notierte, wann und wo sie war, wenn sie einen Tagtraum hatte, und was ihr unmittelbar nach dem Tagtraum in den Sinn kam. So entdeckte sie nach und nach weitere Zusammenhänge zwischen Gefühlen und Gedanken, die sie immer schon gehabt, aber als völlig zusammenhanglos wahrgenommen hatte.

»Meine Kinder entwachsen mir so schnell. Nach meiner Scheidung vor fast fünfzehn Jahren ging es bei uns oft recht stürmisch zu, aber wir haben alles gut hinbekommen. Eigentlich genau so, wie es sein muß ..., aber ich fühle mich so einsam ohne sie. Und jetzt ... Mein Ex-Mann hat wieder geheiratet, und er und seine Frau haben gerade ein Baby bekommen. Meine Tochter Amanda und mein Sohn Joey sind ständig bei ihnen, um mit dem Baby zu spielen ...

Natürlich macht es mehr Spaß, dort zu sein, als bei mir. Ich bin nur ein Häufchen Unglück, und ihr Vater ist glücklich, gut drauf, unterhaltsam. Und ein Baby ist natürlich immer etwas Schönes ...«

Sie zögerte kurz und sah an sich herunter, als sie ihren langen Rock glattstrich. Dann fuhr sie fort: »Da habe ich noch einen Tagtraum. Ich hätte nämlich gern noch ein Baby. Also eigentlich nicht wirklich. Ich weiß, wieviel Arbeit das ist, und ich fühle mich zu müde für so etwas – zu alt ... Aber so ist es eben, nicht? Das Leben ist so ungerecht. Mein Ex-Mann ist eineinhalb Jahre älter als ich, aber er kann noch mal ein Kind haben. Ich nicht. Seitdem bei mir die Wechseljahre eingesetzt haben, fühle ich mich wie tot ... oder so, als ob ich sterben würde ...«

Ich sah sie erstaunt an. »Sie sind in den Wechseljahren?« fragte ich. Von den damit verbundenen Symptomen hatte Nora noch gar nicht berichtet, und sie sah eher wie vierzig als wie fünfzig aus. Ihr tatsächliches Alter hatte ich völlig vergessen.

»Ich weiß«, sagte sie verbittert. »Ich sehe nicht so alt aus, wie ich bin. Aber das ändert nichts an den körperlichen Veränderungen. Und ich *hasse* das – die Hitzewallungen, die Gewichtszunahme, das Wissen, daß ich kein Kind mehr bekommen kann ...« Sie sah aus dem Fenster. »Aber so ist das Leben eben. Der Tod ist mir näher als die Geburt. Eine schreckliche Situation ...«

Ich bestätigte ihr, wie schrecklich solche Gefühle sind. Sie nickte und sah mich dann wieder an. »Aber am schlimmsten finde ich«, sagte sie, »daß so viele schreckliche Dinge gleichzeitig passieren. Ich werde älter, meine Kinder sind mir entwachsen. Mein Vater wird alt, ich muß mich langsam nach einem Pflegeplatz für ihn umsehen, außerdem weiß ich nicht, wie lange er noch zu leben hat ...« Nora begann, leise zu weinen. »Noch so ein furchtbarer Tagtraum.«

Die meisten von uns empfinden im mittleren Alter eine ähnliche Traurigkeit und ähnliche Verlustgefühle. Viele von uns ziehen Bilanz. Wir müssen – vielleicht zum ersten Mal im Leben – damit klarkommen, daß sich nicht mehr alle unsere Wünsche verwirklichen lassen. Zugleich müssen wir im Hinblick auf viele persönliche Beziehungen, auf unsere körperliche Leistungsfähigkeit und oft auch unseren Beruf mit gewaltigen Verlusten fertigwerden.

Diese Realitäten ließen sich für Nora auch nicht dadurch ändern, daß sie sich mit ihren Tagträumen beschäftigte, aber sie sagte, sie habe festeren Boden unter den Füßen, seitdem sie angefangen hatte, mit ihnen zu arbeiten. Ich fragte, ob sie mir ein Beispiel nennen könne.

»Natürlich«, antwortete sie. »Es hat sogar mit meinen körperlichen Beschwerden zu tun. Seitdem ich angefangen habe, auf meine Tagträume zu achten, ist mir aufgefallen, daß ich diese Beschwerden oft gerade dann habe und mir Sorgen mache, wenn ich meinen Vater besucht oder mit einem meiner Kinder gesprochen habe. Es hilft mir sehr zu wissen, daß diese Beschwerden meine Art sind, meine Angst vor dem Tod im Zaum zu halten. Darüber haben wir ja schon geredet. Aber da ist noch mehr. Kürzlich habe ich mich von meinem Vater verabschiedet und war danach nicht traurig, sondern habe überhaupt nichts mehr empfunden. Minutenlang konnte ich meinen Körper praktisch nicht mehr spüren. Ich geriet in Panik und hatte furchtbare Angst und dachte zuerst, das sei jetzt ein neues Symptom. Und dann kam das Herzklopfen wieder ...

Als ich später mein Tagtraum-Tagebuch schrieb, fiel mir auf, daß ich meinen Körper in dem Moment wieder spürte, in dem das Herzklopfen einsetzte! Diese unregelmäßigen, schnellen Herzschläge waren zwar unangenehm, aber sie verwurzelten mich in der Wirklichkeit. Wie wenn ich zu mir selbst sagen würde: ›Siehst du? Dein Herz schlägt. Du bist also noch da.‹« Sie sah mich verwirrt an. »Bin ich verrückt?«

»Keineswegs«, erwiderte ich. Tatsächlich hatte sie eben eine andere wichtige Bedeutung der Tagträume im Zusammenhang mit ihren körperlichen Beschwerden entdeckt. Als Nora weiter darüber nachdachte, fiel ihr ein, daß sie einen solchen »Verlust« ihres Körpers auch zuvor schon erlebt hatte.

»Bei der Arbeit ist es ein paarmal passiert. Ich fühle mich dort nicht mehr eingebunden, und das ist ein weiterer Verlust für mich. Mein Arbeitsplatz war immer ein Ort, an dem ich mich stark und gut fühlte. Ich weiß, daß ich meinen Job gut mache. Genauer gesagt, wußte ich das bisher. Aber es scheint, als sei ich auch dafür inzwischen zu alt. Die Designer-Firma, für die ich arbeite, hat sich gerade mit einer anderen zusammengeschlossen. Sie haben zwar noch nichts gesagt, aber es ist ganz klar, daß sie mich loswerden wollen. Die andere Firma hat jemanden in derselben Position – eine jüngere Frau, die sie nicht so viel kostet wie ich –, und sie brauchen keine doppelte Besetzung. Wen würden Sie behalten, wenn Sie die Kosten reduzieren wollten?

Na ja, ich habe überall verlauten lassen, daß ich mich nach etwas anderem umsehe. Und als Rückmeldung bekomme ich lediglich, daß ich zu alt bin. Nicht immer so unverblümt, aber die Botschaft ist eindeutig.« Ihre Stimme wurde wieder leiser, als sie auf ihre Hände niedersah, die jetzt ruhig auf ihrem Schoß lagen.

»Kein Wunder, daß Sie so niedergeschlagen sind«, sagte ich. »Im Moment scheint alles auf einmal schiefzugehen.«

Nora nickte. »Das stimmt. In allen meinen Tagträumen geht es um ein Ende – um das Ende meiner Beziehung zu den Kindern und zu meinem Vater, um das Ende meiner beruflichen Laufbahn, um das Ende meines Lebens als Frau, um meinen eigenen Tod.«

Kurze Zeit später hatte Nora einen Tagtraum, in dem sie lernte, Klavier zu spielen. Sie sagte: »Das wollte ich schon immer, aber ich hatte nie Zeit dazu. Warum fällt mir das gerade jetzt ein?«

Ja, warum eigentlich? Weil Nora, als sie den wirklichen Schmerz in ihrem Leben erkannte, ihren Kopf aus dem Schlamm hob – nur ein kleines bißchen, aber weit genug, um einige Tagträume vom Leben jenseits der mittleren Lebensjahre zu entwickeln. Als Nora anfing, mit dem Gedanken an Klavierstunden zu spielen, tauchten nach und nach neue Ideen auf. Ihr fiel wieder ein, daß sie oft gesagt hatte, sie wolle Klavierspielen lernen, wenn sie im Ruhestand sei. »Aber so alt bin ich doch noch nicht«, protestierte sie. Dann bemerkte sie etwas anderes. »Vielleicht ist es auch ein Wunsch«, sagte sie. »Vielleicht kommt in allen diesen Beschwerden eine andere Botschaft meines Körpers zum Ausdruck. Ich meine schon eine ganze Weile, daß ich kürzertreten sollte, aber ich hatte Angst vor den Folgen. Jetzt bin ich aber auf etwas ganz Neues gekommen. Ich kann es mir nicht leisten, gar nicht zu arbeiten, aber ich habe auch nicht mehr viele Ausgaben. Mein Haus ist abbezahlt, die Kinder haben das College abgeschlossen ... Ich habe immer davon geträumt, mich selbständig zu machen. Vielleicht wäre jetzt der richtige Zeitpunkt. Ich habe ein paar Kunden, die ich mitnehmen könnte ...« Sie zögerte und atmete tief durch. »Der Gedanke macht mir angst. Ich wäre völlig auf mich selbst gestellt.«

Ich ermutigte Nora, diese Überlegungen weiterzuverfolgen, auch wenn sie beunruhigend waren. Dasselbe gilt auch für Sie: Wenn die Assoziationen zu Ihren Tagträumen Sie in eine neue Richtung führen, sollten Sie auch eine Weile dabeibleiben. Nora bemühte sich, ihre Angst vor der Selbständigkeit auszuhalten, anstatt vor ihr davonzulaufen. »Mein Vater hat immer gesagt, ich sei stark, und ich habe ihm geholfen, über Mutters Tod hinwegzukommen. Aber ich weiß nicht, ob ich dazu in der Lage wäre.«

Eines Tages sagte Nora: »Wissen Sie was? Egal, ob ich mich selbständig mache oder nicht, ich lebe wieder. Ich konzentriere mich nicht mehr auf das, was mit meinem Körper passiert. Meine Kraft ist zurückgekehrt.« Nora fand auch neue Ziele – neue Tagträume, die ihrem Leben eine Richtung und ihr selbst ein Gefühl der Hoffnung für die Zukunft gaben.

Noras Qualen verschwanden nicht von heute auf morgen. Ihre Beziehung zu ihren Kindern blieb schwierig, obgleich sie nun den Eindruck hatte, sie sei eher in der Lage, manche Dinge zu beeinflussen. Ihrem Vater ging es zunehmend schlechter. Aber Noras körperliche Symptome erschreckten sie nicht mehr so sehr. Wenn sie auftraten, fand sie mit Hilfe ihrer Tagträume heraus, was sie ausgelöst hatte, und konnte dann versuchen, eine Lösung zu finden. Das klappte nicht immer – manchmal gab es einfach keine Lösung –, aber wie Nora sagte: »Ich gerate nicht mehr jedesmal in Panik, wenn etwas weh tut oder sich komisch anfühlt. Ich habe ein bißchen mehr Selbstvertrauen. Mir fällt jetzt meist ein, wie man Probleme angehen könnte – keine vollkommenen Lösungen, aber wenigstens solche, die es mir ermöglichen weiterzumachen.«

Manchmal helfen uns die organisierenden Geschichten in unseren Tagträumen zu verstehen, worunter wir leiden. Diese Erklärungen können uns helfen, mit unserem Schmerz fertigzuwerden, aber manchmal geht der Schuß auch nach hinten los, und sie verschlimmern das Leid und den Schmerz, den sie eigentlich erleichtern sollten.

So war es bei Dick.

Persönlich genommen: Tagträume, die den Schmerz verschlimmern

Dick war ein kleiner, rundlicher Mann mit einem kindlichen Gesicht und grauen Locken. Er war Anfang Fünfzig, als ich ihn kennenlernte – nicht ganz ein Jahr, nachdem seine Frau Cindi an Krebs gestorben war.

»Sie war meine zweite Frau«, erzählte er. »Meine erste Ehe mit meiner College-Freundin war von vornherein zum Scheitern verurteilt – auch wenn wir alles taten, um sie zu retten. Wir heirateten völlig unüberlegt, und sie wurde schwanger, als ich mich auf mein Examen vorbereitete. Unsere Ehe hat noch sechzehn Jahre gehalten, wir haben noch zwei Kinder bekommen ..., und dann lernte ich Cindi kennen.« Er zögerte, und als er weitersprach, klang seine Stimme belegt. »Cindi war die Frau meines Lebens. Jetzt ist es fast schon ein Jahr her, und ich weiß immer noch nicht, wie ich ohne sie leben soll.«

Dick atmete tief durch. »Während Cindis ganzer Krankheit und sogar noch in den ersten Monaten nach ... nach ihrem Tod ging es mir gut. Ich meine, ich glaube, ich stand unter Schock. Aber es gelang mir lange, für alle zu sorgen – für Cindi, unsere Tochter Laurie und mich selbst.

Inzwischen ist es fast schon ein Jahr her. Ich sollte nicht so deprimiert sein. Ich müßte langsam darüber hinwegkommen. Aber ... mit Cindi habe ich mein ganzes Leben verloren. Ich vermisse sie so ...« Er unterdrückte ein Schluchzen.

Einen Augenblick später fuhr er fort: »Wenn Laurie nicht gewesen wäre und mich nicht gebraucht hätte, hätte ich mich umgebracht. Es wäre viel einfacher. Ich halte diese Achterbahnfahrt der Gefühle nicht mehr aus. Manchmal fühle ich mich so verloren, und dann wieder so wütend! Es macht mir angst, wie wütend ich werden kann.«

Ich bat Dick, mir ein Beispiel zu nennen. »Also erstens überlege ich mir, ob ich nicht die Ärzte oder das Krankenhaus anzeigen soll, obwohl ich genau weiß, daß sie alles Menschenmögliche getan haben ... Und ich bin zornig auf Gott ... Selbst auf Cindi bin ich zornig. Es scheint mich urplötzlich zu überkommen, und dann geht es los. An meinem Arbeitsplatz ist es so schlimm, daß ich um meinen Job fürchten muß, wenn ich das nicht unter Kontrolle kriege. Aber noch schlimmer ist, daß es mir bei Laurie genauso geht. Sie ist erst dreizehn, und sie weiß nicht, wie sie mit mir umgehen soll, wenn ich so wütend werde. Ich weiß auch nicht, was ich dann mit mir anfangen soll.«

Ich sagte Dick zunächst, daß das Trauern ein langer Prozeß ist und daß Depression und Zorn normale Reaktionen auf die Art von Verlust sind, die er erlitten hatte. Ich ermutigte ihn auch, diesen Prozeß in seinem eigenen Rhythmus zu durchlaufen und sich nicht an einem willkürlich festgesetzten Zeitplan zu orientieren. »Aber«, fügte ich hinzu, »ich verstehe, daß Sie Ihre Gefühle so weit unter Kontrolle haben müssen, daß Sie nicht Ihren Job verlieren oder Ihrer Tochter schaden.« Er seufzte tief und stimmte mir zu. »Nur, wie soll ich das anfangen?« fragte er.

Ich schlug vor, er solle ein Tagtraum-Tagebuch führen, und zwar vor allem in den Augenblicken, in denen er wieder so wütend wurde. »Ich habe keine Tagträume mehr«, erwiderte er. »Sie wurden alle mit Cindi begraben.«

Ich erklärte ihm, was ich mit »Tagträumen« meinte. »Sie haben mir beispielsweise gerade gesagt, daß Sie Tagträume haben, in denen Sie Strafanzeige gegen das Krankenhaus oder die Ärzte stellen. Und Sie haben auch Tagträume, in denen Sie Ihren Zorn auf Gott oder sogar auf Cindi zum Ausdruck bringen.«

Diese Vorstellung regte seine Phantasie an. »Sie haben recht«, sagte er. »Tatsächlich stelle ich mir sogar vor, daß ich die Faust gegen Gott erhebe und Cindi von den Toten zurückhole – so wie Orpheus in der griechischen Mythologie seine Frau zurückholen wollte.«

Es war nicht immer leicht für Dick, da seine Aggressionen ihn manchmal ohne Vorwarnung oder Anlaß schlagartig zu überkommen schienen. Doch als Dick sich bemühte, dem Grund dieser Ausbrüche auf der Spur zu bleiben und seine Gedanken unmittelbar davor festzuhalten, erfuhr er ein paar wesentliche Dinge über seine Denkprozesse.

»In einem Tagtraum, der immer wieder auftaucht«, berichtete er, »frage ich mich jedesmal, warum es ausgerechnet mir passieren mußte. Unsere Pfarrerin sagte in ihrer Grabrede, daß das eine ganz normale Reaktion auf den Tod eines geliebten Menschen sei, aber sie sagte auch, es sei die falsche Frage – weil es so vielen passiert. Sie selbst hat ihren Mann vor ein paar Jahren verloren, und viele aus unserer Gemeinde haben einen Menschen verloren, den sie liebten – ihren Mann, ihre Frau, ihre Eltern, ein Kind, einen Bruder, eine Schwester, einen Geliebten ... Ich weiß nicht mehr, was sie sagte, was die *richtige* Frage sei. Irgendwie habe ich nicht recht aufgepaßt. Aber manchmal fällt es mir wieder ein, weil ich mich unablässig frage: ›Warum ich?‹«

»Und jetzt kommt das Faszinierende«, fuhr er fort. »Seitdem ich meine Tagträume aufschreibe, nachdem ich jetzt weiß, daß ich tatsächlich welche habe, stelle ich fest, daß ich mir die Frage immer dann stelle, wenn ich in Wut gerate. Ich weiß nicht, was das bedeutet, aber irgendeine Bedeutung muß es ja haben.«

Ich stimmte ihm zu. Als Dick seine Tagträume und die Assoziationen dazu weiterverfolgte, erfuhren wir zumindest eine der Bedeutungen seiner Frage »Warum ich?«.

»Gestern an meinem Arbeitsplatz wurde ich wieder wütend. Ein Kollege hatte etwas total vermurkst, und es war klar, daß wir endlos lange brauchen würden, um es wieder in Ordnung zu bringen. Ich war so wütend, daß ich am liebsten aus der Haut gefahren wäre. Aber statt dessen ging ich in mein Büro und schrieb möglichst viele meiner Gedanken auf. Ich dachte, ich könnte es vielleicht erstmal auf dem Papier loswerden und vielleicht sogar herausfinden, was meine Tagträume bedeuten. Und jetzt wird es interessant. Ich habe annähernd zehn Minuten geschrieben, vielleicht auch weniger. Jedenfalls schrieb ich drei Seiten voll. Und mindestens die Hälfte meiner Notizen drehte sich um die Frage ›Was habe ich falsch gemacht? Warum werde ich so hart bestraft?‹«

Ich fragte Dick, was ihm einfiel, wenn er an diese Worte dachte. »Ich habe es mir überlegt«, erwiderte er. »Und ich denke immer wieder, daß Cindis Tod meine Strafe dafür war, daß ich meine Frau und meine Kinder verlassen habe.« Er hielt inne.

»Es war nicht richtig so. Ich ging einfach und ließ sie alle sitzen. Dafür habe ich mich lange Zeit schuldig gefühlt.« Er seufzte. »Cindi hat immer darauf gedrängt, daß ich den Kontakt zu den Kindern wieder aufbaue, aber das war schwierig. Sie waren ziemlich sauer auf mich, aus gutem Grund. Und obwohl sie sich in dieser ganzen Zeit super verhalten haben – vor allem meine älteste Tochter hat sich sehr um Laurie gekümmert –, hatte ich schon oft den Gedanken – den Tagtraum –, daß sie mein Schicksalsschlag gefreut haben muß. Daß ich endlich meine gerechte Strafe bekommen habe.«

Viele von uns erklären sich quälende Erfahrungen in ihrem Leben ähnlich wie Dick. Sie glauben, sie würden von Gott, dem Schicksal oder einer anderen Wesenheit bestraft oder zum Leiden bestimmt. Vielleicht glauben wir auch einfach, wir hätten »Pech« oder seien einfach »Unglücksraben«. Für die meisten von uns haben solche Tagträume, wie auch für Dick, mehrere und manchmal widersprüchliche Bedeutungen.

Dick beispielsweise wurde klar, daß er diese Gedanken und Tagträume schon vor Cindis Krankheit gehabt hatte. »Ich habe mich immer für alles Schlimme verantwortlich gefühlt. Als hätte ich es verursacht.«

Als Dick auch weiterhin Worte und Gedanken zu seinen Tagträumen aufschrieb, fiel ihm ein interessantes Thema auf. »Ich gebrauche ständig Wörter, die mit Macht und Ohnmacht zu tun haben. Ich denke, ich kann das, was mir widerfährt, steuern, wenn ich alles ›richtig‹ mache. Klappt das nicht, werde ich zornig – und *das* gibt mir das Gefühl, Macht zu haben, wenn auch nur für eine kurze Zeit. Danach fühle ich mich erschöpft und schuldig ...« Er zögerte, bevor er fortfuhr. »Als ich diese Gedanken in Worte faßte, sah ich auch, was damit nicht stimmt. Erstens verschlimmern sie nur mein Leid, und das macht mich wütend. Kein Wunder, daß ich dann um mich schlage! Und zweitens funktioniert die Welt ganz anders. Ich sehe, daß viele andere Menschen auch leiden, und ich glaube nicht, daß sie ihr Unglück verdient haben. Aber wenn es um mich geht, meine ich, alles Gute sei ein Beweis dafür, daß ich gut bin, und alles Schlechte ein Beweis dafür, daß ich schlecht bin. Als sei die

Tatsache, daß ich Laurie und Cindi in meinem Leben hatte, ein Beweis dafür, daß ich gut war, und Cindis Krankheit ein Beweis dafür, daß ich schlecht bin.« Er zögerte nachdenklich. »Ich denke wie ein kleines Kind«, sagte er schließlich.

Natürlich war die Sache komplizierter. Als Dick seine Assoziationen weiterverfolgte, wurde ihm klar, daß seine Art zu denken ein Versuch war, sich vor der Unvorhersehbarkeit des Lebens zu schützen, die ihm das Gefühl gab, verletzlich und verwundbar zu sein. »Wahrscheinlich fühle ich mich so sicherer, als gebe es einen Plan oder jemanden, der über mich wacht und der die Dinge ordnet.« Dennoch wurden sein Schuldgefühl und sein Schmerz noch schlimmer, wenn es ihm schlecht ging. Denn er litt nicht nur unter dem Verlust selbst, sondern auch unter dem Gefühl, daß er ihn herbeigeführt hatte.

Auch als Dick diese grundlegenden Strukturen seiner Geschichten erkannte hatte, wurde der Verlust von Cindi nicht erträglicher. Dick mußte den Verlust Cindis immer noch verarbeiten, ein weder einfacher noch schneller Prozeß. Doch er stellte fest, daß seine neugewonnenen Erkenntnisse ihm halfen, mit der schmerzhaften, heftigen und manchmal unerträglichen Trauer besser fertigzuwerden.

Als er seine Tagträume und die damit verbundenen Assoziationen weiter bearbeitete, entdeckte er noch mehr über sich selbst. So brach er beispielsweise eines Tages, als er gerade über seine und Lauries Ferienpläne sprach, in Tränen aus. »Mir ... mir wird gerade klar, daß ich etwas Schönes *ohne* Cindi plane.« Er erkannte, daß selbst gerade erst keimende, hoffnungsvolle Tagträume im Hinblick auf die Zukunft ihm weh taten. »Ich fühle mich schuldig, als würde ich sie sitzenlassen, als würde sie mir gar nicht viel bedeuten.«

Dick würde lernen müssen, schöne Dinge auch ohne Cindi zu erleben, und er würde einen Weg finden müssen, auf dem er sich weiterentwickelte, obwohl er wußte, daß er das ohne Cindi tun würde.

Seine Tagträume waren dabei eine wichtige Informationsquelle. Eines Tages sagte er traurig: »Ich habe gerade angefangen zu erkennen, daß ich einen Platz für meine Erinnerungen finden muß, ohne das Gefühl zu haben, daß ich mit Cindi begraben bleiben muß – ich muß in der Zeit bleiben, die ich mit ihr verbrachte. Laurie und ich haben gestern damit angefangen und ein paar paar alte Fotos von Cindi und uns beiden angesehen. Wir weinten beide, aber wir sprachen darüber, wie wichtig solche Erinnerungen sind und wie wichtig es ist, sie zu behalten und gleichzeitig weiterzugehen. Ich sehe jetzt, daß solche Erinnerungen wie Tagträume sind – ein Teil von mir, aber nicht meine ganze Persönlichkeit. Ich weiß noch nicht, wie es gehen soll, aber wenigstens habe ich jetzt eine Vorstellung davon.«

Das Wort »spielen« mag im Zusammenhang mit dem Trauerprozeß allzu leichtgewichtig erscheinen, aber genau das war es, was Dick tat und was er Laurie beibrachte. Erinnerungen sind Tagträume. Und Tagträume sind nicht statisch. Wenn Sie mit ihnen »spielen« können, sie verändern, etwas hinzufügen, Einzelheiten herausnehmen, sie auflockern und freier fließen lassen, sie schätzen und erkunden können, dann kommen und gehen sie leichter, und Sie verstricken sich nicht in ihnen. Sie werden immer ein Teil Ihrer Erfahrung sein, wenn auch mal mehr und mal weniger intensiv. Und sie werden zu einem Teil Ihres Lebens und Ihrer selbst, anstatt zu Gleisen, in denen Sie festgefahren sind, oder zu Hindernissen, die Ihren Fortschritt hemmen.

Im nächsten Beispiel werden Sie sehen, wie ein Paar in seinen Tagträumen gefangen war und wie es lernte, mit ihnen zu spielen. Darüber hinaus erfahren Sie, wie sie lernten, nicht nur mit ihrem Leid umzugehen, sondern ihre Tagträume auch zur Verbesserung ihrer Beziehung zu nutzen, um ihren Schmerz gemeinsam zu bewältigen.

»Wir wollen ein Baby«: Wie gemeinsame Tagträume einer Beziehung schaden oder sie verbessern können

Sam war fünfundvierzig und Lisa fast vierzig, als ich sie kennenlernte. Sie waren beide mittelgroß, mit dunklem, welligem Haar, gutaussehend und sportlich. Sie erzählten mir, sie seien beide passionierte Tennisspieler und hätten sich vor fast zehn Jahren in einem Tennis-Camp ineinander verliebt. Bei unserem ersten Treffen konnten sie fast nur über eines reden: ihre Tagträume von der Familie, die sie nicht haben konnten.

Lisa hatte mehr als vier Jahre lang versucht, schwanger zu werden. Nach den verschiedensten Behandlungen hatten sie es zweimal mit einer In-vitro-Fertilisation versucht. Nun versuchten sie zu entscheiden, ob sie das kostspielige und zeitaufwendige Verfahren noch einmal durchmachen oder sich eher mit der Möglichkeit einer Adoption auseinandersetzen sollten. »Obwohl«, sagte Sam, »wir auch darüber solche Horrorgeschichten gehört haben: von Leihmüttern, die sich im letzten Augenblick umentscheiden oder das Baby an einen höheren Bieter verkaufen, nachdem man neun Monate lang die medizinische Versorgung finanziert hat, oder davon, daß man monatelang in Südamerika oder China oder einem anderen Land versucht, sein Baby herauszuholen ... Ich weiß nicht, ob ich dafür die nötigen emotionalen und finanziellen Reserven habe.«

»Wir könnten ja einen oder zwei Monate lang ohne fremde Hilfe versuchen, schwanger zu werden, und uns solange überlegen, was wir machen wollen«, sagte Lisa, »aber ...«

»Aber da ist ein anderes Problem«, warf Sam ein. Er senkte verlegen den Blick. »Ich kann keine Erektion halten.«

Lisa versuchte, ihn zu trösten. »Das ist doch nicht deine Schuld, Liebling.« Und zu mir gewandt: »Wir waren bei einer Sexualtherapeutin, die sagte, das sei eine normale Reaktion auf Unfruchtbarkeit. Sie nannte uns ein paar Übungen, aber das Problem ist, daß Sam sie nicht einmal ausprobieren will. Wir sollen zärtlich zueinander sein, uns aneinander kuscheln und unsere Körperlichkeit genießen, aber ohne Sexualität. Sam wird wütend, wenn ich das Thema auch nur anspreche. Wir versuchen es nicht einmal mehr.« Lisa begann zu weinen. Sam warf ihr einen verstohlenen Blick zu, sagte aber nichts.

Ich sagte ihnen, ich wüßte, wie schwierig die Situation sei, und ich wolle nicht unnötig unangenehme Gefühle in ihnen wecken, fragte mich aber, ob sie wohl bereit seien, von einigen ihrer Tagträume im Zusammenhang mit dem Baby zu erzählen. »Wahrscheinlich denken Sie ohnehin darüber nach«, sagte ich freundlich. »Und Ihre Tagträume könnten uns ein paar aufschlußreiche Hinweise geben.«

»Na ja«, sagte Sam, »dafür bin ich ja schließlich hier. Aber rechnen Sie damit, daß ich weine. Wenn ich darüber spreche, passiert mir das immer.« Er atmete tief durch. »Ich habe unendlich viele Ideen, wie es mit einem Kind sein könnte«, sagte er. »Meinen Sie das, wenn Sie von Tagträumen sprechen?«

»Genau das«, antwortete ich.

»Also gut. Ich stelle mir vor, ich halte das Baby im Arm und wiege es. Meine Freunde mit Kindern sagen mir, ich sei verrückt, aber ich würde sogar mitten in der Nacht gern aufstehen. Ich stelle mir vor, daß Lisa ihre Milch abpumpen würde, so daß ich das Baby nachts füttern und eine Beziehung zu ihm aufbauen könnte, und Lisa würde ein wenig Schlaf bekommen. Ich stelle mir vor, wie ich in unserem großen Sessel sitze, ihn im Arm halte und ihm die Flasche gebe.« Er zögerte einen Augenblick lang. »Ich nenne das Baby immer ›er‹. Hat das eine Bedeutung?«

Ich sagte, das sei möglich: »Wollen Sie gern einen Jungen?«

»Ich wäre über ein Mädchen *oder* einen Jungen überglücklich«, antwortete er, »aber in meinen Tagträumen ist es meistens ein Junge. Wahrscheinlich so eine Männergeschichte. Ich stelle mir vor, daß ich mit meinem Sohn Baseball spiele, daß ich ihm Tennis beibringe, daß ich mit ihm die Endausscheidung in den Studentenwettkämpfen ansehe ...«

Tränen stiegen ihm in die Augen. Lisa ergriff seine Hand. Er zog die Nase hoch, tätschelte ihre Hand und entzog ihr die seine. Lisa fing ebenfalls an zu weinen. »So etwas passiert jetzt andauernd«, sagte sie unter Tränen. »Ich denke langsam, daß wir deshalb keinen Sex haben, weil Sam mich nicht attraktiv findet. Früher einmal konnte er kaum seine Hände von mir lassen. Inzwischen sieht es aus, als wolle er mich überhaupt nicht mehr anfassen.«

Ich erklärte ihnen, das sei einer von Lisas Tagträumen – ein schmerzlicher –, und eine unserer Aufgaben sei es herauszufinden, wie diese Tagträume mit ihren Schwierigkeiten zusammenhingen.

»Ich weiß nicht, ob das ein Tagtraum ist«, warf Sam dazwischen. »Ich meine, ich weiß nicht mehr, wo ich aufhöre und wo Lisa anfängt. Es stimmt schon, daß ich inzwischen meistens nicht mehr von ihr berührt werden will.«

Lisa sah unglücklich aus. »Genau das habe ich mir gedacht«, sagte sie. »Also, was jetzt?«

Ich sagte, wegen ihrer ganzen emotionalen Belastung sei es noch zu früh, um sagen zu können, ob Sams Symptom eine dauerhafte Veränderung seiner Gefühle Lisa gegenüber widerspiegle. Dann forderte ich beide auf, zu notieren, wann Sam nicht wollte, daß Lisa ihn berührte: was sie in diesen Augenblicken taten, worüber sie sprachen, woran sie dachten und was sie fühlten. Und ich schlug vor, sie sollten versuchen festzustellen, welche Themen oder Verhaltensmuster ihnen auffielen. Innerhalb weniger Tage hatten sie ein Grundmuster herausgefunden. Sam sagte: »Jedesmal, wenn Lisa mich anfaßt, kommt das Gefühl der Unzulänglichkeit in mir hoch. Ich kann ihr kein Kind machen, und ich kann nicht mit ihr schlafen. Selbst wenn sie versucht, mich zu trösten, so wie gerade eben, habe ich das Gefühl, sie tut das nur, weil ich ein solcher Versager bin – ein richtiger Schwächling. Lieber Himmel, ich bin ein erwachsener Mann, und ich fange an zu weinen, wenn ich daran denke, daß ich mein eigenes Baby im Arm halten oder meinen Sohn zu einem Baseball-Spiel mitnehmen könnte. Lisas Berührung erinnert mich wahrscheinlich jedesmal daran, daß ich mich inzwischen nicht mehr besonders männlich fühle.«

Sams Überzeugung, daß Lisas und seine Unfähigkeit, ein Kind

zu bekommen, sich unmittelbar auf seine Männlichkeit auswirkte, war Teil eines Teufelskreises: Da er seine Männlichkeit in Frage stellte, hatte er Probleme mit seiner Erektionsfähigkeit, was wiederum sein Gefühl der Unzulänglichkeit verstärkte. Seine Tagträume von einem kleinen Jungen, mit dem er »Männersachen« unternehmen konnte, waren unter anderem ein unbewußter Versuch, das Gefühl zu kompensieren, daß er kein »richtiger« Mann sei. Sie spiegelten aber auch Sams Überzeugung, daß er nur dann ein richtiger Mann wäre, wenn er Lisa ein Baby machen könnte. Als sich dieses Gefühl der Unzulänglichkeit verstärkte, begann Sam, Sex überhaupt zu vermeiden. Schließlich unterließ er sogar jeglichen Körperkontakt mit Lisa, denn wann immer er erregt war, packte ihn auch die Angst davor, sexuell zu versagen.

Das war aber noch nicht alles. Lisas fürsorgliche und mütterliche Reaktion empfand Sam ebenfalls als herablassend, so daß er noch mehr das Gefühl hatte, kein richtiger Mann zu sein.

Lisas Reaktion auf diese Erkenntnisse überraschte und interessierte Sam.

»Mein Gott«, sagte sie. »Du bist so männlich. Ich kann mir überhaupt nicht vorstellen, daß du so empfindest.« Und plötzlich fiel es ihr wie Schuppen von den Augen. »Aber ja doch! Ich kann es verstehen. Weil ich nämlich genau dasselbe Gefühl habe. Ich sehne mich nach so vielem, wenn ich an ein Baby denke. Ich will für einen Menschen etwas so Besonderes sein, wie man es nur als Mutter ist. Und ich dachte immer schon, daß ich erst mit einer Familie wirklich ›vollständig‹ wäre. Dabei habe ich mir nie überlegt, was ich mit ›vollständig‹ meine. Wahrscheinlich meine ich auch damit, daß ich erst dann eine richtige Frau wäre.« Tränen stiegen ihr in die Augen. »Ich hatte das Gefühl, daß ich für Sam nicht mehr attraktiv war, aber es war mir nicht klar, daß ich sein mangelndes Interesse an Sexualität als Reaktion auf meine Unzulänglichkeit als Frau interpretierte. Dabei habe ich mir schon überlegt – Sie würden das sicher als Tagträume bezeichnen –, daß ich als Frau eine Versagerin bin, weil meine Fortpflanzungsorgane nicht funktionieren. Ich bin nicht in der Lage, das zu tun, was die Natur vorgesehen hat.«

Diese Erkenntnis tat nicht weniger weh, und sie bewirkte auch nicht, daß Sam wie durch ein Wunder eine Erektion hätte halten können. Dennoch war beiden klar geworden, daß ihr gemeinsames Leid schlimmer wurde durch die unausgesprochene Überzeugung, daß ihre Unfruchtbarkeit ihren Wert als Mann oder Frau widerspiegelte und nicht einfach ein Schicksalsschlag war, den sie gemeinsam zu tragen hatten.

Als Sam und Lisa diesen Tagtraum zum ersten Mal in Worte gefaßt hatten, konnten sie einen weiteren Schritt in ihrem Trauerprozeß tun. Wie alle anderen in diesem Buch dargestellten emotionalen Phänomene ist auch das Trauern ein Prozeß. Es hat mehr als eine Komponente und verändert und umfaßt viele (manchmal widersprüchliche) Gefühle. Wenn wir in unserem Leben weiterkommen wollen, müssen wir durch alles hindurch, was zu diesem Prozeß dazugehört. Weil das so schmerzlich ist, suchen wir natürlich nach Möglichkeiten, diesen Prozeß zu umgehen, aber gerade das kettet uns oft an den Schmerz, dem wir ausweichen wollen.

Lisa und Sam erkannten nun, daß die Scham, die beide in ihren Tagträumen verborgen hatten, sich entscheidend auf ihre Beziehung auswirkte. Als sie nun miteinander über ihre Tagträume sprachen und die bis dahin nicht hinterfragten Überzeugungen klärten, die ihnen zugrunde lagen, entwickelten sich neue Möglichkeiten des Gesprächs und neue Entdeckungen.

»Wir sind jeden Monat wieder voller Hoffnung, und jeden Monat erleben wir wieder denselben Verlust«, sagte Sam. »Es soll mir keiner sagen, daß man einen solchen Verlust nur empfindet, wenn ein wirkliches Baby stirbt. Wir verlieren jeden Monat alles: unsere Hoffnung, unsere Träume, unser Selbstvertrauen, unser Vertrauen in die Welt und das Baby, von dem wir dachten, es wachse in Lisas Bauch heran.« Er schwieg eine Weile und scharrte mit einem Fuß auf dem Boden. Dann sah er mich an. »Wissen Sie«, sagte er langsam, »man kann ja nicht einmal richtig trauern. Man ist dermaßen auf den Zyklus fixiert, weil man schon eine Woche, nachdem man weiß, daß man kein Baby bekommt, wieder von vorn anfangen muß.«

Lisa schien ihn zu verstehen: »Vielleicht willst du uns damit etwas sagen, Sam.« Sam wandte sich ihr zu und sah ihr in die Augen. »Vielleicht ... vielleicht sollten wir einfach mal aufhören und über unseren Verlust trauern, anstatt ihn immer zu verleugnen«, fuhr Lisa fort. »Wir müssen uns einfach mal vor Augen halten, was da wirklich passiert. Daß wir ...«, ihre Stimme stockte, aber sie sprach weiter, »daß wir einfach kein Baby bekommen können.«

Auch bei Sam und Lisa war weder das Ringen um ein Baby noch um die Bewältigung ihrer Verluste zu Ende, als sie anfingen, ihre Gedanken zu formulieren. Dies war ja nur eine Assoziation und ein Tagtraum von vielen. Ihr Trauerprozeß war nicht einfach, und es war auch nicht einfach, ihre Beziehung wieder auf eine solide Grundlage zu stellen. Doch als Sam und Lisa bereit waren, über ihren Schmerz, ihre Trauer, ihre Wut und ihre Verletzungen zu reden, geschah etwas, das beide nicht erwartet hatten.

Sam erinnerte sich, daß einer der Spezialisten, die er konsultiert hatte, ihm eine neue Behandlung vorgeschlagen hatte, die zwar nichts an ihrer Unfruchtbarkeit ändern, ihnen aber den Geschlechtsverkehr wieder ermöglichen würde: ein Hormon, das man injizierte und das ihm seine Erektionsfähigkeit zurückgeben würde. »Das hatte ich völlig vergessen«, sagte er verblüfft. »Wahrscheinlich mußte ich mich erstmal mit den den Schwierigkeiten auseinandersetzen, die ich bisher verdrängt hatte, und mich für das öffnen, was in unserer Beziehung vor sich geht, bevor mir das wieder einfallen konnte.« Er konsultierte den Arzt erneut und ließ sich das Hormon verabreichen. Der emotionale Schmerz blieb trotzdem, und Sams und Lisas intime Beziehungen waren fragil und zaghaft. Dennoch konnten beide die Zukunft ein wenig hoffnungsvoller sehen. »Wenn wir uns bewußtmachen, daß wir wirklich miteinander reden müssen, dann hat unsere Beziehung wenigstens eine Chance«, sagte Lisa. Und Sam fügte hinzu: »Wir waren so auf ein Baby fixiert, daß wir darauf gar nicht mehr geachtet haben. Ich wollte mit Lisa ein Baby, weil ich sie liebe. Jetzt müssen wir zusehen, daß wir unsere Beziehung wieder in Ordnung bringen – mit oder ohne Baby.«

Verluste und die damit verbundene Trauer sind nicht nur ein Gefühl, sondern eine komplexe Mischung von Gefühlen und Gedanken. Jede Verlusterfahrung ist anders, auch wenn sie Themen und Muster früherer Verluste in sich trägt. Außerdem empfindet jeder von uns Verluste anders: Wie wir sie empfinden und letztlich damit umgehen, hängt von zahlreichen Faktoren ab, unter anderem davon, in welchen Sinnzusammenhang wir unsere Verlusterfahrungen einbinden.

Wenn wir etwas als schmerzlich empfinden, fällt es uns nicht immer leicht, unsere Tagträume zu erforschen oder auch nur zu erkennen. Sie sind zwar da, tun aber manchmal so weh, daß wir sie tiefer in uns vergraben als sonst. Oder aber wir fühlen uns so verloren, daß wir keinen Blick in unser Innerstes und keine Assoziationen zulassen können. Dies scheint eine ganz normale Reaktion auf schlimme Verletzungen und traumatische Verluste zu sein: Wir verschließen uns und kapseln uns ab, um uns vor überwältigenden und unverarbeiteten Emotionen zu schützen. Trauer ist wie alle anderen emotionalen Erfahrungen etwas sehr Persönliches. Ihre Art, damit umzugehen, ist nicht falsch, nur weil sie anders ist. Versuchen Sie, sich nicht für Ihre Gedanken, Gefühle und Vorstellungen zu kritisieren. Niemand kann Ihnen vorschreiben, wie oder wann oder sogar um wen oder was Sie zu trauern haben. Für manche von uns ist beispielsweise der Verlust eines Haustiers eine höchst traumatische Erfahrung, während er für andere nur ein wenig traurig ist. Der Verlust einer Wohnung kann für einen Menschen äußerst schmerzhaft und für einen anderen völlig bedeutungslos sein. Eine Scheidung, selbst wenn man seinen Partner verachtet hat, kann zunächst als Erleichterung und dann als Verlust und von jemand anderem zunächst als Verlust und dann als Freude empfunden werden.

Wenn Sie sich überlegen, wie Sie selbst mit Verlusten umgehen, sollten Sie auch klären, wie Sie Ihre Erfahrungen deuten oder erklären. Betrachten Sie Ihre Tagträume mit Hilfe der bisher dargestellten Methoden nach entsprechenden Informationen. Sorgen Sie sich nicht, wenn Sie derzeit so sehr trauern, daß Ihnen Ihre Tagträume nicht zugänglich sind. Respektieren Sie Ihre Bedürfnisse, und bestimmen Sie selbst Ihren Rhythmus. Im Lauf der Zeit werden auch Sie wieder Tagträume haben, und wenn Sie soweit sind, kann Ihnen die folgende Übung helfen, mit Ihrem Verlust fertigzuwerden und weiterzugehen.

Übung

Mit »schlechten« Gefühlen umgehen

1. Wenn Ihnen irgend etwas ein schlechtes Gefühl gibt – ein schmerzlicher Verlust, eine verletzende Bemerkung oder Selbstkritik –, sollten Sie zunächst einmal beschreiben, was eigentlich passiert ist. Sagen Sie es laut, oder sprechen Sie mit einem Freund oder einer Freundin. Oder schreiben Sie ein paar Sätze darüber in Ihr Tagebuch.

Henry beispielsweise war Mitte Fünfzig, als in seinem Unternehmen Arbeitsplätze wegrationalisiert wurden und er zum ersten Mal im Leben seinen Job verlor. Es gelang ihm zwar, die Fassung zu wahren, nicht aber, die Erfahrung zu verarbeiten. Er schrieb:

Fünfundzwanzig Jahre lang arbeite ich für diese Firma, und dann werde ich gefeuert. Wie können sie das nur tun? Was ist mit dieser Welt nicht in Ordnung? Was zum Teufel passiert da mit mir?

2. Suchen Sie nach den Schlüsselbegriffen und Phrasen, über die wir gesprochen haben: Dazu zählen alle, die heftige Gefühle oder ganz offensichtliche Assoziationen in Ihnen auslösen. Schreiben Sie auch diese Worte auf.

Vielleicht enthalten Ihre Sätze, wie bei Henry, keine »Gefühlswörter«, bringen aber dennoch bestimmte Gefühle zum Ausdruck. Beschreiben Sie auch diese Gefühle. Henry schrieb: »Zorn, Groll, Angst, Enttäuschung.«

3. Überlegen Sie, wann Sie sich schon einmal so gefühlt haben.

Was haben Sie damals getan? Wie sind Sie mit diesen Gefühlen fertiggeworden? Lassen sich Ihre Lösungen auf die jetzige Situation übertragen?

4. Stellen Sie fest, ob in Ihren Bewältigungsstrategien bestimmte Themen deutlich werden. Fragen Sie sich, welche Geschichten oder Grundüberzeugungen in Ihren Lösungsversuchen zum Ausdruck kommen. Was wollen Sie mit diesen Geschichten erreichen? Erreichen Sie dieses Ziel tatsächlich?

Geben Sie sich auch hier nicht mit offenkundigen und einfachen Ergebnissen zufrieden. Graben Sie tiefer. Stellen Sie fest, was Ihnen diese Tagträume sonst noch sagen.

Verluste sind ein unvermeidlicher Teil des Lebens. Obwohl wir versuchen, sie auf vielfältige Weise zu vermeiden oder zu mildern, entgehen wir ihnen nicht. Trauer ist eine schmerzhafte, aber auch produktive Reaktion auf einen Verlust. Wir trauern um etwas, das nicht mehr ist, das nie wieder sein wird, das nie gewesen ist. Aber wie wir gesehen haben, sind auch andere Gefühle »normale« Reaktionen auf einen Verlust: Trauer und Schmerz natürlich, aber auch Zorn, Scham, Schuldgefühle, Enttäuschung, Sehnsucht – das ganze Spektrum menschlicher Emotionen.

Wenn Sie in Ihrer Trauer gefangen sind, in Ihrem Trauerprozeß nicht vorankommen und ihn nicht überwinden können, gelingt es Ihnen wahrscheinlich auch nicht, die Freude zu empfinden, die Ihr Leben immer noch für Sie bereithält. Das heißt nicht, daß Ihr Schmerz endgültig besiegt ist. Manche Trauer – zum Beispiel über den Tod eines Kindes, oder der zermürbende Wunsch, eine bessere Kindheit gehabt zu haben – kann Ihr Leben lang im Hintergrund (und manchmal auch im Vordergrund) Ihrer Erfahrung vorhanden sein.

Ihre Tagträume können Sie an Ihren Schmerz fesseln oder, wenn Sie sich bemühen, das Prisma ein wenig anders zu drehen, Ihnen helfen, mehr Einsicht in Ihre Motive und auch darin zu gewinnen, wie Ihre Tagträume zu Ihrer psychischen Verfassung passen. Damit gelangen Sie noch nicht in das Reich der Vollkommenheit, und Sie leben auch nicht glücklich bis an Ihr seliges Ende, aber Sie stoßen auf einige der reichhaltigen Erfahrungen, die das Leben zu bieten hat. Sie gewinnen Selbstvertrauen, Selbsterkenntnis und Hoffnung.

Kostbare Juwelen: Träumen Sie weiter!

Wir sind am Ende unserer gemeinsamen Reise in die Welt der Tagträume angekommen. Dies ist zwar das letzte Kapitel des Buches, aber bei weitem nicht das Ende Ihrer eigenen Odyssee. Sie haben mit der faszinierenden Reise in Ihre innere Welt und der daraus erwachsenden Selbsterkenntnis eben erst begonnen. Hören Sie jetzt nicht auf. Betrachten Sie auch zukünftig Ihre Tagträume, und gehen Sie den damit verbundenen Gedanken und Assoziationen nach, um mehr über Ihr eigenes Selbst in Erfahrung zu bringen, Ihren Horizont zu erweitern und das Leben zu führen, das Sie sich in Ihren Träumen vorstellen.

Eine Meditation des jüdischen Sabbath-Gottesdienstes beginnt folgendermaßen: »Ich strebe nach ... einer Vision meines höchsten Selbst, einem Traum davon, was ich werden könnte und sollte.« Dieser Traum kann ein Werkzeug sein bei Ihrer Suche nach einem erfüllten und authentischen Leben, bei Ihrem Bestreben, ein guter und fürsorglicher Mensch zu sein und Ihre höchsten Ziele zu verwirklichen. Er kann aber auch in sein Gegenteil umschlagen und Schmerz und Leid verursachen, wenn Sie ihn wörtlich, als ein »Muß« anstelle eines Wunsches verstehen. In Wahrheit hegen wir alle viele unterschiedliche Vorstellungen von uns selbst, nicht nur von unserem höchsten, sondern auch von unserem geringsten Selbst, von dem Selbst, das wir gern wären, und von dem Selbst, das wir gern gewesen wären, von dem Selbst, das wir vor anderen lieber verbergen, und von dem Selbst, das wir der Welt zeigen wollen. Wenn Sie diese Vorstellungen Ihrer selbst in Worte fassen, vertiefen Sie Ihre Selbsterkenntnis und Ihre Fähigkeit, sich weiterzuentwickeln und zu verändern, so daß Ihnen auch deutlicher wird, welche Alternativen Ihnen in Ihrem Leben offenstehen.

Sie wissen jetzt, daß Ihre Tagträume keine banalen Gedankenfragmente sind, die in Ihrem überladenen Geist auftauchen. Sie sind auch keine bedeutungslosen Ablenkungen, die Sie daran hindern, sich zu konzentrieren. Sie wissen, daß Ihre Tagträume bedeutungsvoll sind, gleichgültig, ob es sich um Gedankenfragmente oder um ganze Geschichten, um phantastische Wünsche oder um realistische Pläne handelt. Ihre Tagträume haben einen Sinn. Und wenn Sie nach den wertvollen Juwelen suchen, die sie enthalten, gewinnen Sie Einsicht in die Art, in der Sie Ihre eigene Erfahrung organisieren und (ohne, daß Ihnen das immer bewußt wäre) konstruieren.

Wenn Sie die Beispiele gelesen, die Übungen gemacht und sich einige der Fragen gestellt haben, die in diesem Buch angeschnitten wurden, konnten Sie Ihre Selbsterkenntnis immer weiter vertiefen. Sie haben Ihre Phantasie-»Muskeln« trainiert und Werkzeuge gefunden, die Ihnen helfen, die in Ihren Tagträumen widergespiegelten Juwelen der Selbsterkenntnis zu entdecken und zu schleifen.

Sicher gab es auch Augenblicke, die vielleicht sogar Tage oder Wochen andauerten, in denen Sie dieses Buch zugeklappt, Ihr Tagtraum-Tagebuch weggelegt und nicht mehr mit Ihren Tagträumen gespielt haben. Haben Sie sich gefragt, warum das so war? Die Antwort ist einfach. Phantasiereisen können voller Gefahren sein. Sie können Ihnen Welten erschließen, die Sie ein Leben lang vor sich verschlossen und auf Distanz gehalten haben. Wenn Sie nun dieses Reich erkunden, sind Ihre Sicherheit und Geborgenheit gefährdet.

Wenn es Ihnen so ergeht, sind Sie weder unzulänglich noch faul oder feige. Bei unserer Beschäftigung mit Tagträumen haben wir nämlich auch gelernt, daß es wichtig, ja sogar entscheidend ist, uns auf dieser Reise von unserem eigenen Rhythmus leiten zu lassen und unsere eigenen Widerstände zu beachten. Gehen Sie langsam voran, halten Sie sogar inne, wenn Sie es brauchen, und tollen Sie ausgelassen weiter, wenn Ihnen danach ist. Wenn Sie Ihren eigenen Rhythmus der Selbsterkundung finden, Sie über Ihre Empfindungen nachdenken und schreiben, schaffen Sie in Ihrem Leben Raum für tiefe Gefühle wie Liebe und Zuneigung, Leidenschaft und Interesse, Zorn, Traurigkeit und auch eine sehr viel tiefer verankerte Sicherheit und Geborgenheit. Je besser Sie sich selbst verstehen, desto mehr Möglichkeiten eröffnen Sie sich. Ohne daß es Ihnen immer bewußt sein müßte, erweitern Sie Ihre Alternativen und stärken Ihre Fähigkeit, kleine und große Entscheidungen zu treffen.

Tagträume verbinden Vergangenheit, Gegenwart und Zukunft in einer Weise, die wir nicht immer vorhersagen können. Sie füllen Lücken, spenden Trost, liefern Erklärungen. Sie stecken voller unerkannter Grundüberzeugungen. Sie enthalten Erinnerungen und Pläne, Hoffnungen und Befürchtungen, Trauer und Glück, Zorn und Mitgefühl und vieles mehr – alle Gefühle und Erfahrungen eines erfüllten menschlichen Lebens.

Dieses Buch kann auch weiterhin ein Leitfaden für die Erforschung all Ihrer Tagträume sein. Nachdem Sie es nun ganz durchgelesen haben, wollen Sie vielleicht noch einmal zu einzelnen Kapiteln zurückblättern, um Ihre Erinnerungen aufzufrischen und besonders überzeugende, verwirrende oder schwierige Passagen noch einmal genauer zu lesen. Tun Sie das, und machen Sie die Übungen, sooft Sie wollen. Seien Sie nicht überrascht, wenn Sie in einer Übung jedesmal etwas ganz Neues entdecken oder wenn Sie sich für eine Übung interessieren, die Ihnen beim letzten Mal noch nicht zugesagt hat. Versuchen Sie, sich nicht einzuschränken und Alternativen nicht auszublenden. Betrachten Sie die Kapitel immer wieder unter einem anderen Blickwinkel, je nachdem, welche Perspektive Ihnen Ihre gegenwärtige Situation oder Ihre gegenwärtigen Gefühle nahelegen.

Bedenken Sie, daß die Arbeit mit Tagträumen nicht zu einem »fertigen Produkt« oder zu unverrückbaren Erkenntnissen über Ihre Persönlichkeit führt. Ihre Tagträume verändern sich mit

Ihnen. Manchmal sorgen sie dafür, daß die Dinge gleichbleiben, manchmal lassen sie Veränderungen zu (oder unterstützen Sie sogar dabei). Lesen Sie die einzelnen Kapitel noch einmal, machen Sie immer wieder die Übungen, achten Sie auf das, was Sie herausfinden, und lassen Sie zu, daß sich die Landschaft Ihres Lebens weitet.

Lektüreempfehlungen

Gschwend, Gino: Mehr Selbstvertrauen. Durch Autogenes Training, Positives Tagträumen, Kunsttherapie. München 1989

Pope, Kenneth S. und Singer, Jerome L.: Imaginative Verfahren in der Psychotherapie. Paderborn o. J.

Schmidt, Rainer: Träume und Tagträume. Eine individualpsychologische Analyse. Frankfurt/Main 1991

Laura Day

P.I.

Praktische Intuition

Der Sechste Sinn in Liebe, Partnerschaft und Beruf
Mit einer Einleitung von Demi Moore
Aus dem Englischen von Birgit Woldt
dtv premium 24130

Emotionale Intelligenz durch Praktische Intuition

»Laura Days Erkenntnisse sind so brillant wie praktisch.«
(Deepak Chopra)

»Die Intuition ist nichts Mystisches ... Intuition ist Logik.«
(James D. Watson, Nobelpreisträger und Mitentdecker der DNS)

Intuition, Sechster Sinn, Eingebung – jeder nutzt diese Fähigkeiten, bewußt oder unbewußt, Tag für Tag. Unser ganzes Verhalten – ob im Privat- oder Berufsleben – ist mehr, als wir glauben, von unserer Intuition bestimmt. Sie spielt bei jeder Entscheidung eine große Rolle, etwa wie man sich für ein wichtiges Meeting anzieht oder wie man ein Geschäft abwickelt.
Seit vielen Jahren gibt *Laura Day* Seminare u. a. für Geschäftsleute, Ärzte und Rechtsanwälte. Sie zeigt, wie man seine intuitiven Fähigkeiten entdeckt und wie man sie bewußt einsetzt. Durch viele praktische, meist verblüffende Übungen lernt man, auf seine Eingebungen zu achten.

dtv

Hilfe zur Selbsthilfe

Jeremiah Abrams (Hg.)
Die Befreiung des Inneren Kindes
Unsere ursprüngliche kreative Persönlichkeit
dtv 35107

Jeremiah Abrams u.a.
Die Schattenseite der Seele
Wie man die dunklen Bereiche der Psyche in die Persönlichkeit integriert
dtv 35118

Mandy Aftel
Der Roman unseres Lebens
Wendepunkte erkennen und nutzen
dtv 36072

Irène Kummer
Ich bin die Frau, die ich bin
Eine lebendige Beziehung zu sich selbst und anderen finden
dtv 35078

Arnold Lazarus
Allen Fay
Ich kann, wenn ich will
Anleitung zur psychologischen Selbsthilfe
dtv 35027

Helmut Milz
Der wiederentdeckte Körper
Vom schöpferischen Umgang mit sich selbst
dtv 35075

Norman Vincent Peale
Die Kraft positiven Denkens
dtv großdruck 25110

Peter Schellenbaum
Die Wunde der Ungeliebten
Blockierung und Verlebendigung der Liebe
dtv 35015

Peter Schellenbaum
Abschied von der Selbstzerstörung
Befreiung der Lebensenergie · dtv 35016

dtv

Liebe – Ehe – Partnerschaft

Aaron T. Beck
Liebe ist nie genug
Mißverständnisse überwinden, Konflikte lösen, Beziehungsprobleme entschärfen · dtv 35082

Alexandra Berger, Andrea Ketterer
Warum nur davon träumen?
Was Frauen über Sex wissen wollen
dtv 20017

Barry Dym, Michael L. Glenn
Liebe, Lust und Langeweile
Die Zyklen intimer Paarbeziehungen
dtv 35132

Erich Fromm
Die Kunst des Liebens
dtv 36102
Liebe, Sexualität und Matriarchat
Beiträge zur Geschlechterfrage
dtv 35071

Karl Grammer
Signale der Liebe
Die biologischen Gesetze der Partnerschaft
dtv 30498

Hugh Mackay
Warum hörst du mir nie zu?
Zehn Regeln für eine bessere Kommunikation
dtv 36546

Anne Wilson Schaef
Die Flucht vor der Nähe
Warum Liebe, die süchtig macht, keine Liebe ist
dtv 35054

Peter Schellenbaum
Die Wunde der Ungeliebten
Blockierung und Verlebendigung der Liebe
dtv 35015
Das Nein in der Liebe
Abgrenzung und Hingabe in der erotischen Beziehung
dtv 35023
Aggression zwischen Liebenden
Ergriffenheit und Abwehr in der erotischen Beziehung
dtv 35109

Laurie Schloff, Marcia Yudkin
Er sagt, sie sagt
Die Kunst, miteinander zu reden
dtv 36529

Verena Kast im dtv

Verena Kast verbindet auf einfühlsame und auch für Laien verständliche Weise die Psychoanalyse C. G. Jungs mit konkreten Anregungen für ein ganzheitliches, erfülltes Leben.

Der schöpferische Sprung
Vom therapeutischen Umgang mit Krisen
dtv 35009

Imagination als Raum der Freiheit
Dialog zwischen Ich und Unbewußtem
dtv 35088

Die beste Freundin
Was Frauen aneinander haben
dtv 35091

Die Dynamik der Symbole
Grundlagen der Jungschen Psychotherapie
dtv 35106

Freude, Inspiration, Hoffnung
dtv 35116

Märcheninterpretationen

Mann und Frau im Märchen
Eine psychologische Deutung · dtv 35001
Fünf Märcheninterpretationen, ergänzt um vergleichbare Fälle aus der psychotherapeutischen Praxis

Wege zur Autonomie
dtv 35014
Fünf Märchen, die uns Entwicklungswege aus Autonomiekrisen weisen

Wege aus Angst und Symbiose
Märchen psychologisch gedeutet · dtv 35020
Innere Freiheit und Selbstentfaltung in der Beziehung zwischen Mann und Frau

Märchen als Therapie
dtv 35021
Über die heilende Funktion von Märchen in der therapeutischen Praxis

Familienkonflikte im Märchen
Eine psychologische Deutung · dtv 35034
Fünf Märchen, die verborgene Lösungsansätze enthalten, verknüpft mit Beispielen aus der Praxis

dtv-Atlas Psychologie

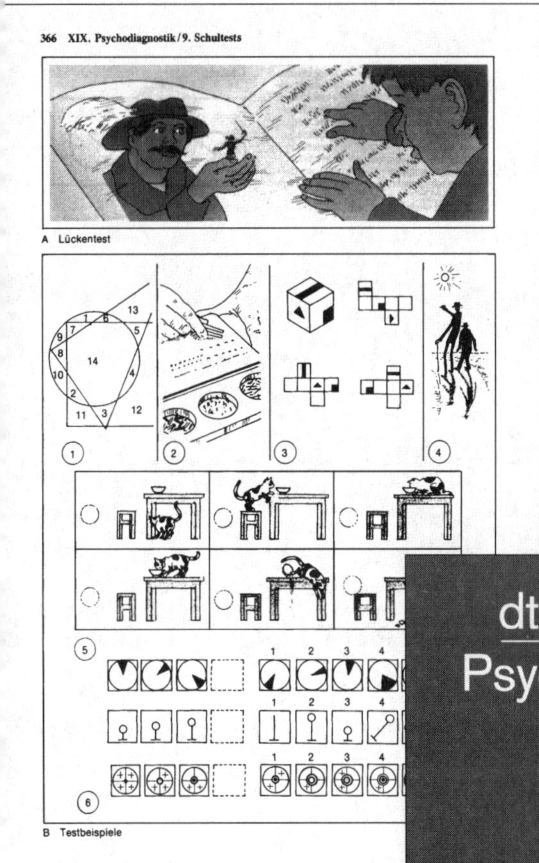

dtv-Atlas Psychologie
von Hellmuth Benesch
2 Bände
Mit 208 farbigen Abbildungsseiten
von H. u. K. von Saalfeld
Originalausgabe
dtv 3224 / 3225